Peter Eckert
Das Pharmakartell

W0316949

Prof. Dr. Peter Eckert, Jahrgang 1936, war mehr als zwanzig Jahre als Arzt an verschiedenen Krankenhäusern tätig, zuletzt als Chefarzt in der Chirurgischen Klinik der Städtischen Krankenanstalten Saarbrücken. Seit 1985 arbeitete er in der Forschung der Pharmazeutischen Industrie, zuletzt von 1989 bis 1996 bei der Bayer AG, wo er für Arzneimittelsicherheit zuständig war. Peter Eckert lebt in Bonn.

Dr. Ellis Huber ist seit 1987 Präsident der Ärztekammer Berlin.

Peter Eckert

Das Pharmakartell

Im Bermudadreieck der Arzneimittelsicherheit:
Ärzte – Behörden – Pharmaindustrie

Mit einem Vorwort von Ellis Huber

VSA-Verlag Hamburg

Gedruckt auf Recyclingpapier mit 100% Altpapieranteil

© VSA-Verlag 1998, St. Georgs Kirchhof 6, 20099 Hamburg
Alle Rechte vorbehalten
Druck- und Buchbindearbeiten: Druckerei Runge, Cloppenburg
ISBN 3-87975-721-6

Inhalt

Kapitel 4
Das verhängnisvolle Bermudadreieck: Ärzte – Behörden – Pharmaindustrie 81

Kapitel 5
Glaubwürdigkeitskrise der Pharmabranche 105

Kapitel 9

Kapitel 10

Vorwort

Peter Eckert beschäftigt sich in dem vorliegenden Buch mit den politischen und wirtschaftlichen Zusammenhängen des Arzneimittelmarktes. Der Autor sammelte in 23 Jahren als praktischer Chirurg Erfahrungen im Umgang mit Arzneimittelrisiken und deren Nebenwirkungen. Darüber hinaus konnte er als Verantwortlicher für Arzneimittelsicherheit in einem Weltkonzern auch die andere Seite kennenlernen und hinter die Kulissen der Pharmaproduzenten schauen. Vor dem Hintergrund dieser ausgewiesenen fachlichen Qualifikation stellt er die Probleme auf dem Pharmasektor offen, mitunter auch schonungslos dar: Beim Arzneimittelmarkt geht es weniger um die Gesundheit der Menschen, als vielmehr darum, wie und wo das schnelle oder große Geld zu machen ist.

Nicht zufällig war Deutschland die Geburtsstätte für den Contergan-Skandal. Ebenso typisch für das in der Bundesrepublik vorherrschende Abkassiermodell war die finanzielle Entschädigung für die AIDS-Opfer durch HIV-verseuchte Blutkonserven. Nun droht der »Solidargemeinschaft«, also letztendlich den Beitragszahlern der gesetzlichen Krankenversicherungen, ein neuer wirtschaftlicher Aderlaß durch gentechnologisch hergestellte Medikamente und Gentherapien. Schon jetzt sprengen diese – obwohl noch in den Kinderschuhen steckend – den Finanzrahmen der sozialen Versicherungssysteme fast aller »Nichtentwicklungsländer«. Daß allenfalls diese und nicht die Menschen in den Ländern der »Dritten« Welt von dieser Entwicklung profitieren werden, zeigt Peter Eckert in seinem Buch eindringlich.

Der Autor kommt zu dem Ergebnis, daß dem therapeutischen Unsinn und dem ökonomischen Desaster der Arzneimitteltherapie in Deutschland dringend Einhalt geboten werden muß. Inkompetenz der Behörden, nachlässige Politiker und skrupellose Manager der Pharmaindustrie sind die Protagonisten einer äußerst zweifelhaften Massenversorgung mit Medikamenten und Mitteln, die den umstrittenen Anspruch erheben, alle »wirksam und nützlich« zu sein.

Es gibt bei diesem Heilmittel-Chaos kaum einen Platz für Vorsorge-Medizin, alternative Therapien und andere, preiswertere Heilmethoden. Der Staat hat sich als regulierendes Element längst verabschiedet. Und wenn er denn regulierend eingreift, geschieht dies nicht zuletzt im Interesse des Pharmakartells. Bestes Beispiel: die Gesundheits»reform« des Ministers Horst Seehofer. Die Versicherten werden abkassiert durch ein Zuzahlungssystem, das den gesetzlichen Krankenversicherungen Milliardenüberschüsse beschert. Die Versicherten bezahlen unter der Parole der »Eigenverantwortlichkeit« die Zeche für die Unfähigkeit der Politik, eine gerechte Umverteilung sozialer Lasten herbeizuführen.

Was können Ärzte angesichts eines unüberschaubaren Angebotes von Mitteln und Medikamenten, Leistungen und Therapien ändern? Viel, denn sie sind der primäre Anwender von Medikamenten und halten insofern einen Schlüssel für den Einstieg in eine sozial vernünftige und auch wirtschaftlich verantwortliche Arzneimitteltherapie in der Hand. Dazu müssen sie zu gemeinsamem Handeln finden und sich vor allem ihrer sozialen Verantwortung stellen. Zur Versorgung von Kranken, zur Linderung von gesundheitlichen Schäden gehört die Prävention. Und wer konsequent Vorsorge betreiben will, muß sich auch um die sozialen Ursachen bzw. Begleiterscheinungen wie Arbeitslosigkeit, Sozialabbau und zunehmende Armut kümmern.

Wir stehen an einem Wendepunkt der Gesundheitssysteme unserer Informationsgesellschaften. Wollen wir ein soziales Immunsystem zur Abwehr von Krankheitsgefahren gestalten, das möglichst viel sozialen Nutzen stiftet, also Gesundheit für alle erschwinglich macht, oder wollen wir ein unsoziales Schmarotzergeflecht fördern, das die optimierte Gewinnabschöpfung bei den Kranken durch private Begehrlichkeiten oder eine »Shareholder Value«-Medizin sichert?

Moral oder Profit heißt also der epochale Gegensatz in den Gesundheitssystemen moderner Gesellschaften. Peter Eckert begründet mit seinem Buch eine Orientierung für mehr ärztliches Gewissen und weniger monetäre Anspruchshaltung. Vielleicht kann sein Buch in diesem Sinne dazu beitragen, daß endlich gehandelt wird.

Ich jedenfalls bin Peter Eckert dankbar, daß er den Mut hat, öffentlich zu schreiben, was gesagt werden muß. Er hilft uns allen damit, ein heute krankes Gesundheitswesen für die Zukunft heilen zu helfen.

Dr. Ellis Huber, Präsident der Ärztekammer Berlin

Kapitel 1
Verlogene Welt: Das Palaver von Ethik und Sicherheit

»Der Standard, nach dem in Deutschland Arzneimittelsicherheit gehandhabt wird, macht selbst einem afrikanischen Entwicklungsland keine hohe Ehre«.
Zitat eines ungenannten prominenten Pharmamanagers

Wer die Pharmaindustrie für die katastrophalen deutschen Zustände auf dem Sektor der Arzneimittelsicherheit im Vergleich zum internationalen Standard verantwortlich macht, urteilt vorschnell, vordergründig falsch und politisch verblendet. Die Pillenbranche verhält sich überwiegend korrekt und gesetzestreu. Sie unternimmt aber alles, um den Zustand des Unkontrolliertseins auf Dauer sicherzustellen. Sie sorgt konsequent mit ihr gewogenen Politikern für eine »weiche Gesetzgebung« und lasche Handhabung der Konsequenzen aus vermeintlich strengen Verordnungen.

Genarrt wird der Verbraucher, der in typisch deutscher Manier glaubt, daß Behörden und Ministerien alles tun, um ihn zu schützen. Außerdem nutzt die Pharmabranche ungeniert im Rahmen der ihr zugestandenen Eigenverantwortlichkeit alle möglichen Freiräume des Rechtsstaates aus und führt vor Verwaltungsgerichten diverse Rechtsstreitigkeiten gegen Widersacher und Kritiker, wobei diese oft keine Chance erhalten, zu obsiegen. Deutsche Gerichte schützen auffallend oft die Rechte der Hersteller und Vertreiber, nicht aber die von Verbrauchern, die durch Schäden, die minderwertige und unsicher wirksame Arzneimittel anrichten, betroffen sind.

Deutschlands Politiker zeichnen sich durch eine unbeschreibliche Toleranz und Leichtfertigkeit bei der Kontrolle staatlicher Aufsichtsorgane aus, die für das Leben und die Gesundheit der Menschen verantwortlich sein sollen. Im Endeffekt zahlt der Bürger nicht nur mit seiner Gesundheit; er, der den ständigen Gefahren durch unzureichende Arzneimittelkontrolle ausgesetzt ist, wird für den Schaden im Rahmen des sozialen Gesellschaftsvertrages auch noch zur Kasse gebeten. Der Aids-Skandal, das Contergan-Desaster und viele öffentlich unbemerkte Schadensfälle bestätigen immer wieder die haltlosen Zustände. Diese Situation macht uns selbst im befreundeten Ausland unglaubwürdig und lächerlich. Außerdem darf gefragt werden, ob sich eine solche Gesundheitspolitik zu rechtsstaatlichen Prinzipien konform verhält?

Ärzteschaft, Behörden/Politiker und Pharmaindustrie bemühen sich unentwegt, diese negative Konstruktion unter dem Deckmantel von »Eigenverantwortlichkeit und Selbstreinigungsprozeß« am Leben zu erhalten. Dem schwächsten Glied in dieser Kette – den Behördenmitarbeitern – kann kein direkter Vorwurf gemacht werden, denn auf sie wird vermutlich ein größerer Druck ausgeübt, als dies nach außen erkennbar ist und allgemein angenommen wird. »Grundübel unseres Vaterlandes ist das Verbandsunwesen«, konstatierte am Anfang unseres Jahrhunderts Max Weber, der bereits damals die laxe juristische Kontrolle von Verbänden und Interessenvertretungen durch Behörden und Regierungen kritisierte und davor warnte, dem Staate allzusehr zu vertrauen.

Ähnliche negative Schlagzeilen verdient auch ein Großteil der Ärzteschaft, die zwar noch immer – wenn auch längst angeschlagen – das Vertrauen vieler Menschen besitzt, dennoch sträflich unkontrolliert vornehmlich die eigene Besitzstandswahrung verfolgt. Durchtränkt von selbstgefälliger Ethik und Moral, scheint sie die Aufsichtspflicht für die Sicherheit ihrer Patienten völlig aus den Augen verloren zu haben. Unsere Ärzte gehören zwar weltweit zu den Spitzenverordnern von Medikamenten, sind aber für ihre eigenen, mitunter katastrophalen Verschreibungen und deren gesundheitliche und ökonomische Folgen weder verantwortlich noch haftbar. Keine 3% der schwerwiegenden und lebensbedrohlichen Nebenwirkungen werden in Deutschland von Ärzten an die Behörden oder an eine rudimentär tätige Arzneimittelkommission der »Bundesärztekammer« gemeldet, eine Institution, die – personell schwach besetzt – sich um die Sicherheit Zehntausender Medikamente kümmern soll und natürlich versagen muß.

Das ganze vollzieht sich vor dem Hintergrund vieler, zum großen Teil ungeprüft im Handel befindlicher Arzneien, von denen manche gesundheitsbedrohliche Nebenwirkungen besitzen, also keineswegs nur harmlose und übersehbare Schwächen aufweisen. Geradezu typisch für das Desinteresse an einer Kontrolle der Pillenindustrie seitens der Ärzteschaft ist folgender Umstand: Sie nimmt es hin, daß der »Arzneiverordnungs-Report«, der in den letzten zwölf Jahren die Ärzte zuverlässig über ihr Verordnungsverhalten informiert, 1997 nur mit geschwärzten Passagen erscheinen konnte. Vertreter der Pharmabranche hatten vor Gericht eine einstweilige Verfügung erwirkt und mit hohen »Schadensersatzklagen« gedroht, wenn die Ärzteschaft durch engagierte – keineswegs böswillige Pharmakologen – erfahren würde, daß einige Produkte nichts taugen. Also mußten Passagen unkenntlich gemacht werden. Im März 1998 hat das Oberlandesgericht Düsseldorf die einstweilige Verfügung aufgehoben. Dennoch konnte der Report nicht in der geplanten Fassung erscheinen, denn mit dem Urteil sei »das letzte Wort noch nicht gesprochen«, worauf der Bundesverband der Pharmazeutischen Industrie (BPI) süffisant hinwies, da noch weitere einstweilige Verfügungen Bestand hatten und Berufungsverhandlungen noch liefen. Demütig nimmt die offizielle Ärzteschaft diese unverschämte und unerhörte Einschränkung der Meinungsfreiheit hin und spielt demokratisches Verhalten, weil ein Gericht – ein juristisches Grundübel – »nicht den Menschen, sondern nur die Sache sieht«.

Ärzteschaft und Pharmaindustrie verfügen über finanzielle Möglichkeiten, die für ein Ende der nicht abreißenden Skandale sorgen könnten, setzte man nur Bruchteile des jährlichen Gewinns für die Sicherheit der eigenen Produkte ein. Natürlich helfen weder Gesetze noch Verordnungen, es helfen auch keine juristischen Berater oder Appelle. Wie uns die Verhältnisse in den USA zeigen, können nur empfindliche Geldbußen und konsequent durchgreifende Behörden Abhilfe schaffen. Geld- und Imageverlust auf Seiten der Pharmafirmen sind die einzigen Möglichkeiten, die dem Verbraucher übrig bleiben, um sich gegen die Machenschaften von Konzernen und Kartellen im Pharmasektor und bei der offiziellen Medizinerschaft zu wehren. Der Sektor Gesundheit und Soziales kostet uns fast 50% des Bruttosozialprodukts und bildet daher einen riesigen Markt, der Begehrlichkeiten weckt und dubiose Allianzen fördert. Es ist nicht einzusehen, daß der irregeführte Verbraucher nicht nur den Schaden und Spott hat, sondern auch noch im vollen Umfang die Rechnungen zahlen muß.

Eine Branche im Wachstumsfieber

»Führe dein Unternehmen so, daß alles, was du tust, morgen in der Zeitung stehen kann.«
Frei nach Immanuel Kant

Schon seit den zarten Anfängen der industriellen Arzneimittelherstellung war das Motiv der Verantwortlichen Profit und Macht. Ethik, Verantwortung, Vaterlandsliebe, Moral und Fürsorge dienten als Deckmäntel zur Vertuschung der wahren Ziele. Das Wachstum der Pharmabranche kennt daher keine Grenzen. In den drei wichtigsten Märkten der Welt – den USA/Kanada, Japan und den sieben größeren Ländern Europas – stiegen die Preise für Arzneimittel zwischen 1995 und 1996 um durchschnittlich 7%. Diese Entwicklung hielt auch 1997 an, einem erfolgreichen Jahr für die meisten Hersteller, wobei sich die nationalen Gewinne bescheidener ausnahmen als die internationalen und sogleich Anlaß für nachhaltiges Jammern und Klagen der Verbände gaben. In absoluten Zahlen ausgedrückt bedeutet dies, daß sich der ohnehin stolze Betrag für verschreibungspflichtige Präparate in den »Nicht-Entwicklungsländern« von 125,7 Milliarden Dollar (1995) auf 130,3 Milliarden Dollar (1996) erhöhte. Ganz gleich, ob Auto-, Flugzeug- oder Pharmaindustrie: Der Zwang zu immer schnelleren Entwicklungszeiten für neue Produkte hat den Druck auf alle Beteiligten erhöht und schlägt sich in reduzierter Sicherheit nieder. Wer ständig eine Verkürzung der Prüfzeiten von neuen Medikamenten fordert, wie es vor allem die Teile der Pharmaindustrie tun, die sich im Verband der Forschenden Arzneimittelhersteller zusammengeschmiedet haben, sollte wissen, daß dies in erster Linie zu verborgenen, später aber rasch relevant werdenden Schäden führt.

Auch bei der Globalisierung spielen die deutschen Pharmakonzerne ganz vorne mit. Selbstbewußt verkünden ihre Sprecher, daß sie andere internationale Konzerne im Wettbewerb schlagen wollen. Diese Ziele bedeuten, mehr Menschen in den Hochpreisländern zu entlassen, sie erwerbslos zu machen und ihrer Selbstachtung und Würde zu berauben; sie bedeuten weiter, Entwicklungszeiten und -kosten einzusparen und außerdem Druck auf die Politik auszuüben, die amtlichen Zulassungszeiten weiter zu verkürzen sowie Zulassungskriterien zu entschärfen. Die Leidtragenden hierbei sind die Kranken und Hilfsbedürftigen, denn finanziert werden derartige Expansionen auf

Kosten der Krankenkassen und damit der Versicherten reicher Länder.

Ungehemmt treiben die Konzerne beispielsweise den Einsatz der Gentechnologie für medizinische Produkte voran, wohlwissend, daß maximal 10 bis 15% der Weltbevölkerung sich solche Produkte überhaupt werden leisten können. Das beste Beispiel bietet AIDS. Die Zahlen des Weltkongresses von 1997 bestätigen eine rückläufige Entwicklung von Krankheit und Todesfällen in den reichen und eine Zunahme der Fallzahlen und Todesfälle in den armen Ländern Asiens und Afrikas. Das ist verständlich, kostet doch die Jahresbehandlung eines kranken HIV-Infizierten um die 20.000 US-Dollar oder – je nach Dollar-Kurs – bis zu 40.000 Mark.

Obwohl ständig davon die Rede ist, scheint kein sehr ausgeprägtes Interesse zu bestehen, die Gelder für derart teure und fragwürdige Entwicklungen tatsächlich zum Wohle der Menschheit im Kampf gegen Krankheiten einzusetzen, die in den ärmsten Ländern dieser Welt Jahr für Jahr unzählige Menschen das Leben kosten – und das, obwohl sie mit vergleichsweise geringen Mitteln zu besiegen wären. Angesichts der Tendenz, daß Geld und Aktien wichtiger zu werden drohen als Menschen, ist die Warnung des französischen Intellektuellen Jean François Kahn vor den Folgen einer ungebremsten Weiterentwicklung nicht von der Hand zu weisen: »Was nützt uns ein reines Geldeuropa, wo nur mehr das Recht des Stärkeren gilt?« schrieb er und fürchtet zu Recht, »daß diese Entwicklung nur den rechtsradikalen Kräften dienen wird. Jetzt werden die Weichen gestellt. Der internationale Kapitalismus droht die demokratischen Regeln zu zerstören. Dem müssen wir entgegentreten.«

Niemand wird bestreiten wollen, daß die Pharmaindustrie auch gute Seiten hat, daß sie gesellschaftlich nützliche Produkte liefern könnte – wenn sie denn von gescheiten und verantwortungsbewußten Managern geführt würde. Nur wenige Menschen in unserem Land jedoch wissen, daß die Pharmaindustrie erheblich zu einer negativen Bilanz des Bruttosozialprodukts beiträgt. Trotz etwa 120.000 Beschäftigten, die zu den gut Verdienenden unserer Gesellschaft gehören, trotz erheblicher Forschungszuschüsse, die diese Industrie den Universitäten und Forschungsinstituten zahlt, ist die Branche durch ihr latentes, stets vorhandenes Schadenspotential extrem teuer und kontraproduktiv. Daß dies so ist und es die Öffentlichkeit nicht erkennt, liegt nicht nur an einem perfekt organisierten Lobbyismus und Öffentlichkeitsmarketing, sondern auch an einer desinteressierten Apotheker- und Ärzteschaft sowie an den in Sachen Wirtschaftlichkeit inkompetent geführten gesetzlichen Krankenkassen. Wägt man den Nutzen von zu vielen Medikamenten gegen ihr Schadensrisiko ab, bleibt am Ende eine negative Bilanz für den Verbraucher.

Skandale und Katastrophen

Wir leben schon in einer verrückten Zeit. Am 13. Oktober 1995 erklärte ein Vorstandsmitglied des Chemiemultis Hoechst, daß fachlich hochqualifizierte Mitarbeiter versehentlich einhundert Liter des Giftstoffes *Dichloranilin* in den Main eingeleitet hätten. Erstaunlicherweise hatten die Krisenmanager des Chemie- und Pharmagiganten – über Jahrzehnte in der unauffälligen Entsorgung von Chemiemüll in Deutschlands Umwelt bewährt – fast drei Tage gebraucht, um sich zu dem Unfall zu bekennen. Und bewundernswert war die Kühnheit des Hoechst-Vorstandes, öffentlich einzugestehen, daß die betroffenen Mitarbeiter drei Tage Angst ausstehen mußten, ehe sie sich getrauten, ihrem Oberhaus den Sündenfall zu melden. Umweltministerien und Staatsanwälte reagierten unverzüglich, und die Medien berichteten aufgeregt über den vermeidbaren Skandal. Politiker und Fachwelt fanden gleich die Schuldigen: Als die eigentlich Verantwortlichen wurden in gewohnter Weise die Mitarbeiter vor Ort ausgemacht. Kein Wort wurde über den fragwürdigen Zustand renovierungsbedürftiger, überalteter Fabrikanlagen geäußert. Die Vorstandsmitglieder wuschen öffentlich ihre Hände in Unschuld und gingen zur Tagesordnung über.

Während die Staatsanwaltschaft Frankfurt a.M. noch ermittelte, knallte es im Januar 1996 gleich dreimal in den Hoechster Chemieküchen, und endlich gab ein Vorstandssprecher zu, daß bisher noch kein Sicherheitsmanagement zur Früherkennung von Katastrophen existierte. Der Vorstandsvorsitzende Jürgen Dormann versprach, dies zu ändern. Inzwischen hat der Hoechst-Vorstand erkannt, daß der Dialog mit Kritikern des Unternehmens dringend notwendig ist. *Der Spiegel* publizierte im September 1996 eine Imageumfrage des Konzerns, bei dem Hoechst mit 14 Minuspunkten noch hinter dem Schweizer Pharmamulti Sandoz lag. Deutschlands Saubermann, der Chemieriese Bayer – bekannt als »forschendes Unternehmen und freundliche Firma, die viel für Umwelt und Arzneimittelsicherheit« tut –, nahm bei dieser Umfrage einen Spitzenplatz mit 38 Pluspunkten ein.[1]

Während also relativ geringe Mengen fehlerhaft entsorgter chemischer Giftstoffe gesteigerte öffentliche Aufmerksamkeit und Kritik erfahren, bleiben entsprechende Vorkommnisse und Straftaten aus dem Bereich der Pharmaindustrie den Menschen in Deutschland eher verborgen. Kriminelle Handlungen dieser Art scheinen seltsamerweise niemanden zu interessieren. Zahlreiche Beispiele könnten dies deutlich machen: Die Liste der Produkte, die vom Markt genommen werden mußten, weil sie Schäden verursachten, die tödlich sein können, ist lang – ohne daß die Öffentlichkeit auch nur im geringsten reagiert hätte. Rückrufaktionen geschahen zu Zeitpunkten, an denen die verantwortlichen Manager bereits seit Monaten wußten, daß ihr Produkt schwere toxische Zustände bei ohnehin kranken Menschen hervorrief. Viel zu spät und emotional kaum berührt, ordneten die Bosse die Einstellung des Vertriebs ihrer Produkte an. Es kümmerte offenbar kaum jemanden, daß 10, 20, 50 oder 100 Menschen gesundheitliche Schäden erlitten hatten und einige von ihnen sogar gestorben sein könnten. Fast nie schalteten sich in der Bundesrepublik Deutschland anläßlich eines Vertriebsstops von Pharmaprodukten die Behörden oder die Staatsanwaltschaften ein. Schon gar nicht reagierten die in den Skandal involvierten Ärzte und Apotheker.

Nehmen wir als herausragendes Beispiel den Aids-Skandal, der Tausende durch infiziertes Blut und Blutprodukte das Leben kostete. Er führte weder zu polizeilichen Vernehmungen noch zu intensiven Untersuchungen durch die Aufsichtsbehörden. Selbst bei dem durch Showelemente angereicherten Untersuchungsausschuß im Bundestag saßen nur die Kleinen, niemals aber die verantwortlichen Großen auf der Bank der Befragten. Das verantwortliche Bundesgesundheitsamt in Berlin, das nach dem Skandal in *Bundesinstitut für Arzneimittel und Medizinalprodukte* umgetauft wurde, die höchste Aufsichtsbehörde also, handelte wie immer, nämlich gar nicht. Ganz im Unterschied zur amerikanischen Gesundheitsbehörde, der *Food and Drug Administration*, die bei vergleichbaren Zwischenfällen nicht nur strenge betriebliche Kontrollen durchführt, sondern auch den strafrechtlichen Hintergrund überprüft und obendrein den Geschädigten bei der Durchsetzung von Schadensersatzansprüchen hilft. Presse und Fernsehen in den USA hätten solche kriminellen Aktivitäten publik gemacht und die Unternehmensleitung öffentlich unter Druck gesetzt,

Kosten der Arzneimittelsicherheit = 0,1% vom Pharmaumsatz
Cosi fan tutte – so machen's alle – eine Schätzung

Gesamtumsatz Konzern	45-50	Mrd.
Gewinn vor Steuern	4-8	Mrd.
Pharmaumsatz pro Konzern	12-14	Mrd.
Gewinn vor Steuern	4-5	Mrd.
Kosten Arzneimittelsicherheit	10	Millionen

unverzüglich Entschädigungen in Größenordnungen dreistelliger Millionenbeträge zu leisten, und zwar auf außergerichtlichem Wege. Die Herstellerfirma und ihr Vorstand wären durch ihre perfide Handlungsweise ins Zwielicht geraten. Verbraucherorganisationen hätten zum Boykott der Produkte dieser Firma aufgerufen. Selbst die Pharmaverbände hätten sich offiziell von ihrem Mitglied distanziert.

Hoffentlich bringt der BSE-Skandal die in der Bundesrepublik herrschende Leichtfertigkeit im Umgang mit Pharmaprodukten an den Tag. Bisher jedenfalls hat es niemanden in Ämtern, Behörden und Verbraucherorganisationen interessiert, daß seit Jahren ein Sammelsurium potentieller BSE-Erreger – kontaminierte Materialien aus allen Organteilen gefährdeter Tiere – als Medikamente im Handel ist. Durchaus ominöse Produkte, die nicht im geringsten den schlüssigen Beweis für die Unbedenklichkeit erbringen können, riefen bisher weder Staatsanwälte noch Politiker auf den Plan. Niemand kann derzeit ausschließen, daß Hunderte von so behandelten Kranken, vor allem Kinder, in zwanzig oder dreißig Jahren von einer Virusinfektion tierischer Herkunft – der Alzheimerschen, der Creutzfeld-Jakobschen Krankheit oder einer völlig neuen, bisher unbekannten Infektion – befallen werden. Im Februar 1998 legt der britische Neurologe Dr. Alan Colchester Befunde vor, die Hinweise geben sollen, daß der unbekannte BSE-Erreger über das Trinkwasser in die Nahrungskette des Menschen gelangt ist und in fünf von 25 Fällen die Ursache für eine Creutzfeld-Jakob-Krankheit (CJD) war. Nach Hinweisen auf sträfliche Nachlässigkeiten bei der Kadaver-Entsorgung entschloß sich Colchester, die Öffentlichkeit zu informieren. Inzwischen räumen die englischen Behörden ein, daß ein Jahr zu spät wirksame Gegenmaßnahmen ergriffen wurde. In Deutschland führt dies bestenfalls zu »internen Diskussionen«, nicht aber zu kritischen Auseinandersetzungen.

Fallzahlen und Kosten durch Medikamentenmißbrauch/USA[2]

Kostenursachen	Zahl der Fälle (Tausend)	Kosten (US-$ Mrd.)
Arztvisite	115.655	7.46
Arzneimitteltherapie	76.348	1.93
Notfälle/ambulant	17.054	5.32
Notfälle/Einweisungen	8.762	47.45
stationäre Behandlung	3.150	14.40
Todesfälle	199.000	unbekannt

In den Konzernen werden Millionen für Umwelt- und Produktsicherheit in den Budgets ausgewiesen. Vorstandsmitglieder verkünden bei jeder Gelegenheit, daß man viel auf diesen Gebieten tue. Bedauerlicherweise fühlen sich diese Herren, trotz herausragender Gewinne ihrer Pharmasparten, nicht für deren Produkte zuständig.

In den meisten deutschen Pillenfirmen gibt es zwar ausreichend Beauftragte und Vorstandsmitglieder für den Tier- und Umweltschutz, jedoch findet man Sicherheitsmanager für pharmazeutische Produkte weder in den oberen Etagen des Vorstandes noch in den Geschäftsleitungen. Für die Arzneimittelsicherheit werden nur Bruchteile dessen aufgewendet, was große und kleine Firmen für Imagepflege, Öffentlichkeitsarbeit, Produktwerbung oder ihre hauseigenen Sportvereine bereitstellen. Es gibt kleine Unternehmen, die trotz mehrstelliger Millionenumsätze gerade eine halbe oder ganze Kraft einsetzen, um Sicherheit zu gewährleisten. Die Arzneimittelsicherheit hat, entgegen allen offiziellen Schwüren, in den Konzernen keine Lobby.

Dabei sind die vermeidbaren Schäden nicht unerheblich. Wenn Weltfirmen mit großen Produkten und Jahresumsätzen von mehr als zwei Milliarden Dollar ständig bis zu zwanzig Millionen Menschen mit einem Medikament versorgen, und nur 1% davon an vermeidbaren Nebenwirkungen sterben, sind dies jährlich etwa 200.000 Tote. In jedem Jahr müssen wegen unzureichender Prüfungen und falscher ärztlicher Verordnungen von Medikamenten – allein in den USA – etwa 1,3 Millionen Menschen stationär behandelt werden. 180.000 von ihnen sterben an den Folgen. Die direkten Kosten für die mitunter vermeidbaren Schäden betrugen 1994 in den Vereinigten Staaten 60 Milliarden Dollar. Bei Berücksichtigung der Folgekosten stiegen 1995 die Gesamtaufwendungen auf mehr als 136 Milliarden Dollar. Damit haben Arzneimittelschäden auf der Skala volkswirtschaftlicher Relevanz noch vor den Herz-Kreislauf-Erkrankungen (117 Mrd.

US-$), der Zuckerkrankheit (61 Mrd. US-$) und der Fettsucht (46 Mrd. US-$) den höchsten Stellenwert. Jede vierte Krankenhauseinweisung, jeder fünfte ambulante Notfall und jeder sechste Arztbesuch wird durch Fehlgebrauch von Arzneimitteln verursacht.

Für Deutschland sind solche Zahlen erst gar nicht bekannt. Man vermißt sie in amtlichen Veröffentlichungen der Wirtschafts- oder Sozialministerien von Bund und Ländern. Der Bremer Pharmakologe Peter Schönhöfer schätzt die Kosten auf rund zehn Milliarden Mark. Er ermittelte die riesigen Schadenssummen in einer Bremer Studie und kam zu dem Ergebnis, daß in Deutschland im Jahr 120.000 Menschen durch Fehlgebrauch von Arzneien betroffen sind. Die Zahl der Verstorbenen wird auf 9.000 geschätzt.[3] Legt man jedoch als Vergleich die Erfahrungen und die Zahlen aus den USA zugrunde, so sind die Kosten mit 50 Milliarden Mark realistisch taxiert. Es gibt in Deutschland auch keine offiziellen Zahlen über diesbezügliche Verpflichtungen und Zahlungen von Krankenkassen und Versicherungen. Der Sozialstaat zahlt stillschweigend alle Forderungen, die an ihn auch unbegründet gerichtet werden und kassiert anschließend die Solidargemeinschaft für alle Folgen ab. Ein wahnwitziges System.

Vielleicht vollzieht sich aber bei uns in Deutschland ein Umdenken als Antwort auf den brutalen Globalisierungsprozeß der internationalen Pharmabranche. Es geht seit Jahren um den Kosten-Nutzen-Faktor der drei wichtigsten Schmerzmittel, die, da sie freiverkäuflich sind, bei vielen Menschen Nierenschäden verursachen. Die drei Hersteller machen im Jahr 150 Millionen Mark Umsatz, verursachen aber mit 500 Millionen Mark sehr hohe Folgekosten zur Behandlung der fatalen Gesundheitsschäden. Professor Peter Schönhöfer und Dr. Ulrich Moebius weisen seit vielen Jahren unermüdlich auf diesen Umstand hin und fordern nunmehr – aus aktuellem Anlaß – den verantwortlichen »Verschreibungsausschuß« am Bundesinstitut für Arzneimittel und Medizinalprodukte zu Berlin auf, die Konsequenzen daraus zu ziehen und Medikamente dieser Art wieder unter die Verschreibungspflicht und damit unter ärztliche Kontrolle zu stellen. Der Machtkampf hat begonnen, denn nun liegt die Entscheidung beim Gesundheitsministerium und dem verantwortlichen Minister.

Die Arzneimittelsicherheit ist in unserem hochentwickelten Land ein ungelöstes Problem. Die Pharmaindustrie ersetzt Verantwortung durch Kompetenz und verkauft seelenruhig selbst risikobeladene Präparate ummäntelt mit juristischen Belanglosigkeiten. Weniger als 5%

aller Meldungen zu Risiken und Nebenwirkungen stammen von inländischen Ärzten, Apothekern oder Vertretern anderer medizinischer Berufe (im Englischen nennt man die ganze Gruppe Health professionals). Die Ärzteschaft ist weder verpflichtet noch bereit, selbst tödliche Zwischenfälle den Behörden zu melden. Unter dem Deckmantel des Datenschutzes verhindern die Beteiligten an dem Milliardendeal die schutzbringende Erforschung der Arzneimittelrisiken. Behörden, Ärzteschaft und Pharmavorstände kennen die Fakten.

Die Verbraucher von Heilmitteln sind vor allem kranke Menschen. Das vergrößert das Dilemma der Pillenbranche, die sich bei ihren Geschäften angeblich von ethischen Erwägungen leiten läßt. Die Realität erhärtet jedoch den Verdacht, daß bei der Erforschung und Entwicklung neuer Medikamente die medizinischen Indikationen – im Gegensatz zum Gewinn – eine untergeordnete Rolle spielen. Hier ist endlich ein Umdenken gefordert. Die Besonderheiten der Pharmaforschung machen die Branche zu einem außergewöhnlichen Industriezweig, der spezieller Kontrollen bedarf. Wer noch immer glaubt, daß der Conterganskandal einmalig war, irrt. Viele gleich geartete Desaster bleiben unaufgedeckt. Sie werden nur vom Hersteller mit passiver Hilfe staatlicher Aufsichtsbehörden vertuscht.

Kapitel 2
Contergan: Das unsterbliche Wundermittel

»Kein außenpolitisches Ereignis, weder der Besuch de Gaulles in Deutschland noch die Berliner Mauer..., keine innenpolitischen Skandälchen von der Fibag-Affäre bis zum Maßhalte-Appell Professor Erhards hat der inländischen Presse so viele dankbare Schlagzeilen geliefert wie das Beruhigungs- und Schlafmittel Contergan.«
Berliner Abendblatt, 1962

1962 fand das Contergandesaster ein erstes unrühmliches Ende. Fast 4.000 Menschen blieben als nachweislich irreversibel Geschädigte zurück.[1] Die Hersteller- und Vertreiberfirma Grünenthal bei Aachen mußte beinahe schon gezwungen werden, ihr Medikament vom Markt zu nehmen.

Viele Politiker und im besonderen Maße die damalige CDU-Gesundheitsministerin Elisabeth Schwarzhaupt sowie das ihr unterstellte Bundesgesundheitsamt mit seinen Mitarbeitern erwiesen sich einmal mehr als fachlich unfähig, die Katastrophe im Interesse der betroffenen Menschen zu verhindern oder in angemessener Zeit zu bewältigen. Es kam zu langwierigen juristischen Auseinandersetzungen. Übrig blieben Familien mit schwer behinderten Kindern, Opfer von Profitstreben, gepaart mit sorgloser pseudowissenschaftlicher Forscherethik in der Industrie. Traurig, aber wahr.

Zusätzlich wurden viele Betroffene durch das künstlich anerzogene Abwehrverhalten unserer Gesellschaft gegenüber körperlich behinderten Menschen diskriminiert. Nur dank einer intensiven, jahrelang andauernden Aufklärungstätigkeit konnten diese Vorurteile gegenüber den Conterganopfern deutlich gemindert werden.

Der finanzielle Ausgleich, den die Conterganopfer vom Pharmahersteller für die fahrlässige Körperverletzung erhielten, war beschämend und besserte sich erst, als – gerichtlich erzwungen – eine »Stiftung« für die Geschädigten gegründet wurde. Chemie Grünenthal als Verursacher des Schadens und der Staat, der seiner Aufsichtspflicht nicht nachgekommen war, steuerten jeweils 100 Millionen Mark bei. Die 200 Millionen Mark Stiftungsgelder mußten 1994 zu Lasten der Steuerzahler nochmals um 100 Millionen Mark aufgestockt werden.[2] Die Firma Grünenthal, die schon seit vielen Jahren mit ihrem Pharmabetrieb »schwarze Zahlen« schreibt, blieb bei dem erforderlich gewordenen Nachschuß ungeschoren, obwohl die Mitglieder der Familie Wirtz – die Eigentümer dieser Unternehmensgruppe – zu den reichsten Bürgern Deutschlands gehören.

Die unglaubliche Story

Die Chemie Grünenthal GmbH wurde kurz nach dem Zweiten Weltkrieg gegründet. Initiator und Kopf war Hermann Wirtz, Besitzer des alteingesessenen Seifen- und Kosmetikbetriebes »Dalli«, der die neue Firma nach dem Familiensitz – dem Kupferhof Grünenthal – benannte. Das Unternehmen florierte, weil es den Mitarbeitern 1946 gelang, als eine der ersten deutschen Firmen – neben der Hoechst AG – eine Großproduktion von Penicillin aufzubauen.[3] Ideenreiche Chemiker und Pharmazeuten wie der junge Chemiker Heinrich Mückter hatten es mit der Hilfe von Hans Knöll am Institut für enzymatische Mikrobiologie in Jena geschafft, die Herstellung der lebensrettenden Wunderdroge – einem Antibiotikum – praktisch aus dem Nichts und ohne ausländische Hilfe aufzubauen. Das Institut in Jena war eine Schöpfung der Weltfirmen Carl Zeiss und der Firma Schott & Gen., die die für die Penicillinherstellung ganz entscheidende Qualität der Glasbehälter lieferten. Das große Verdienst von Heinrich Mückter bestand darin, daß er zwischen 1946 und 1950 eine eigene Aufbereitungsanlage aufbaute, in der er das neuentwickelte Glasprodukt *Duran* verwendete, das den Umgang mit den notwendigen Pilzkulturen ermöglichte. Diese fruchtbare Zusammenarbeit im damals in vier Zonen aufgeteilten Deutschland wurde jäh unterbrochen, als die sowjetischen Besatzer das Jenaer Institut (die spätere Jena-Pharma) nach Rußland verlagern wollten.[4]

Dennoch ging es mit der Penicillinentwicklung bei Grünenthal weiter. 1949 schufen die Mitarbeiter der Firma das erste deutsche Langzeit-Penicillin, 1950 die erste Penicillintablette und 1951 das erste deutsche antibiotische Kombinationspräparat aus Penicillin, kombiniert mit einem ebenso wirksamen wie wichtigen Antibiotikum, dem Streptomycin. Damit hatte sich der kleine Betrieb aus seinen Anfängen in einem total zerstörten Teil Westdeutschlands zu einem ansehnlichen Pharmaunternehmen gemausert und einen Platz im oberen Drittel der deutschen Heilmittelchemie erobert.

1954 gelang es drei Forschern von Grünenthal (Herbert Keller, Wilhelm Kunz und Heinrich Mückter), eine Substanz – das N-Phthalyl-glutaminsäure-imid, kurz *Thalidomid* genannt – zu synthetisieren.[5] Zunächst stellten die Entdecker fest, daß diese chemische Verbindung kein Tier in nachweisbarer Form schädigen konnte, selbst wenn sie in hohen Dosen verabreicht wurde. Im Gegenteil, die Tiere schliefen nach der Einnahme von Thalidomid fest ein und erwachten erholt, offenbar ohne eine Beeinträchtigung erlitten zu haben.

Man fand heraus, daß der Stoff spasmolytisch (krampflösend) und lokal anästhetisch wirkte. Pharmakologisch wurde bald bestätigt, daß sich Thalidomid antiallergisch (antihistaminisch), antiergotrop (streßmindernd) und antiinfektiv verhielt. Diese Eigenschaften führten schließlich zu seiner Benennung *Contergan*, denn für die Forscher schienen Krampflösung, Entspannung, Beruhigung im Vordergrund zu stehen.

Die Euphorie in jenen Jahren muß bei Grünenthal grenzenlos gewesen sein: All die mit Contergan verbundenen Eigenschaften versprachen unglaubliche Marktchancen und Wachstumsraten. Aber wie so oft, wenn Phantasie und Hoffnung stärker als der Verstand sind, keimen irrationale Wünsche auf. Plötzlich fanden die Pharmakologen heraus, daß dieser Stoff imponierende Eigenschaften zur Behandlung von weiteren Krankheiten besaß: Tuberkulose, Virusgrippe, Keuchhusten, Vegetative Dystonie, Bluthochdruck, Arteriosklerose, Schilddrüsenüberfunktionen, nervöses Magenleiden und Lebererkrankungen. In einem klinischen Versuch bei drei (!) Frauen erwies sich Thalidomid als krampflösend bei Magen- und Gallenbeschwerden und als hervorragendes Schlafmittel. Grund genug, sehr rasch diese Erkenntnisse in die Werbung aufzunehmen. Die tüchtigen Werbefachleute verpaßten denn auch dem neuen Produkt zusätzliche Namen wie *Grippex* und *Algosediv* (schmerzberuhigend).

Im August 1956 gab die Firma eine kleine Produktinformation heraus, auf der für folgende Indikationen geworben wurde:

»Erregbarkeit und Erregungszustände, Konzentrationsschwäche, Frustrationszustände, vorzeitige Ejakulation (Samenentleerung), Menstruationsbeschwerden, Wechseljahrsbeschwerden, Angst und Angstzustände, Examensangst, funktionelle Beschwerden bei Magen- und Gallenblasenbeschwerden, fieberhafte Infektionen, milde Depressionen, Schilddrüsenüberfunktion, Tuberkulose.«[6]

Natürlich war das Mittel nebenwirkungsfrei oder – wie die Werbung versprach – »atoxisch«, »gefahrlos«, und »ungiftig«. Die Grünenthal-Werbung wurde poetisch und warb mit Sätzen wie: *»Wir stehen am Ufer, und mancher von uns sieht bedauernd eine Stille, die für ihn jenseits des Erreichbaren liegt.«* Ein Kernsatz lautete *»Das Schlafmittel des Jahrhunderts, das so unschädlich wie Zuckerplätzchen ist«.* Ein schönes Bild von der dalmatinischen Küste bei Dubrovnik mit dem Untertext *»Ruhe und Schlaf zu fördern vermag Contergan«* erwies sich als ebenso verkaufsfördernd wie Graphiken mit Mutter- und Kindmotiven.

Im November 1957 war es dann soweit: Contergan konnte unbeeinträchtigt von Auflagen und Vorschriften und vor allem unkontrolliert, weil rezeptfrei erhältlich, vermarktet werden. Kurze Zeit später gab es auch schon eine stark wirksame, hoch konzentrierte Pille. Man schätzte, daß im Jahre 1959 etwa 350.000 Einwohner der Bundesrepublik täglich Contergan einnahmen. 1960 waren es schon 700.000, und zum Zeitpunkt der Vertriebseinstellung im November 1961 nahmen mehr als eine Million Bundesbürger dieses Schlafmittel ein.

Unter 50 verschiedenen Namen wurde es in 60 Ländern dieser Erde vertrieben, jedoch nur aus 25 Ländern meldete man später Erbschäden.[7] Die Familie Wirtz (die Gebrüder Hermann und Alfred sowie Schwägerin Hilde) wurde durch diese Entwicklung noch reicher, obwohl sie – was selten genug vorkommt – Forscher und Geschäftsführung am Umsatz maßgeblich beteiligt hatte. Das Stammkapital der Chemie Grünenthal GmbH wuchs so stark an, daß Hermann Wirtz bereits im Januar 1960 eine 25%ige Beteiligung an der chemisch-pharmazeutischen Firma Knoll AG, Ludwigshafen – inzwischen eine hundertprozentige Tochter vom BASF-Konzern – besaß.[8]

Hintergründe der Katastrophe

Der Blick zurück, vor das Jahr 1956, in die Zeit, in der Grünenthal-Forscher ihre größten Erfolge hatten, lohnt sich, denn zu diesem Zeitpunkt wurde auch der Grundstein des Mißerfolges gesetzt. Sieben Jahre vor dem ersten registrierten Schadensfall im Jahr 1957 hatten seriöse Forscher eindringlich auf die Notwendigkeit hingewiesen, neue chemische Substanzen beim Menschen nicht anzuwenden, ohne zuvor sorgfältige genomtoxische* und embryonale Prüfungen am Tier durchzuführen. Die meisten Pharmafirmen unterließen dies wider besseres Wissen dennoch. Sie hielten diese Art wissenschaftlicher Kontrollen für überflüssig.

Ein solches Vorgehen war in jenen Jahren in Deutschland leider üblich. In den USA dagegen dachte der Präsidentschaftskandidat und US-Senator Kefauver bereits 1960 über erste Kontrollmechanismen nach. Er hatte unter anderem herausgefunden, daß US-Pharmafirmen mehr als ein Drittel ihres Etats für Werbung und Vertrieb, für die Forschung jedoch weniger als 10% ausgegeben hatten. Ein Zustand, an dem sich bis heute weltweit wenig geändert hat.

Die Wissenschaftler hingegen schienen ihrer Zeit voraus zu sein. Schon sehr früh, 1950, hatte der Franzose Paul Ancel anhand von 490 Literaturhinweisen in einer umfangreichen Monographie auf bekannte Erbschäden durch neue chemische Verbindungen hingewiesen.[9] 1958 befaßte sich der Engländer Rupert Alan Willis in seinem Buch »*The Borderline of Embryology and Pathology*« eingehend mit den Schäden an Embryonen und forderte:

> *»Man wird feststellen, daß bislang nur wenig chemische Agentien auf teratogene** Wirkung bei Säugetieren getestet wurden und daß darunter keine der verbreiteten Alkaloide, Beruhigungsmittel, Sulfonamide, Antiseptika, Hefen, organische Lösungsmittel oder metallische und andere anorganische Substanzen sind. Die methodische Untersuchung der Wirkungen all dieser Stoffe auf die frühe Entwicklung von Säugetieren ist nötig«.*

Bereits seit 1950 hatte Willis diese Ergebnisse an anderer Stelle publiziert.[10] 14 wissenschaftliche Arbeiten zur teratogenen Wirkung von

---

* genomtoxisch = erbgutschädigend

** Mißbildungen hervorrufende

Chemikalien, die sicher Mißbildungen hervorriefen, waren vor 1955 veröffentlicht worden. Der Fachwelt mußten diese Befunde und Warnungen längst zugänglich und wohl auch bekannt gewesen sein. Selbständig forschende Unternehmen besaßen schon damals spezielle und – im Vergleich zu Universitäten – außergewöhnlich moderne Dateien zu ihren Produkten und Innovationen. In derartige Datenbanken wurden beachtliche Anteile der Forschungskosten investiert, weil sie es ermöglichten, auch die Entstehung und Marktentwicklung von Konkurrenzprodukten engmaschig zu verfolgen.

Entgegen der von Pharmaunternehmern immer wieder beteuerten hohen Eigenverantwortung haben die Forscher von Grünenthal ihre Substanz 1954 nicht gemäß des damals neuesten Standes der Wissenschaft überprüft. Mit Billigung der Aufsichtsbehörden des Landes Nordrhein-Westfalen und ohne eingehende vorherige Tests im Hinblick auf spontane Änderungen im Erbgut, fetale Schäden und Mißbildungen an schwangeren Säugetieren, kam das *Thalidomid* im Rahmen der klinischen Prüfungen beim Menschen zur Anwendung. Tierversuche waren zwar durchgeführt worden, hatten aber keine Hinweise auf Mißbildungen ergeben. Das war auch nicht möglich, denn niemand verlangte von den Herstellern eines Arzneimittels, die dazu erforderlichen genetischen Untersuchungen durchzuführen. Es fehlte ein gesetzlich vorgeschriebener Versuchsansatz. Die Forscher folgten also nicht ihrem Gewissen, sondern verhielten sich konform mit den Interessen ihres Unternehmens. Diese Haltung ist noch heute weit verbreitet, Produktforschung und Entwicklung werden fast ausschließlich nach kaufmännischen Gesichtspunkten betrieben.

Nach dem Debakel gab Grünenthal später bekannt, daß die Verfütterung an Mäuse, Ratten, Meerschweinchen, Kaninchen, Hunde, Katzen und Affen keinerlei Schäden an den Organen ergeben habe. Hinweise auf Mutagenitätsprüfungen fehlten jedoch. Es ist fraglich, ob die Versuche 1954 und 1955 dem wissenschaftlichen Standard entsprochen haben, da in jenen Tagen grundsätzlich alle normierenden Hinweise zur Durchführung derartiger Versuche fehlten.

Viele Fragen müssen offen bleiben. Die ersten tierexperimentellen Arbeiten aus den firmeneigenen Laboratorien unter Federführung von Dr. Kunz und Mitarbeitern sowie die frühen »klinisch-wissenschaftlichen« Arbeiten des motivierten Prüfarztes der Universitätsklinik Köln, Hermann Jung, waren allerdings so schlecht, daß beide Autoren trotz finanzieller Hilfen des Pharmaherstellers große Schwierigkeiten hatten, ihre Beiträge in medizinisch angesehenen Zeitschriften zu veröffentlichen.[11]

Festzuhalten bleibt, daß die Leitung von Grünenthal bereits vor der Zulassung und während der Entwicklung des Contergan (1954-1957) über viele Erkenntnisse hätte verfügen können, um die Katastrophe zu vermeiden. Der Münsteraner Kinderarzt und Genetikforscher Widukind Lenz, einer der ersten Entdecker der Thalidomidschäden, brachte das Problem 1988 auf den Punkt:

»Ich fühle mich zwar nicht kompetent genug, die verschiedenen ethischen und juristischen Probleme anläßlich der Contergan-Tragödie zu beurteilen; allerdings wird die ständig wiederholte Behauptung, daß 1956 niemand diese Tragödie hätte voraussehen können, nicht dadurch glaubwürdiger, daß man diese Aussage ständig wiederholt.«[12]

Die ersten Schadensmeldungen wurden ignoriert

Grünenthal wehrte denn auch zunächst sehr erfolgreich jede Anschuldigung ab, zwischen ihrem Produkt und den kindlichen Mißbildungen bestehe ein Zusammenhang, obwohl der erste geschädigte Patient das Kind eines Firmenangehörigen war. Der Mitarbeiter hatte im Frühjahr 1956 seiner schwangeren Ehefrau eine Probepackung Contergan mitgebracht und auf Anraten seines Vorgesetzten als harmloses, aber besonders gut wirksames Schlaf- und Beruhigungsmittel empfohlen. Die Frau gebar am 25. Dezember des gleichen Jahres ein schwer mißgebildetes Kind.[13]

Nachdem das Arzneimittel zwei Jahre im Handel war, unterrichtete der Düsseldorfer Neurologe Ralph Voss im November 1959 die Firma Grünenthal, daß ihn zwei Patienten mit schweren Nervenschäden aufgesucht hätten. Dr. Voss erinnerte sich: »*Grünenthal hat sich nie für meine Fälle interessiert.*«[14] Erst als andere neurologische Fachärzte einer renommierten Fachklinik im Taunus und insbesondere der Neurologe Horst Frenkel ähnliche Beobachtungen machten und den Zusammenhang erkannten, reagierten Firmenvertreter von Grünenthal mit Besuchen bei den Ärzten Ralph Voss und Horst Frenkel. Letzterem versuchten sie mit verlockenden Angeboten einer »wissenschaftlichen Zusammenarbeit«, die Promotion des Produktes Contergan schmackhaft zu machen. Eine wissenschaftliche Arbeit, die Dr. Frenkel über eine »Toxische Polyneuritis« (giftige Nervenentzündung infolge Contergan, P.E.) bei der *Medizinischen Welt* – damals eine der renommiertesten medizinischen Fachzeitschriften – im September 1960 einreichte, wurde zunächst lange liegengelassen und erst mit achtmonatiger Verspätung gedruckt.[15] Der Chefredakteur, Dr. Paul Matis, fürchtete möglicherweise einen potenten Werbekunden zu verlieren, denn immerhin warb die Firma Grünenthal mit 27 ganzseitigen Anzeigen in diesem »ärztlich unabhängigen Blatt« für ihre Produkte.

Frenkels Arbeit erschien endlich im Mai 1961, nachdem er Hilfe durch den berühmten Frankfurter Internisten Ferdinand Hoff erhalten hatte. Dieser trug die Ergebnisse und Befürchtungen von Frenkel und Mitarbeitern auf dem alljährlich in Wiesbaden stattfindenden Internistenkongreß vor.

Kurz danach begann ein bei Pharmafirmen immer wieder zu beobachtender Aktionismus: Wie der Spiegel berichtete, soll Grünenthal Mitarbeiter ausgesandt haben, um meldende Ärzte oder unzufriedene Patienten durch Geld oder geldwerte Geschenke davon abzubringen, öffentlich eine dem Produkt abträgliche Meinung zu vertreten. Leitende Mitarbeiter boten Geschädigten aus vornehmen Handköfferchen Geldbeträge in Höhe von 300 bis 20.000 Mark an, wenn sie einen Text unterschrieben, der das Unternehmen von jedem Haftungsanspruch freistellen sollte.

Immer wieder meldete sich ein Hamburger Arzt (der später in Münster tätige Widukind Lenz) auf Fachtagungen zu Wort. Er war es, der als erster auf die Schäden von 14 Müttern hinwies, die alle in der frühen Phase der Schwangerschaft Contergan eingenommen und Kinder mit schweren Mißbildungen der Gliedmaßen geboren hatten. Wenige Tage nach seinem Vortrag am 14. November 1961 vor dem Gremium der Rheinisch-Westfälischen Kinderärzte fand im Düsseldorfer Innenministerium eine Sitzung statt. Auf dieser denkwürdigen Veranstaltung am 24. November 1961 versuchten zunächst die Firmenvertreter von Grünenthal, mit Widukind Lenz einen Kompromiß zu erarbeiten. Es wurden – wir kennen das bis heute, wenn es an beweiskräftigen Gründen mangelt – gewichtige wirtschaftliche Argumente für Land und Leute ins Feld geführt.[16] Und auch das Verhalten der Pharmafirmen gegenüber Menschen, die ihre Produkte problematisieren, ist zeitlos gültig: Derjenige, der die Zusammenhänge aufdeckt und öffentlich macht, wird diskriminiert, als nicht exakter zweitklassiger Forscher abgestempelt, und seine Unterlagen werden als ungenügend bezeichnet.

So erging es 1961 auch Professor Lenz. In Düsseldorf verständigte man sich, »daß man Contergan nicht an Schwangere verabreichen dürfe«. Kaum hatten die Vertreter von Grünenthal wieder heimatlichen Boden betreten, wurde bekannt, daß ein australischer Geburtshelfer bei einer englischen Firma, die das Thalidomid als Lizenzprodukt vertrieb, »Mißbildungsalarm« geschlagen hatte. Die Firma Chemie Grünenthal GmbH stellte kurz darauf »vorsorglich und eigenverantwortlich handelnd« den Vertrieb in Deutschland ein.[17]

Vom Bestseller zum Schadstoff

Man konnte in den wenigen Jahren der Vermarktung von Contergan genau ablesen, wann die ersten Schäden auftraten. Ohne Zweifel war dies eine neue Erfahrung für die Pharmaindustrie, weil es bei späteren Schadensersatzklagen relativ geringe Probleme für die Anspruchsteller gab, einen Zusammenhang zwischen Contergan und den aufgetretenen Schäden nachzuweisen. Normalerweise müssen die Geschädigten gegen eine ganze Heerschar hochgebildeter Spezialisten und Rechtsgelehrter antreten, um ihren Anspruch zu beweisen.

Der jähe Absturz des Schlafmittels Contergan begann mit erheblichen Nervenschädigungen. Nervenschäden – auch als Neuritis und Polyneuritis bezeichnet – sind häufige Vorboten für schwere Gewebe- und Organschädigungen. Neben schweren Stoffwechselkrankheiten, wie ein lange währender, unzureichend behandelter Diabetes Mellitus (Zuckerkrankheit), gehören zu den Hauptverursachern dieser Nervenschäden auch Gifte und Medikamente. Nervenbotenstoffe (Neurotransmitter) und Gewebehormone (Zytokine) werden offenbar durch Medikamente und Chemikalien direkt beeinträchtigt, oder deren Kontaktstellen (Rezeptoren) durch diese Stoffe blockiert oder gar zerstört. In mehr als der Hälfte der Contergan-Fälle waren die Föten aus diesem Grund schon so beschädigt, daß sie vor der Reife abgestoßen wurden (Abort).

Im Juli 1961 wurde vor Contergan zum ersten Mal offiziell gewarnt. Ein Jahr später, nachdem der Vertrieb der »Superdroge« eingestellt worden war, sank plötzlich die Anzahl derart geschädigter Neugeborener deutlich. Damit brach die »Story von dem zu Unrecht beschuldigten Medikament« in sich zusammen. Trotzdem sahen die Mitglieder der Familie Wirtz als verantwortliche Inhaber der Grünenthal GmbH und ihre Geschäftsführer keine Veranlassung, den Vertrieb des Produktes auch in Japan und Brasilien unverzüglich einzustellen.

Noch nach dem November 1961, dem Zeitpunkt des Vertriebsstops in Deutschland, beobachteten die Vertreter von Grünenthal geruhsam, wie im Land der aufgehenden Sonne eine großangelegte Werbekampagne für Contergan gestartet wurde. Die Dai-Nihon-Company in Japan wurde von dem deutschen Hersteller nicht früh genug gewarnt. Noch im Sommer 1962 warb sie unermüdlich mit Hochglanzfotos, die den Sonnenuntergang verherrlichten, für das hervorragende Schlafmittel.[18] Trotz der offenkundigen Zusammenhänge und trotz der ersten juristisch vorgetragenen Haftungsansprüche wurde diese Substanz 1962 sowohl in Japan als auch in Brasilien weiter abverkauft.

Widukind Lenz schätzte die Zahl der geschädigten Kinder, denen man ihr schlimmes Schicksal bei rechtzeitiger Warnung hätte ersparen können, auf 15 in Brasilien, 110 in Japan, fünf in Schweden und 81 in Deutschland. Es handelt sich um sehr vorsichtige und durch Beweise erhärtete Fallzahlen. Es gibt auch andere Statistiken, die mit einer doppelt so hohen Schädigungsrate operieren. Die Angaben von Professor Lenz wurden inzwischen auch international von angesehenen Forschern und ernstzunehmenden Behörden bestätigt. Es existiert eine Datei, in der weltweit insgesamt 3.775 geschädigte, aber lebende Opfern erfaßt sind. Die Schäden reichen von isolierten Mißbildungen an Händen oder Füßen bis hin zu schwersten körperlichen Behinderungen, die eine ständige Betreuung notwendig machen.[19]

Ursachen und Folgen des Debakels

Gesetze, Pharmalobby und Politiker

Im Grunde genommen gab es vor dem Contergan-Desaster gar keine Kontrollbehörde für Arzneimittel. *Der Spiegel* betätigte sich in jenen dramatischen Tagen des Jahres 1962, auf dem Höhepunkt des Thalidomid-Debakels, einmal mehr als Zukunftsforscher: Trotz vielseitiger Kritik berichteten die *Spiegel*-Redakteure damals über das Problem der Arzneimittelsicherheit:

»Die Contergan-Katastrophe hatte erwiesen, ...
– auch durch Prüfverfahren, wie sie bei angesehenen pharmazeutischen Firmen üblich sind, werden schwere Nebenwirkungen nicht unbedingt ausgeschlossen.
– bis heute sind noch keine Prüfverfahren bekannt, mit denen so furchtbare Nebeneffekte wie die Mißbildung von Kindern mit Sicherheit entdeckt werden können.
– es gibt in Deutschland praktisch keine staatliche Kontrolle über Arzneimittel.
– auch der Name eines großen Werkes wie Chemie Grünenthal bietet nicht die Gewähr, daß ein pharmazeutischer Bestseller unverzüglich aus dem Handel genommen wird, wenn er bedenkliche Eigenschaften offenbart.« [20]

Bei jedem neuen Medikamenten-Skandal – vorausgesetzt, er wird bekannt – fragt sich die Öffentlichkeit: Wie war dies möglich? Seit dem 1. Oktober 1961 registrierte das Bundesgesundheitsamt alle Medikamente, die vom Hersteller eingereicht worden waren. Es »registrierte«, verwaltete sie also mehr, als daß eine Kontrolle stattfand. Selbst wenn dem prüfenden Apotheker der Behörde Bedenken bei der Durchsicht der Unterlagen kamen, konnte er die Zulassung zur Vermarktung nicht verweigern. Eine generelle Rezeptpflicht bestand zu dieser Zeit auch für neue und noch unerprobte Mittel nicht. Selbst für bekannte und viel angewendete Arzneien waren die Prüfungsunterlagen oft so katastrophal, daß manchem Fachmann die Haare zu Berge stehen mußten.

Auf dem deutschen Arzneimittelmarkt gibt es noch heute Zehntausende Mittel, die weder einen Wirkungsnachweis noch Fakten zur Sicherheit und Unbedenklichkeit erbringen können. Selbst höchst bedenkliche, krebserregende Stoffe werden von der Aufsichtsbehörde ohne Einwand auf dem Markt belassen. Hinzu kommt, daß die Bundesbehörde damals wie heute keinen direkten Einfluß auf die Kontrolle der Unternehmen besitzt, da dies den Kreis- und Länderverwaltungen vorbehalten ist.

Als sich in der Berliner Behörde der Verdacht gegen das Contergan verstärkte und man weitere Schäden verhindern wollte, reagierten die Länderregierungen unterschiedlich oder überhaupt nicht auf die Forderung, den Schadstoff unter Rezeptpflicht zu stellen. Und bis heute haben die Bundesbehörden nur eine bedingte Weisungsbefugnis bei der Überwachung der Zulassung und Herstellung von Medizinprodukten. Die Aufsicht der Länder ist der des Bundes übergeordnet.[21]

Das deutsche Arzneimittelgesetz wurde nach jahrelangem Vorgeplänkel in einer ersten Fassung am 16. Mai 1961 vom Bundestag verabschiedet. Es war ein schwaches Gesetz, das der Lobby der Pharmafirmen alle Rechte, dem Verbraucher aber wenig Schutz bot. »Die Registrierung beim Bundesgesundheitsamt in Berlin, die das Arzneimittelgesetz seit dem 1. Oktober 1961 vorschreibt, ist nur ein Verwaltungsakt. Ein einziger Apotheker, von vier Hilfskräften unterstützt, registrierte 300 Arzneien pro Monat« – so der *Spiegel* 1962. Viele das Leben gefährdende Substanzen wurden ohne Rezeptpflicht, also frei verkäuflich, in den Handel gebracht. Da Apotheker auch Unternehmer sind und insofern nur wenig Interesse an Verkaufsbeschränkungen haben, hinderten auch sie die Verbraucher nicht, sich diese Substanzen aus der Apotheke zu holen und unkontrolliert einzunehmen.

Bei Thalidomid kommt der Hamburger Ärztin Elisabeth Schwarzhaupt (CDU), die damals Gesundheitsministerin war, eine besonders unrühmliche Rolle zu. Sie erwies sich selbst dann noch als völlig unfähig, aus den Vorgängen um das Contergan-Desaster irgendwelche Konsequenzen für die anstehende Gesetzgebung zu ziehen, als die Fakten bereits auf dem Tisch lagen. Die Pharmaindustrie lehnte traditionell jede Art staatlicher Kontrolle ab. Der Gesetzgeber glaubte damals, mit bloßen Appellen an die Vernunft und die Eigenverantwortlichkeit der Hersteller, Gefahren künftig verringern zu können. Das Resultat war eben jenes schwache Gesetz.

Der eigentliche Geburtstermin des Gesetzes über den »Verkehr mit Arzneimitteln« liegt weit später, am 24. August 1976. 16 Jahre nach dem Contergan-Desaster und mehr als zehn Jahre, nachdem die USA ein neues, viel schärferes Arzneimittelgesetz erlassen hatten, verringerte die erlauchte Lobby der deutschen Pharmaindustrie, die mit einem wichtigen Teil von Abgeordneten der CDU, CSU und FDP verbandelt war, ihren Widerstand. Sie mußte dies tun, weil die Wählerschaft der Parteien wachsamer geworden war. Wie immer, wenn es in Deutschland um die Zurückdrängung von Rechten der Industrie geht, wurde jedoch erst einmal das Gespenst einer »Einschränkung der Freien Marktwirtschaft« heraufbeschworen. Unter der Kanzlerschaft von Helmut Schmidt konnte schließlich ein für damalige Verhältnisse vernünftiges Gesetz auf den Weg gebracht werden.

Der wahre Grund für die Ausweitung des Arzneimittelgesetzes waren die wachsenden internationalen Bemühungen der Pharmabranche, neue Märkte in den »Hochpreisländern« wie den USA, Japan, Großbritannien und in Skandinavien zu erschließen. Deren Regierungen forderten, nicht zuletzt auf Drängen ihrer eigenen Gesundheitsbehörden, von ihren deutschen Partnern, mehr auf dem Sektor der Produktsicherheit und Produktverantwortung zu tun. Das führte dazu, daß das zweite Gesetz der Übermacht der Unternehmerschaft Grenzen aufzeigte und den Schaden des »kleinen Mannes« zu minimieren versuchte.

Inzwischen gibt es sechs Änderungsgesetze aus den Jahren 1983, 1986, 1988, 1990, 1994 und 1996, die im Prinzip nicht besonders viel bewegten und im Ergebnis genau den Verbandlobbyismus, das Parteiengerangel und die Profilierungssüchte einiger Heilberufe widerspiegeln, denen sie ihre Entstehung verdanken. Der heutige Gesundheitsminister Horst Seehofer (CSU) bereitet unaufhörlich weitere Novellierungen des Arzneimittelgesetzes vor, die allesamt nichts bringen werden. Sein erster Plan von 1994 beinhaltete, das Bundesgesundheitsamt mit dem Sitz in Berlin – sozusagen als »Strafe« für die Versäumnisse bei den aidsverseuchten Blutpräparaten (siehe dazu auch das folgende Kapitel) – umzustrukturieren und unter eine (strengere) ministerielle Kontrolle zu stellen. Der Fachwelt schwante sehr früh Böses, denn solange die Beamten dieselben blieben, die schon bislang strengere Kontrollen vermieden haben, würde sich durch eine Umbenennung des Amts in »Bundesinstitut für Arzneimittel und Medizinprodukte« (BfArM) nichts ändern.

Die aktuelle Situation der Arzneimittelsicherheit kann man in Anlehnung an jenen berühmten Hinweis, der inzwischen jeden Werbeblock im Fernsehen dominiert, so umschreiben: »Fragen Sie um Gottes Willen nicht ihren Arzt oder Apotheker, denn diese wissen nicht, was sie tun«. Wenn man an dieser Situation etwas Grundlegendes ändern möchte, muß man die Pharmabranche und deren Manager durch geschultes Fachpersonal ständig wirkungsvoll kontrollieren. Was der Staat beim Eintreiben von Steuern so exzellent beherrscht, sollte ihm bei dem Schutze des Lebens und der Gesundheit der Bevölkerung keine allzu große Mühe bereiten.

Man kann der Pharmaindustrie nicht dadurch nachhaltig eine Lehre erteilen, daß man einige ihrer Produkte vom Markt verbannt. Unter der Regie ihrer Manager – allesamt Mandarine einer mächtigen

Industrie – kreiert das Pharmakartell dank der Milliardensummen in seinen Budgets Jahr für Jahr Tausende von neuen Produkten. Nur ein empfindlicher Verlust, der den Absatz der Produkte insgesamt gefährdet und auch bei den Aktienkursen Wirkung zeigt, könnte die Geschäftspolitik der großen Pharmakonzerne beeinflussen.

Die Pharmaindustrie gibt für Öffentlichkeitsarbeit – einschließlich Marketingstrategien und Werbung – ein Mehrfaches dessen aus, was sie für die Erforschung und Entwicklung neuer Substanzen oder gar für »Sicherheits- und Unbedenklichkeitsprüfungen« aufwendet. Vermutlich wird es noch Jahre dauern, bis eine Verschärfung des nach wie vor lückenhaften Arzneimittelgesetzes erreicht wird, um es endlich an den Interessen der Verbraucher statt an denen der Hersteller zu orientieren. Die bevorstehende Rechtsangleichung im Rahmen der Europäischen Union wäre eine Chance, hier entscheidende Schritte voranzukommen. Aber es steht zu befürchten, daß auch hier das Schreckgespenst der Globalisierung seine Wirkung nicht verfehlt und Wettbewerb und Gewinne weiterhin auf Kosten der Verbraucher realisiert werden. Hinzu kommt, daß die hartnäckige Massenarbeitslosigkeit die permanente Standortdrohung befördert und so zur Behinderung politisch möglicherweise gewollter Änderungen beiträgt.

Die Ärzteschaft

Zerstritten wie eh und je, reagierte die offizielle Ärzteschaft unterschiedlichst auf die Aufdeckung der Thalidomid-Schädigungen. Hohn und Spott sind demjenigen, der einen Arzneimittelskandal aufdeckt, von dieser Seite bis heute sicherer als ein Ehrenempfang beim Bundespräsidenten. »Maßgeblich mitbeteiligt an der Aufdeckung des Zusammenhanges zwischen Contergangebrauch und Nervenschäden war der Fachneurologe Horst Frenkel, der in einer Privatklinik im Taunus tätig ist. Frenkel geriet nach einer Veröffentlichung im *Spiegel* sowohl ins Kreuzfeuer der Kollegenkritik, die ihm Unwissenschaftlichkeit und zum Teil auch Leichtfertigkeit vorwarf, als auch in einen regen Briefwechsel mit Personen, die sich als Contergan-Geschädigte betrachteten.«[22] Während in den USA die Beamtin der *Food and Drug Administration*, die ein Contergan-Desaster in den Vereinigten Staaten aktiv verhindert hatte, von Präsident Kennedy empfangen und geehrt wurde, waren in Deutschland die Entdecker jener furchtbaren Zusammenhänge von Medikament und Schadensfolge zunächst beschimpft, verunglimpft und vermutlich auch von den Standesorganisationen sorgfältig gemieden worden. Und während es der damalige Präsident der Bundesärztekammer, der Hamburger Laborarzt Hans Fromm, gemeinsam mit seinen Vorstandskollegen ablehnte, ein Informationsblatt für Ärzte zu schaffen, das kurz und bündig auf Risiken und Gefahren durch Medikamente hinweisen sollte,[23] hatte die amerikanische Ärzteschaft bereits eine solche Informationsschrift: *Medical Letter on Drugs and Therapeutics*, und war auch sonst nicht faul, sich – wann immer nötig – mehr Informationen über Medikamente zu beschaffen. Dieses Verhalten ist die Folge der anderen Stellung von Ärzten in den USA, die persönlich haften, wenn Patienten geschädigt werden – ein Zustand, von dem wir, wie das Verbot des Arzneimittelreports 1997 es zeigt, noch meilenweit entfernt sind.

Der deutsche Pharmaverband applaudierte der Ärzteschaft und nahm gegen einen Kritiker aus den Reihen der Ärzteschaft, den Berliner Internisten und Pharmakologen Prof. Herxheimer, sogar offen Stellung. Dieser hatte sich jahrelang bemüht, einen Medikamenten-Informationsdienst für Ärzte aufzubauen und wurde dafür nachhaltig von allen Seiten – insbesondere von einigen arroganten Standesvertretern – bekämpft. Seine fundierten Artikel wurden von verschiedenen Fachzeitschriften ignoriert und nicht gedruckt – selbst solche, die die harte Prüfung der englischen Spitzenzeitschrift *The Lancet* überstanden hatten. Der von ihm begründete Berliner *Arzneimittelbrief* hält sich bis heute auf dem Markt und gilt als seriöses Blatt.

Auch dem eigentlichen Entdecker der mißbildenden Eigenschaften von Contergan, Widukind Lenz, wurde seine Leistung nie so recht gedankt. Während er international großen Respekt genoß, nahm die offizielle Medizin in Deutschland vom Tode des großartigen Arztes im März 1995 kaum Kenntnis. Kritische Stimmen sind hierzulande unerwünscht – sie könnten ja das fein abgestimmte Räderwerk zwischen Industrie und Ärzten stören. Damit dies gut funktioniert, dient als Schmiermittel z.B. die Vergabe von sogenannten »Studien«, mit denen die Markteinführung eines neuen Medikaments unterstützt wird. Der Arzt erhält vom Vertreter einer Pharmafirma ein paar Fragebögen, in die er seine Erfahrungen mit dem neuen Mittel einträgt. Selbstverständlich wird er für seine Mühe mit einem kleinen Honorar entschädigt.

Der ehemalige Gießener Internist Manfred Pflanz, der später in Hannover Sozialmedizin lehrte, merkte zur Rolle der Ärzte bei klinischen Prüfungen kritisch an: »Man kriegt auch Geld für Arbeiten, die man nicht veröffentlicht«. Und der Heidelberger Physiologe Hans Schäfer apostrophierte seine Kollegen mit dem Satz: »Mancher junge Doktor müßte ein Heros sein, wenn er der Versuchung, für gutes Geld einer Firma und für ein paar schöne Arbeiten eine Untersuchung auch unter nicht ganz klaren Richtlinien zu machen, widerstehen würde.« Schließlich steht fest, daß Firmen sogar Gefälligkeitsgutachten erbitten und auch bekommen. »*Es ist leider nicht zweifelhaft, daß es echte Soldschreiber unter den Ärzten gibt, die für Geld reine Propagandatätigkeit mit einem erlogenen Mäntelchen angeblicher Erfahrungen tarnen.*«[23] So züchtet man sich unkritische Ärzte, ohne deren Mithilfe schon 1961 der Siegeszug von Contergan undenkbar gewesen wäre.[24]

Das Beispiel USA

Es sind offenbar die Personen, die versagen und nicht die Gesetze. Das zeigt das Beispiel USA, wo Contergan bereits im Zulassungsverfahren scheiterte. »Die amerikanische *Merrell Company*, Tochter der *Dow Chemicals,* Kansas City, erwarb von Grünenthal die Lizenz zur Herstellung eines thalidomidhaltigen Präparates à la Contergan und drängte darauf, ihr neues Riesenprodukt ›Kevadon‹ nicht nur an Schlafsuchende, sondern auch an werdende Mütter zur Verhütung von Schwangerschaftserbrechen in den USA verkaufen zu dürfen. Dies gelang nicht, weil die Sachbearbeiterin in der *Food and Drug Administration*, der amerikanischen Gesundheitsbehörde, Dr. Frances Kelsey, sich von der Harmlosigkeit der Pillen trotz aller Argumente nicht überzeugen ließ.

Monatelang und hartnäckig verhandelte Frau Kelsey mit Vertretern von Merrell über den Text des Etiketts. Sie bat die Firma wiederholt, die Unterlagen im Hinblick auf toxikologische und da besonders auf reproduktionstoxikologische Befunde zu vervollständigen. Als die Mißbildungsproblematik in Deutschland bekannt wurde, hatte die verantwortungsbewußte Ärztin das amerikanische Pendant von Contergan noch immer nicht freigegeben. In der Erkenntnis, daß Mut und Hartnäckigkeit einer einzigartigen Frau, Dr. Kelsey, mehr als die Strenge der Arzneimittel-Kontrolle Amerika vor mißgebildeten Kindern geschützt hatten, forderte Präsident John F. Kennedy den Kongreß auf, die Vollmachten der Food and Drug Administration zu erweitern. Ohne Gegenstimmen beschlossen Senat und Repräsentantenhaus ein Gesetz, das den Arzneimittelherstellern Amerikas auferlegt, künftig nicht nur ihre Wirksamkeit, sondern auch ihre Unbedenklichkeit zu beweisen.«[25]

Durch die kritische Haltung eines einzigen Menschen war Amerika um das Contergandesaster herumgekommen. Für ihre Wachsamkeit wurde Frances Kelsey von Präsident John F. Kennedy mit der »*Distinguished Federal Civilian Service Medal*«, dem höchsten amerikanischen Zivil-Orden, ausgezeichnet.

In Deutschland dagegen werden ungebetene Kritiker in die Ecke gestellt oder auf Positionen versetzt, auf denen sie keinen »Schaden« anrichten können – ein probates Mittel, sowohl in staatlichen Ämtern als auch in der Industrie. Dieser kleine Unterschied macht die Arzneimittelüberwachung in den USA effektiv – und in Deutschland nur bedingt möglich. In Amerika funktioniert die Behörde mit ihren pragmatisch und kritisch tätigen Beamten hervorragend, weil die Mitarbeiter die volle persönliche Verantwortung für ihre Tätigkeit tragen, und daher auch die Pflicht und das Recht besitzen, entsprechend zu handeln. Bei uns wird der deutsche Regelbeamte hoheitsvoll tätig. In der Regel handelt es sich um Universitätsabsolventen, die keine Chancen an Universitäten, und die in der Industrie oder als Unternehmer keine berufliche Perspektive hatten, und daher in den Behörden gelandet sind. Die einheitliche Besoldung dort bietet wenig Anreize zur Entfaltung von Eigeninitiative. Bevor eine solche Behörde aktiv wird, setzt sie auf die »Eigenverantwortlichkeit« der Industrie. Diese, komplett marktorientiert, folgt eigenen Gesetzen.

Folgen für die Pharmabranche?

Wer da glaubt, die Pharmaindustrie habe tiefgreifende Lehren aus dem Conterganfall gezogen, muß enttäuscht werden. Im Gegenteil: Der Branche ging es danach erst richtig gut, denn die Gesetze und ihre Kontrollmechanismen blieben harmlos, die Umsätze wuchsen Jahr für Jahr, und nur steigende Lohnkosten standen einem ungehemmten Wachstum und einer Explosion der Gewinne im Weg. Allerdings stiegen parallel auch die Beiträge im Sozialversicherungsbereich – und bescherten den Konzernen wie den kleinen Unternehmen der Branche im Unterschied zu anderen Industriezweigen volle Kassen. Dank des satten Budgets der Krankenkassen konnten mehr Medikamente zu höheren Preisen verschrieben und bezahlt werden. Keine Umweltauflage und kein Gesundheitsstrukturgesetz hat dieser Industrie geschadet. Und Contergan? Das war – einschlägigen Kreisen der Pharmaszene zufolge – ein »nicht voraussehbarer Unglücksfall«, der sich zwischen 1956 und 1963 abgespielt haben soll.

Die Wahrheit ist: Auch nach damaligem Erkenntnisstand handelte es sich um absehbare Schäden und durchaus nicht um einen »Unglücksfall«. Dieser größte bekannt gewordene Schadensfall durch ein Medikament war die logische Konsequenz einer Haltung, auch dann noch leichtfertig über schwere Arzneimittelschäden hinwegzusehen, wenn diese dem Hersteller und den Behörden längst gemeldet worden sind. Natürlich hat sich die Grünenthal GmbH streng an die damals geltenden Regeln gehalten. Aus der Tatsache, daß mißbildungsauslösende Eigenschaften zuvor noch bei keinem Medikament in der ganzen Welt vor dessen Freigabe geprüft worden waren, leiteten die Verantwortlichen der Grünenthal GmbH denn auch ab, daß ihnen kein Vorwurf zu machen sei. Aber die Mißbildungswelle hätte keineswegs ein derart katastrophales Ausmaß erreichen müssen, wenn die Firma nach den ersten Meldungen von Polyneuropathien den Wirkstoff der ärztlichen Verschreibungspflicht unterstellt hätte. Und später, als die Conterganmißbildungen bekannt wurden, hätte die Zahl der Geschädigten erheblich gemindert werden können, wäre das Mittel sofort vom Markt genommen worden. Die Herstellerfirma aber hat es sogar noch nach dem Vertriebsstop in Deutschland unterlassen, ihr Mittel zurückzurufen.

Wiederholung ausgeschlossen?

Was hat sich heute gegenüber der Situation von 1960, dem Höhepunkt des Contergan-Dramas, in bezug auf Sicherheit von Arzneimitteln, Verhalten von Herstellern und Behörden sowie hinsichtlich der Kontrollmöglichkeiten geändert?

Fußgänger und Autofahrer sind in der Bundesrepublik Deutschland heutzutage durch Gesetze, Behörden und Interessenverbände weitaus besser geschützt als die Verbraucher von Arzneimitteln. Ein Ausdruck von erheblich verkrusteten Strukturen unserer Gesellschaft und unserer Demokratie. Deutschland dürfte inzwischen sowohl hinsichtlich einer wirksamen Gesetzgebung als auch bei der Durchsetzung schon bestehender Gesetze unter den wirtschaftlich führenden Staaten das Schlußlicht tragen. Wir Deutschen neigen zwar dazu, menschliche Unzulänglichkeiten auf allen Gebieten durch neue Gesetze und Verordnungen zu reglementieren, vergessen aber, daß Gesetze nur dann wirksam sind, wenn die Exekutive gewillt ist, mehr als nur einen bürokratischen Aktionismus auszuüben. Was wir in der Bundesrepublik aber vor allem haben, ist ein solcher Aktionismus, bei dem eine Novelle zum Arzneimittelgesetz die nächste jagt, ohne daß etwas Grundlegendes geändert wird.

Etwa 35 Jahre nach der Aufdeckung des Contergan-Skandals wurde plötzlich ein Notstand in Sachen »Sicherheit von Pharmaprodukten« entdeckt. Gute Gründe gäbe es dafür genug. Doch in diesem Fall wurde der Notstand ausgerechnet von denjenigen ausgerufen, die selbst seit Jahren für die Umsetzung des »Gesetzes zur Erfüllung des Auftrages zur Sicherung des Verkehrs mit Heilmitteln« maßgeblich verantwortlich sind. Unfähig, die Verantwortung für diesen sensiblen Bereich zu übernehmen, rufen sie nach neuen Gesetzen. Das im Januar 1994 veröffentlichte Memorandum der *»Deutschen Gesellschaft für klinische Pharmakologie und Therapie e.V.«*[26] kommt dem Eingeständnis einer Niederlage gleich und macht die in Festtagsreden immer wieder beschworene, angebliche Sicherheit von Medikamenten zur Makulatur:

»Die Erfassung unerwünschter Arzneimittelwirkungen in der Bundesrepublik Deutschland beruht seit Beginn der 60er Jahre im Prinzip fast ausschließlich auf der zentralen Spontanberichtserfassung, das heißt aufmerksame Ärzte melden Verdachtsfälle unerwünschter Arzneimittelwirkungen meist auf einem vorgegebenen Berichtsbogen. Dieser Bogen wurde bis vor einigen Jahren ausschließlich von den Arzneimittelkommissionen der Heilberufe gesammelt und ausgewertet. Seit einer Reihe von Jahren trägt jedoch das BGA die letztendliche Verantwortung für diese Aufgabe. Für überschaubare Zeiträume (3-6 Jahre) hat das BGA oder der BMFT [Bundesminister für Forschung und Technologie, P.E.] auch spezifische Projekte zur Risikoerfassung gefördert. Charakteristisch für die Förderung war und ist, daß sie zeitlich und regional beschränkt war und die Arbeitsgruppen nach Beendigung der Förderung auseinanderfielen. Dies hat dazu geführt, daß sich die Bundesrepublik Deutschland von der internationalen Entwicklung (zum Beispiel den USA, Frankreich, England) abgekoppelt hat. Wissenschaftlich ernstzunehmende Beiträge aus der Bundesrepublik Deutschland gibt es nur wenige. Diese Situation war und ist für Patienten, Ärzte und für die Forschung außerordentlich unbefriedigend. Es dürfte

in den europäischen Partnerländern auf wenig Verständnis stoßen, daß die deutsche pharmazeutische Industrie, die eine der exportstärksten der Welt ist, nicht mit mehr Nachdruck auf eine, dem Stand der wissenschaftlichen Erkenntnis entsprechende Erfassung von UAW (Unerwünschte Arzneimittelwirkung) im Heimatland drängt. Auf institutioneller Ebene ist eine gesetzliche Regelung anzustreben, die Verantwortlichkeiten, Kommunikationswege und die Finanzierung klärt. Institutionell sollte die Risikoerforschung von der Risikoabwehr getrennt sein. Forschung ist primär eine wissenschaftliche Aufgabe und Dienstleistung, Risikoabwehr (zum Beispiel Rücknahme der Zulassung) dagegen eine eher politische Aufgabe, die sich deutlich gegenüber der Gesellschaft legitimieren muß.«

Die Wortführer der Verfasser dieses Memorandums sind seit mehr als 20 Jahren am Pharmamarkt aktiv und lukrativ beteiligt. 32 Jahre nach der Beendigung der Conterganaffäre machen sich endlich auch in Deutschland hochrangige Pharmakologen Gedanken über die Arzneimittelsicherheit. Natürlich sind diese Fachleute nicht allein für das Versagen der Produktüberwachung verantwortlich. Die Berliner Bundesgesundheitsbehörde (BfArM), die diversen Minister, die Länderbehörden und die Ärzte – erst gemeinsam ermöglichen sie es den pharmazeutischen Unternehmern, sich ungehemmt zu entfalten. Dabei würde sich die Gefahr einer Wiederholung der Contergan-Katastrophe schon dadurch erheblich reduzieren lassen, daß man das vorhandene Arzneimittelgesetz sorgfältig anwendet.

Trotz enger Kontrollen und Prüfungen, wie sie beispielsweise die amerikanische FDA vornimmt, können noch genügend Zwischenfälle und Fehlschläge auftreten. Aber ganz im Gegensatz zu den deutschen Behörden bemüht man sich in den USA permanent, seiner Aufgabe unabhängig von Industrieinteressen nachzukommen. Nur so ist eine objektive Prüfung von Arzneimittelrisiken zu gewährleisten. Die Konzerne selbst stehen unter dem Druck der Konkurrenz und sind vor allem an der raschen Vermarktung eines Produktes interessiert. Was bei Daimler-Benz in der A-Klasse für alle erkennbar geschah (Elchtest), kann sich ebenso bei jedem Medikament ereignen. Die Verkürzung von Entwicklungszeiten geht auf Kosten der Sicherheit. Die Verantwortlichen scheinen zu vergessen, daß Menschen dafür sterben oder verkrüppelt werden, daß durch Profitgier das Kostbarste, was der Mensch besitzt – sein Leben – zerstört wird.

Und die Mitarbeiter der Pillenindustrie? Haben sie nicht die Möglichkeit, durch Verantwortungsbewußtsein und Zivilcourage künftigen Katastrophen vorzubeugen? In der Tat wäre hier ein Ansatzpunkt. Aber man darf von einzelnen auch nicht zuviel erwarten. Aller Erfahrung nach hält der einzelne Wissenschaftler, der Marketing- und Vertriebsmann dem Druck zur raschen Vermarktung der Produkte, den die Vorstände ausüben, allein nicht stand. Ihnen, den Fachleuten des mittleren Managements, droht die Entlassung aus einem gut bezahlten Arbeitsverhältnis, folgen sie nicht bedingungslos den Richtlinien und Anforderungen ihrer Vorgesetzten. Wer wegen Unbotmäßigkeit entlassen wurde, bekommt auch bei der Konkurrenz keine neue Anstellung. Was bleibt, ist gehorsames Agieren und Schweigen, selbst dann, wenn Straftaten begangen werden.

Dieses Verhalten nennen die Konzernvorstände »Loyalität mit der Firma«. Für die gesamte Branche gilt praktisch ohne Ausnahme, daß – »ohne schriftliche Anweisung« – alle Aktionen, Hinweise und Warnungen von Mitarbeitern zur Sicherheit der Produkte, die den Gewinn minimieren könnten, untersagt sind. Geschickt nutzen die weltweit operierenden Unternehmen ihre internationale Präsenz aus, um Arzneimittelrisiken zu verdunkeln. Das internationale Agieren ermöglicht es, daß trotz strenger gesetzlicher Vorschriften Meldungen über Produktrisiken in den einzelnen Länderorganisationen »verschwinden«. Es ist – die Analogie zum Conterganfall liegt nahe – daher für Außenstehende und Betroffene wie Geschädigte fast unmöglich, die wirklichen Schuldigen oder Verantwortlichen auszumachen. Gerade die Herren der Vorstände großer Unternehmen, die unbekannten Konzernköpfe und Drahtzieher, müssen darum von der Öffentlichkeit stärker in den Blick genommen werden.

Die Renaissance des Wirkstoffs Thalidomid

Contergan gibt es bis heute in verschiedenen Ländern Südamerikas zu kaufen, und noch immer treten dort die bekannten Mißbildungen bei Kindern auf. Die chemische Substanz Thalidomid erlebte zusätzlich in den letzten fünf Jahren eine wissenschaftlich begründete Renaissance. Stolz verkündete 1994 ein Pharmaepidemiologe, daß der Wirkstoff seit 1971 erfolgreich als Heilmittel bei Lepra eingesetzt werden kann.[27] Bei einer bestimmten Verlaufsform dieser der Tuberkulose ähnlichen Krankheit gehört Thalidomid z.B. in Indien zu den wichtigsten, weil preiswerten Arzneien gegen Lepra. Angesichts dieser therapeutischen Erfolge bei Schwerkranken bemühte sich der Forscher, die Ungefährlichkeit des Wirkstoffes zu bescheinigen.

Angeblich besitzt Thalidomid auch eine hervorragende Wirkung auf das Immunsystem. Bereits 1993 wurde es auf seine Wirkung bei AIDS-Patienten untersucht, denn es soll im Reagenzglas (in vitro-Versuche) eine »Schutzfunktion« für die vom Virus befallenen Lymphzellen besitzen. Es gibt zwar bis heute keine Antwort darauf, wie und in welcher Form Thalidomid bei Immun- und Entzündungskrankheiten wirkt, bestimmt aber hat sich das Pharmakartell schon die Patentrechte für diese Anwendung gesichert.

Sicher ist, daß Thalidomid Anfang der 60er Jahre – von Frauen im ersten Quartal der Schwangerschaft eingenommen – das Risiko einer Fruchtschädigung um den Faktor 50 erhöhte. Angeblich, so die Vertreter der neuen Forschergeneration, soll Thalidomid nun einen Oberflächenrezeptor von Zellen (Integrin-Rezeptor) so beeinflussen, daß eine Vermehrung des HI-Virus in Zellkulturen gehemmt wird. Das Bindeglied zwischen der »modernen Wirkung« von Thalidomid bei HIV und den früher festgestellten embryotoxischen Effekten besteht darin, daß der Stoff nur bei sich teilenden Zellen wirksam wird. Beide, befruchtete Eizelle wie auch virusbefallene Blutzellen, teilen sich, und in beiden Fällen haben die Wirtszellen die Information erhalten, etwas gegen den »Fremdeinfluß« tun zu müssen. Die Beliebtheit dieses Stoffes steigt offenbar zusehends. Man prüft derzeit Thalidomid und Thalidomidverbindungen, die natürlich alle völlig ungefährlich sein sollen, bei Empfängern von fremden Organen (Transplantationen) und bei chronisch verlaufenden, schwer therapierenden Autoimmunerkrankungen. Die Forschergemeinde schwört schon jetzt Stein und Bein, daß man diese Verbindungen niemals bei Schwangeren anzuwenden gedenke. Diese Schwüre kennt man zur Genüge.

Gleichzeitig wird ein »Freispruch« für Thalidomid vorbereitet. Wissenschaftler glaubten 1994 an folgende Hypothese: Der sagenhafte Stoff wirkte damals (1957-1963) nur deshalb so fatal, weil er auf natürliche, das heißt unbekannte Art, bereits vorgeschädigte Embryonen davor schützte, spontan – als Abort – abzugehen. Eigentlich will uns diese Botschaft unverbesserlicher Täter nur übermitteln, daß Contergan zu Unrecht aus dem Verkehr gezogen worden sei.

Im Juni 1995 erteilte die amerikanische Aufsichtsbehörde (FDA) dem Thalidomid zunächst den Status eines »orphan drug«, relativierte später jedoch diese Beurteilung. Orphan drug bedeutet, daß das Heilmittel einen besonderen Schutz genießt und viele Jahre ungehindert verkauft werden darf – vorausgesetzt, es ist in ausreichender Menge vorhanden, um die Versorgung des eigenen Marktes in den USA sicherzustellen. Die Firma *Celgene's* testete den Stoff seit 1993 in der Indikation AIDS und anderer immunsuppressiver Zustände, insbesondere bei Mundentzündungen (Stomatitis).[28] Derzeitig wird die Wirkung von Thalidomid auf das Fortschreiten von AIDS und der HIV-Infektion klinisch getestet. Es mag tröstlich sein, daß die US Behörde bei der Zulassung äußerte, daß sie über die Geburtsschäden ernstlich besorgt sei.[29] Sie hat auch allen Grund dazu, denn in den USA verschaffen sich die Selbsthilfegruppen AIDS-Kranker alle möglichen Medikamente auf dem schwarzen Markt, lange bevor ihre Wirkung geprüft oder gar andere Schäden ausgeschlossen sind. Man besorgt sich die Rohsubstanz einfach aus Europa und Südamerika, wo Thalidomid bei Lepra großzügig eingesetzt wird.

Andere Beispiele von »wiederauferstandenen« Medikamenten zeigen, daß solche Mittel meist nach kurzer Zeit wieder verschwinden, nachdem sie Menschen irreversibel geschädigt haben. Die Wiederbelebung längst totgesagter Substanzen zeigt deutlich die Lücken in unserem Sicherheitssystem. Lücken, wie sie auch hinsichtlich einer fundierten Datenlage bestehen, die unerläßliche Voraussetzung dafür ist, Zusammenhänge zwischen Ursache und Wirkung überhaupt erst erkennen und angemessen darauf reagieren zu können.

So traten 1994 Mißbildungen bei Kindern auf, die in der Nähe der norddeutschen Küstenregion geboren wurden und die ähnliche Gliedmaßenschädigungen aufwiesen, wie sie das Thalidomid hervorgerufen hatte. Auch diesmal reagierten Behörden wie Ärzteschaft völlig ahnungs- und hilflos auf die in den Medien vorgetragenen Fakten. Dabei kam heraus, daß die kleine Bundesrepublik – im Gegensatz zur noch kleineren Ex-DDR – noch nicht einmal in der Lage ist, eine saubere wie simple Statistik (ähnlich dem Krebsregister) für angeborene Mißbildungen zu erstellen. Einmal mehr erwies sich die Beamtenschaft in den Länderbehörden als unfähig, eine länderübergreifende Zusammenarbeit zu etablieren. Von den Standesorganisationen der Ärzteschaft darf man eh keine wissenschaftliche Intuition erwarten. Auf ihrer Jagd nach Geld und Besitz ist sie für solche Kleinigkeiten blind und taub geworden.

Kapitel 3
Der AIDS-Skandal

Die Opfer von HIV-Infektionen durch Blut und Blutplasmaprodukte waren in erster Linie Bluterkranke. Während die verantwortlichen Herstellerfirmen in Japan und den USA insgesamt 1,3 Milliarden Dollar aufwenden müssen, um die fahrlässig infizierten HIV-Opfer zu entschädigen, sind die Plasmahersteller in Deutschland – darunter *Baxter, Behringwerke, Biotest, Immuno* und *Cutter-Tropon* – mit weniger als 100 Millionen Mark davongekommen.

Hierzulande sind die Opfer doppelt betroffen: Sie sind nicht nur mit dem schleichenden Tod konfrontiert, sondern erhalten auch bloß einen Bruchteil dessen als Schadensersatz, was ihren japanischen und amerikanischen Leidensgefährten zuerkannt wurde. Und das mit dem Segen eines parlamentarischen Untersuchungsausschusses.

Der Bundestag zieht Bilanz

Am 25.10.1994 wurde vom Untersuchungsausschuß des 12. Deutschen Bundestages die zweite Beschlußempfehlung und der Schlußbericht über die »HIV-Infektionsgefährdung durch Blut und Blutprodukte« zur Beratung und Abstimmung vorgelegt.[1] Das Ergebnis einer dreijährigen Ermittlungsphase: Bis auf die Betroffenen selbst scheint keiner so recht für das AIDS-Debakel verantwortlich gewesen zu sein. Weder den damals zuständigen Politikern und Behörden, noch den behandelnden Ärzten von Bluterkranken oder den Herstellern von Blut- und Plasmaprodukten konnte ein juristisch relevanter Vorwurf gemacht werden. Alle Anklagepunkte beschränkten sich auf moralische Vorhaltungen, auf Verfehlungen also, die nach dem Gesetz nicht strafbar sind.

Man fragt sich, wozu es hochdotierte Ämter für Politiker, Minister und Beamte gibt, die nicht in der Lage waren, eine effektive Kontrolle in ihren Verantwortungsbereichen auszuüben. Auch Fachärzte für Transfusionsmedizin, Garanten der Sicherheit von Arzneimitteln bei Bluterkranken, verantwortlich für eine sorgfältige Abwägung von Nutzen und Risiken therapeutischer Maßnahmen, wurden freigesprochen. Rechtliche oder politische Konsequenzen, wirtschaftliche Nachteile oder öffentliche Zurechtweisungen für die Verantwortlichen dieses Desasters gab es nicht. Als einzige Konsequenz wurde eine Stiftung zur Unterstützung der Geschädigten eingerichtet, die allerdings zum weit überwiegenden Teil mit Steuergeldern finanziert wurde. Mitte 1995 waren noch immer nicht alle Einzelheiten dieser kurz vorher gegründeten Stiftung zur Humanitären Hilfe für AIDS-Opfer geklärt, und als 1996 die Hersteller für den HIV-Skandal in Japan und den USA mit hohen Schadensersatzzahlungen und teilweise unter Androhung erheblicher Freiheitsstrafen zur Rechenschaft gezogen wurden, zogen in Deutschland weder die Politik noch die offizielle Ärzteschaft Konsequenzen daraus.

Eine Analyse des 671 Seiten umfassenden Berichts des Untersuchungsausschusses zeigt, daß Behörden und Spezialärzte unglaubliche und todbringende Fehler gemacht hatten. Das nachfolgende Behördentheater zwischen dem Bonner Gesundheitsministerium und dem Berliner Bundesgesundheitsamt endete 1994 mit einem eher symbolischen Akt: Minister Horst Seehofer entschied, das mitverantwortliche Bundesgesundheitsamt (BGA) wegen Untätigkeit zu entmachten und taufte es auf den Namen »Bundesinstitut für Arzneimittel und Medizinalprodukte« (BfArM) um. Statt ihm ein schon seit zehn Jahren überfälliges, straff organisiertes und wirtschaftlich handelndes Management zu verordnen, wurden alle Beamten an ihrem Platz belassen. Ein ehemaliger Abteilungsleiter übernahm die neue Leitung, und kontrolliert werden sollte das neue und alte Institut verstärkt durch Juristen im Bonner Gesundheitsministerium – allesamt »Experten in medizinischen und pharmakologischen Fragen«.

Professor Dr. Karl Überla, ehemaliger Präsident des BGA und Hauptverantwortlicher während der »heißen Phase« zwischen 1981 und 1985, überhäufte man zwar mit Vorwürfen, aber irgendwelche straf- oder auch nur dienstrechtlichen Folgen hatte das Verfahren nicht. Auch die freiwillige Demissionierung des leitenden Direktors und bis Ende 1993 amtierenden Präsidenten, Professor Dr. Dieter Großklaus, und eines Abteilungsleiters im Gesundheitsministerium, Professor Dr. Manfred Steinbach, entsprach einer formalen Übung. Keiner der Gutachter – darunter eine Virologin, inzwischen Trägerin des Bundesverdienstkreuzes, der Forschungsleiter eines Pharmaunternehmens sowie ein Berliner Chefarzt – vermochte ein schuldhaftes Verhalten beim Präsidenten Professor Großklaus erkennen. Großklaus mußte noch 1993 durch politischen und öffentlichen Druck gezwungen werden, überhaupt eine Expertenkommission einzuberufen.

Dabei hatte es durchaus frühzeitige Warnungen gegeben, sogar im BGA selbst. Aber Dr. Johanna L'age-Stehr, Ärztin im Robert-Koch-Institut, war von ihrem Vorgesetzten Karl Überla zwischen 1987 und 1988 scharf gemaßregelt und abgemahnt worden, als sie sich beharrlich bemüht hatte, Fakten und Ergebnisse über die Bedrohlichkeit der HIV-Infektionsgefahren der Fachöffentlichkeit und ihrem Behördenmanagement näherzubringen. Seit 1983 hatte Johanna L'age-Stehr beherzte Aufklärungsarbeit gegen alle Widerstände betrieben. Daß eine Schadensbegrenzung möglich gewesen wäre, zeigt der Umstand, daß in anderen Ländern weitaus weniger Patienten infiziert worden waren. Bluter (Hämophile) in Belgien, Norwegen, Schweden und der Schweiz hatten bis 1986 »nur« ein Risiko von 6-20%, sich durch Gerinnungsprodukte eine HIV-Infektion zuzuziehen, während das Risiko für deutsche Bluter mehr als 47% betrug.

Rückblick

1981 häuften sich die ärztlichen Berichte über auffällige Hauttumore bei homosexuellen Männern. Solche Hauttumore, die nach ihrem Erstbeschreiber, dem Wiener Dermatologen Moritz Kaposi, den Namen »*Kaposi-Sarkom*« trugen, waren in der Vergangenheit sehr selten diagnostiziert worden. Die Betroffenen ließen rasch wachsende Neubildungen am Hautorgan erkennen, die im feingeweblichen Bild dem typischen Kaposi-Sarkom glichen. Ebenfalls 1981 wurden die ersten Lungenentzündungen unbekannter Ursache bei Homosexuellen registriert. Ein halbes Jahr später beobachtete man die gleiche Lungenerkrankung auch bei nicht homosexuellen Drogenabhängigen. Bereits im Juli 1981 – vier Wochen nach den ersten alarmierenden Nachrichten – setzten die US-Behörden eine Forschungsgruppe ein, die den Ursachen dieser seltenen Krankheit auf die Spur kommen sollte. Im Juni 1982 wurde in den USA erstmals über drei Bluterkranke berichtet, die unter nicht erklärbaren Lungenentzündungen und Kaposi-Hauttumoren litten und einen Defekt der zellulären Immunabwehr aufwiesen.

Heute wissen wir, daß sie alle AIDS hatten, und kennen auch die Übertragungswege. Damals aber waren weder die Krankheitsursache noch eine spezifische Nachweismethode bekannt. Amerikanische Fachleute konnten keinen Kausalzusammenhang zwischen der Immunschwäche und einer Therapie mit Blutprodukten erkennen. Man schloß eine Verbindung zwischen Konzentraten von Gerinnungsfaktoren und der AIDS-Erkrankung sogar aus. Gegen einen direkten Zusammenhang sprach nach damaligem Wissensstand vor allem, daß Patienten Präparate aus verschiedenen Produktchargen erhalten hatten. Eine Charge bestand aus dem Blutplasma von mindestens 2.000 bis 5.000 Spendern. Um kleinere, patientengerechte Dosierungen herzustellen, war und ist man noch heute gezwungen, Hochkonzentrate zu produzieren, die den Nachteil größerer Virus-Verunreinigungen bergen. Mit einer Charge wurden Hunderte von Hämophiliekranken versorgt, aber glücklicherweise nur maximal 20% infiziert. Diese Diskrepanz war es denn auch, die Zweifel am Viruskonzept von AIDS begründete.

Im September 1982 erschien im *Journal of the American Medical Association*, einer weltweit verbreiteten Ärztezeitung, ein Aufsehen erregender Beitrag, in dem zum ersten Mal der Verdacht geäußert wurde, daß es sich bei dem zellulären Immundefekt AIDS um eine virusbedingte Infektionskrankheit handele. Besonders Fachärzte auf den Gebieten der Transfusionsmedizin, Hämatologie und Infektiologie – Spezialisten also, die mit den Risikogruppen täglich umgehen mußten – horchten auf. Bis 1983 der AIDS-Erreger identifiziert werden konnte, hatte sich in den USA die Zahl der AIDS-Erkrankungen bei Blutern auf 21 erhöht, und erstmals wurde im Sommer 1983 der Fall eines Patienten mit Hämophilie B (Faktor IX-Mangel) – einer selteneren Form der Krankheit – bekannt, der typische Symptome der Immunschwäche zeigte.

Im Mai 1983 berichtete der französische Virologe Luc Montagnier vom Pasteur-Institut in Paris, man habe bei einem Patienten ein neues Retrovirus mit der für AIDS-Fälle typischen Lymphdrüsenschwellung isoliert, die den Namen *Lymphadenopathie assoziiertes Virus (LAV)** trug. Im Mai 1984 veröffentlichte der amerikanische Virolo-

---

* Lymphadeno = Lymphknoten, assoziert = gekoppelt an. Das Virus wirkt ausschließlich im Lymphknoten. Leukämie z.B. ist eine Lymphknotenkrankheit, die durch spezifische Viren entstehen kann.

Verschiedene Formen der Bluterkrankheiten »Hämophilien«

Hämophilie A (80%)	angeboren, Männer	Faktor VIII-Mangel
Hämophilie B (15%)	angeboren, Männer	Faktor IX-Mangel
von Willebrand-Jürgens/ selten	angeboren, Männer & Frauen	Faktor VIII-Defekte am Trägereiweiß (Strukturprotein)
Bluterleiden, Blutungsübel/ seltener	erworben, Männer & Frauen	Krebs, Autoimmunkrankheiten, chronische Entzündungsleiden

Zum besseren Verständnis: Viren

Viren sind kleinste Krankheitserreger. Ihr Durchmesser beträgt ein Zehntausendstel bis ein Hunderttausendstel Millimeter. Sie passieren Bakterienfilter, weil sie 10 bis 100 Mal kleiner als diese Art von Krankheitskeimen sind. Außerhalb lebender Zellen sind Viren nicht vermehrungsfähig. Sie bilden einen Komplex aus Erbinformationen (Nukleinsäuren), Eiweißen (Proteinen) und mitunter Lipiden (Fettkörpern). Über spezielle Anbindungsstellen einer empfänglichen Zelloberfläche gelangen sie in die Zelle hinein. Sie können daher nicht in jede X-beliebige Zelle eindringen, was mitunter ihre Gefährlichkeit einschränkt oder verstärkt. Mit Hilfe ihrer Erbsubstanzen programmieren die Viren die Wirtszelle so um, daß diese nur noch für die Virusvermehrung und deren Ernährung tätig wird. Die Zelle produziert für ihren Schmarotzer Nukleinsäuren, Proteine und Lipide. Aus den Proteinen und Nukleinsäuren entstehen neue Viren. Aus den Lipiden der Zellmembranen der Wirtszelle entstehen bei einigen Viren neue Hüllproteine. Daher differenziert man in »umhüllte« und »nicht umhüllte« Viren. Je nach der Erbsubstanz unterscheidet man heute Viren in Desoxyribosenukleinsäure, DNS-Viren, oder Ribosenukleinsäure, RNS-Viren. DNS ist die doppelsträngige, RNS, die einzelsträngige Form. Manche RNS-Viren werden nach der Art der Vermehrung in eine besondere Gruppe der Retroviren eingeteilt. Im übrigen entscheidet der Hüllenapparat über die Art der Infektiosität (Art der Eindringung in Wirtsorganismus) sowie dessen Zerstörbarkeit. Manche Viren bedürfen großer Hitze, andere einer besonderen chemisch zusammengesetzten Verbindung, um inaktiviert oder zerstört zu werden. Seltene Formen werden erst, wie man seit kurzem weiß, durch die Kombination beider Sterilisationsverfahren zerstört. Schutz vor Viren bieten Antikörper, die meistens auf natürlichem Wege erworben sind oder künstlich durch Impfung erzeugt oder übertragen werden können. Die Übertragung von Krankheitserregern durch Blut und Blutprodukte ist im besonderen Ausmaß möglich, weil man diesen natürlichen Stoff weder chemisch noch physikalisch sterilisieren kann. Sterilisierende wie desinfizierende Maßnahmen wären geeignet, wichtige wie erwünschte Eigenschaften des Blutes rasch zu zerstören.

ge Robert Gallo Struktur und Typologie des neuen Retrovirus HTLV III – des AIDS-Virus.

In Deutschland hatte man 1983 offiziell nur einen HIV-positiven Bluterkranken (Hämophilie A: Faktor VIII-Mangel) registriert und hielt die geheimnisvolle Krankheit für eine regionale Erscheinung in den USA oder anderen urbanen Ballungszentren mit großen sozialen Problemen. Im Februar 1983 erging von Mitarbeitern des Robert-Koch-Institutes die erste Warnung an die inländischen Hersteller von Plasmaprodukten. Diese Unternehmen gehörten zu den weltweit führenden Plasmaherstellern, so daß man davon ausgehen kann, daß den Verantwortlichen seit Anfang 1983 die Risiken, die Gefahren und ihre Folgen bekannt gewesen sein müssen.

Ed Cutter, der ehemalige Firmenchef der *Cutter Laboratories*, Berkeley/Kalifornien, empfahl seinem Management in einem internen Schreiben, angesichts der neuen Krankheit »eine breit angelegte Aufklärungskampagne« durchzuführen, in deren Mittelpunkt der Hinweis auf die neuen Gefahren in den Beipackzetteln, »die intensive Aufklärung des Außendienstes über die gefährliche neue Krankheit und die Aussendung eines Warnbriefes an die Ärzteschaft«[2] stehen müßten. Ed Cutter wußte sehr genau um die mit Impfstoffen und Plasmaprodukten verbundenen Risiken: Die Übertragung von Krankheitserregern durch Blut- und Blutprodukte ist besonders deshalb gegeben, weil man diesen natürlichen Stoff weder chemisch noch physikalisch sterilisieren kann. Manche Viren aber bedürfen großer Hitze, andere einer chemischen Behandlung, um aktiviert oder zerstört zu werden. Seltene Formen werden sogar erst durch die Kombination beider Sterilisationsverfahren zerstört. Diese Maßnahmen würden jedoch wichtige und erwünschte Eigenschaften des Blutes zerstören. So kommt es, daß Viren durch Blutprodukte weiterverbreitet werden. Dieser Gefahr kann nur dadurch begegnet werden, daß niemand, der zu den Risikogruppen (zum Beispiel auch Gelbsucht) gehört, Blut spendet, und indem man – soweit die technischen Verfahren dazu verfügbar sind – die Blutspenden entsprechend testet.

Obwohl seit dem 16. Juni 1982 aus den USA erste Warnhinweise über HIV-Infektionen durch Blut und Blutderivate vorlagen, erging erst am 6. September 1983 eine Aufforderung des Bundesgesundheitsamts an die Blutspendezentralen, von Blutspendern, die zu den bekannten Risikogruppen gehörten, kein Blut mehr anzunehmen. Ende März 1984 empfahl das BGA, ein seit 1981 verfügbares hitzebehandeltes Präparat der *Behringwerke* zu verwenden. Die Marburger Firma – damals eine Tochter der *Hoechst AG* – hatte 1979 ein Verfahren entwickelt, um den flüssigen Eiweißkörper für zehn Stunden auf 60°C zu erhitzen (pasteurisieren). Dadurch wurde eine fast vollständige Vernichtung aller Hepatitis- und HI-Viren (AIDS-Viren) erreicht. Unter den Ärzten war diese Hitzebehandlung jedoch wegen der Frage umstritten, ob man differenzierte, sehr speziell wirksame Proteine durch Erhitzen dermaßen zerstören sollte, daß sie ihre (enzymatische) Wirkung verlieren würden.

International allerdings hatte sich zu diesem Zeitpunkt bereits die Auffassung durchgesetzt, daß angesichts des tödlichen Risikos einer HIV-Infektion eine mögliche Eiweißveränderung in Kauf genommen werden mußte, selbst wenn es dadurch vermehrt zu Unverträglichkeitsreaktionen durch immunologisch relevante Strukturen (Serumkrankheit) und zur Vermehrung von Hemmkörpern gegen die Gerinnungsprodukte kommen sollte. Da der Hemmkörper oder die Inhibitoren in 7-17% der Fälle die Wirkung der Präparate aufheben, war die Ablehnung der Hitzeaktivierung zunächst sogar teilweise berechtigt. Zum Glück für die Betroffenen ergaben zahlreiche Tests mit hitzebehandeltem Faktor-VIII weder in Tierversuchen oder in Reagenzglastesten noch in nachfolgenden klinischen Anwendungen irgendwelche krankmachenden Veränderungen am Faktor-VIII-Molekül.

Diese Kontroverse erzeugte in Deutschland jedoch eine gefährliche Situation: Der Hersteller hitzesterilisierter Produkte, die *Behringwerke AG*, konnte, da andere Firmen nur sehr zurückhaltend die neuen Techniken anwendeten, nicht einmal alle deutschen Patienten flächendeckend versorgen. Außerdem weigerten sich die gesetzlichen Krankenkassen, für das vergleichsweise teure Produkt zu zahlen. Die Preise für solche hochkonzentrierten, hitzebehandelten Blutprodukte waren hoch, da bis zu 40% mehr Rohmaterial benötigt wurde, um eine bestimmte, therapeutisch notwendige Menge herzustellen. Diese Weigerung der Krankenkassen kostete viele Menschen das Leben und war auch in wirtschaftlicher Hinsicht ein Kurzschluß: Die Folgekosten für AIDS-Erkrankungen belasteten die Budgets der Krankenversicherungen schließlich um ein Vielfaches gegenüber dem, was der höhere Preis für das neue *Behring*-Produkt gewesen wäre. Dabei hatte eine klinische Studie 1980 bewiesen, daß mit hitzebehandeltem Produkt therapierte Kinder frei von Hepatitis- und HI-Virus-Infektionen blieben. Professor Klaus Schimpf, Facharzt für Bluterleiden und Chefarzt aus Heidelberg, war Leiter dieser klinischen Prüfung und erregte mit seinem Befund bereits 1981 weltweites Aufsehen.[3] Daß den Krankenkassenvertretern bei ihrer Entscheidung nicht ganz wohl war, zeigt, daß sie gewillt waren, die Kosten des teuren hitzebehandelten Produktes nur bei Säuglingen und solchen Patienten zu übernehmen, die noch keine Hepatitis B durchgemacht hatten. Trotz wissenschaftlicher Kontroversen gingen viele Ärzte seit Ende 1982 dazu über, ihre Patienten ausschließlich – auch noch vor der offiziellen Zulassung – mit hitzesterilisierten Produkten zu behandeln.

Am 12. Dezember 1984 publizierte das Bundesgesundheitsamt einen Bescheid, der am 1. März 1985 Gesetzeskraft erlangen sollte. Er sah vor, daß von diesem Zeitpunkt an nur noch HIV-getestete Produkte von den Herstellern geliefert werden durften. Die meisten Hersteller legten dagegen Widerspruch ein, weil »sie aus Zeitgründen den HIV-Antikörpertest nicht umgehend in ihren Betrieben umsetzen« könnten. Obwohl die Firmen, die in zurückliegenden Jahren an allen Diskussionen zum AIDS-Problem beteiligt waren, längst von sich aus die nötigen Maßnahmen hätten treffen müssen, verlängerte das BGA daraufhin die Vollzugsfrist bis zum 1. Oktober 1985.

Mit dieser halbjährigen Verzögerung wurde wieder der Tod vieler Menschen durch vermeidbare HIV-Infektionen in Kauf genommen. Man kann vermuten, daß die Mitglieder der meisten betroffenen Firmen, die im Bundesverband der Pharmazeutischen Industrie (BPI) organisiert waren und folgsam an Sitzungen teilnahmen, bei denen in Arbeitskreisen der ungeheuerliche Beschluß mit juristischer Hilfe diskutiert und beschlossen wurde, sehr wohl die Auffassungen und Regelungen der Blood Division in der Food and Drug Administration kannten und somit eine Entscheidung wider besseres Wissen herbeiführten.

Am 24. Dezember 1984, 21 Monate, nachdem Johanna L'age-Stehr im *Bundesgesundheitsblatt* über die AIDS-Risiken informiert hatte, veröffentlichte der *Spiegel* eine Stellungnahme der deutschen Bluterexperten Bartels, Egli, Landbeck, Lechner, Scharrer und Schramm, die entgegen aller Erkenntnisse aus den USA und anderen europäischen Ländern die Meinung vertraten:

»Berichte über einen Beweiszusammenhang zwischen positivem HTLV-III-Test und AIDS-Erkrankungen müssen daher als Spekulationen zurückgewiesen werden. Es ist bedauerlich, wenn die Hämophilen sich aus AIDS-Furcht einer Behandlung mit Faktorenkonzentraten entziehen und sich somit durch unbehandelt bleibende Blutungen schwer gefährden würden.«[4]

Zur Begründung für diese Position wurde damals unwidersprochen angeführt, daß bei unbehandelten Blutern die Sterblichkeit infolge tödlicher Blutungen bei 47% liege, während sie bei HIV-infizierten Blutern weniger als 4% betrage. Man hätte es besser wissen können, denn in den Vereinigten Staaten hatte 1983 die Sterbehäufigkeit AIDS-Kranker in kurzer Frist 40% erreicht. Noch immer glaubten einige deutsche Hämostasiologen,* daß die Immunschwäche keine virale Infektion sei, sondern ausschließlich die Folge einer »Über-

* Blutgerinnungsfachärzte (Hämostasiologie = Lehre von der Blutgerinnung)

sättigung des Immunsystems« durch fremdes, nicht autologes* Eiweiß nach Infusion von Gerinnungsfaktoren. Am 1. März 1985 ließ die Food and Drug Administration einen kommerziellen HTLV-III-Antikörper-Test in den USA zu. Die deutsche Behörde, das Paul-Ehrlich-Institut in Langen, folgte dieser Entscheidung am 5. Juni 1985. Spender von Blut und Plasma und die daraus hergestellten Produkte sollten – vom 1. Juli 1985 an zunächst auf freiwilliger Basis, ab dem 1. Oktober 1985 gesetzlich vorgeschrieben – auf LAV/HTLV-III-Antikörper getestet werden.

Die Hersteller von Blut- und Plasmapräparaten haben spätestens seit Ende der 60er Jahre gewußt, daß die Hepatitis-Übertragung ein großes Problem darstellte und Gerinnungsprodukte als wichtigste Gefahrenquellen galten. Seit 1976 waren virusinaktivierende Verfahren für ein Spezialprodukt PPSB – ein Gemisch aus vier wichtigen Gerinnungsfaktoren – üblich und ab 1981 auch beim Faktor VIII von Behring angewendet worden. Dennoch wurden nur von wenigen Beteiligten die Konsequenzen daraus gezogen.

Zwei Faktoren trugen dazu bei, daß trotz dieser Sicherheitstests seit Oktober 1985 das Infektionsrisiko durch Blutprodukte höher als nötig war: die übermäßige Verwendung dieser Produkte und der hohe Anteil ausländischer Präparate. Deutschlands Ärzte sind nämlich Weltmeister im Verordnen von Bluttransfusionen und Plasmafaktoren. Allein dieses therapeutische Prinzip kostet die Krankenversicherungen jährlich fünf Milliarden Mark. Im Durchschnitt werden in unserem Land dreimal so viel biologische Produkte bei Kranken infundiert wie in anderen Ländern mit vergleichbarem medizinischen Standard. Abgesehen vom lebensrettenden Faktor VIII und dem Blut-Ersatz bei Operationen gibt es für viele dieser Verordnungen nur wenig kontrollierte Studien, die einen therapeutischen Erfolg belegen können. Trotz modernster Methoden zur Risikominimierung rechnete man in Deutschland mit einer Häufigkeit von jährlich ein bis zwei HIV-Infektionen auf eine Million Blutspenden, im Gegensatz zu den USA, wo das Risiko um ein Vielfaches höher ist. Bis zu 60% des benötigten Gerinnungsfaktors VIII und fast eine Million Liter Plasma oder Fertigprodukte beziehen die Deutschen aus dem Ausland. 90% stammen aus den USA.[5] Die Tatsache, daß in Deutschland jährlich nur 1 bis 1,4 Millionen Liter Plasma gespendet, aber 2,15 Millionen Liter

* Blut oder Gewebe der gleichen Art.

benötigt werden, bedeutet, daß irgend etwas an der medizinischen Bewertung nicht stimmen kann. Hinzu kommt, daß viele europäische Länder ihren Eigenbedarf selber decken.

Sicherheitsrisiko: Ärzteschaft

> *»Bei meiner Aufnahme in den ärztlichen Berufsstand gelobe ich feierlich, mein Leben in den Dienst der Menschlichkeit zu stellen. Ich werde meinen Beruf mit Gewissenhaftigkeit und Würde ausüben. Die Erhaltung und Wiederherstellung der Gesundheit meiner Patienten soll oberstes Gebot meines Handelns sein.«*
> *Eid des Hippokrates*

Nach Überprüfung der Unterlagen kam der Untersuchungsausschuß des Deutschen Bundestages zu der Erkenntnis, daß in Deutschland viele Ärzte ab 1983/84 ihren Patienten virusinaktivierte Präparate gaben, Krankenhäuser hingegen erst ab 1985 auf solche umstellten. Es gab Ärzte, die Schlüsselfiguren für die Strategien der Pharmaindustrie waren und die beim Absatz infizierter Produkte sorglos aktiv Beihilfe leisteten. So meinte Dr. Johann Eibl, Geschäftsführer der *Immuno GmbH*, 1988, »es sei vollkommener Blödsinn, wenn Ärzte die Vorwürfe infizierter Bluter mit der eigenen Ahnungslosigkeit abzuwehren suchten«.[6]

Bedenkenlos haben einige Ärzte noch nach dem 1. Oktober 1985 Patienten nicht virusinaktivierte Präparate gespritzt. Auch bei eklatanten Fehlern können die Mediziner sich sicher fühlen, denn Fehler von Ärzten werden nur höchst selten strafrechtlich geahndet. Der Untersuchungsausschuß des Deutschen Bundestages hat noch nicht einmal gerügt, daß Ärzte auf Fortbildungen verzichtet hatten und den falschen Informationen einschlägiger Firmenvertreter mehr vertrauten als den damals bereits bekannten Fakten. Noch zehn Jahre nach diesem Gruppenversagen zeigen einige dieser Fachvertreter weder Einsicht noch Reue. 1994 nannte einer der Hauptverursacher des HIV-Debakels dieses öffentlich in hohen Tönen ein »Gottesurteil für die Menschheit«.

Eines der größten Zentren zur Behandlung von Bluterkranken – und damit auch zur Verbreitung der risikobehafteten Blutprodukte – war das Institut für Hämostasiologie und Bluttransfusionswesen von

Professor Hans Egli in Bonn. Eglis Institut, das die Strategie verfolgte, Bluter zur Prophylaxe mit Millionen von Einheiten des Blutfaktor-VIII zu behandeln, hatte sich seit Ende der 70er Jahre gewissermaßen zum Wallfahrtsort der Pharmaindustrie entwickelt. Obwohl Hans Egli wissen mußte, daß nur hitzeinaktivierte Produkte virussicher waren, erhielten seine Patienten auch größere Mengen nicht hitze-inaktivierten Serums in der Annahme, dadurch die Bildung von Hemmkörpern zu vermeiden. Hans Egli und sein Team setzten Jahr für Jahr dreistellige Millionenbeträge allein mit Gerinnungsprodukten um, und bis 1985, als ein Mitarbeiter Eglis wegen Steuerhinterziehung verurteilt wurde, zahlten Krankenkassen prompt und unkontrolliert alle vom Institut präsentierten Rechnungen.

Obwohl es auch andere, kostengünstigere Methoden gegeben hätte als die von Egli betriebene Hochdosistherapie, schaffte die Branche Blut und Plasma selbst aus den letzten Winkeln der Erde als billige Rohstoffe nach Europa und Japan, um sie dort zu veredeln und teuer zu verscherbeln. Es gab indes auch Stimmen, die Krankenkassen und Ärzte vor solchen Masseninfusionen warnten.

1979 regten sich erste Zweifel an der von Hans Egli propagierten Megatherapie bei Bluterkranken, aber zur Erstellung eines offiziellen Gutachtens zum Thema »*Zweckmäßigkeit und Wirtschaftlichkeit der Bluter-Therapie*« hatten selbst solche Experten wie Professor G. Landbeck aus Hamburg keinen Mut. Kein Kollege war bereit, sich innerhalb der Fachwelt negativ zu exponieren. »Die Kommunikation unter den relativ wenigen Hämophilie-Experten sei so eng«, so eine schriftliche Dokumentation des AOK-Dachverbands, »daß eine offene Kontroverse für einen potentiellen Gutachter mit der Gefahr verbunden wäre, ins wissenschaftliche Abseits zu geraten, gleichgültig, wie er sich vorher intern dazu geäußert habe«.[7]

Damit konnte der Bundesverband der Allgemeinen Ortskrankenkassen keine medizinisch relevante Gegenposition zu der Bonner Hochdosistherapie beziehen und mußte weiterhin alle Kosten übernehmen. Und dies entsprach in vielen Fällen für Krankenkassen einem Balanceakt. Es gab eine Ausnahme. Die AOK Euskirchen wäre 1985 fast in Konkurs gegangen, hätte nicht der Finanzausgleich zwischen allen gesetzlichen Kassen für ein Stopfen des Finanzloches gesorgt. Ein einziger Bluterpatient belastete jährlich eine einzige Krankenkasse mit bis zu 15 Millionen Mark nur für Gerinnungsfaktoren, und die Euskirchener AOK versicherte viele Bluter.[8]

Unzweifelhaft wurden viele Patienten erst durch Eglis Masseninfusion mit den Gerinnungsfaktoren infiziert und durch den viralen Overkill viel rascher geschädigt. Die Schwere der HIV-Infektion und die Intensität des Krankheitsverlaufs von AIDS hängen gleichermaßen von der Anzahl und der viralen Belastung infundierter infizierter Blutprodukte ab. Wer weniger mit HI-Viren kontaminierte Ware bekam, lebte wenigstens länger und komplikationsärmer, auch wenn bisher noch niemand dem schicksalhaften Verlauf seiner Erkrankung entgehen konnte.

Da ist es wenig verwunderlich, wenn auch der vermutlich erste deutsche AIDS-Fall im Zusammenhang mit dem Bonner Zentrum steht. Im Frühjahr 1982 diagnostizierte der Fachneurologe der Neurologisch-Psychiatrischen Universitätsklinik Bonn, Dr. Ferdinand Ries, den ersten tödlichen AIDS-Fall. Ein Patient mit der Bluterkrankheit war an einer schweren Hirnerkrankung – der progressiven multifokalen Leukoencephalopathie, einer Spätfolge bei AIDS – gestorben. Der Kranke war viele Jahre vom Hämophiliezentrum Bonn betreut worden. Ein Jahr nach dem Tode seines Patienten meldete Ferdinand Ries seine Beobachtungen an das Bundesgesundheitsamt. Die für solche Fälle verantwortliche Ärztin war jene wachsame Virologin Johanna L'age-Stehr, die den Bonner Fall aktiv recherchierte und ihn ebenfalls als AIDS-Folge einstufte.

Eglis Mitarbeiter, Hans Hermann Brackmann, dem der Fall zur Beurteilung vorgelegt wurde, kam zu dem Urteil, daß es sich nicht um einen tödlichen AIDS-Fall handele. Er beschwerte sich über das Vorgehen von Frau Dr. L'age-Stehr mit dem Hinweis, daß »jene ohne wissenschaftlich exakte Informationen, vor allen Dingen im Hinblick auf immunologische Untersuchungen, den Bonner Fall der Neurologischen Klinik nach wie vor posthum als AIDS-Patienten deklarierte«. Dr. Brackmann stellte den ersten Bonner Fall einem internationalen hämatologischen Arbeitskreis vor, der seine Auffassung trotz einer kontrovers geführten Diskussion teilte. Die Experten gelangten zu dem abschließenden Votum, daß es sich bei diesem Bluterkranken nicht um einen AIDS-Fall gehandelt habe und warnten vor spekulativen und restriktiven Schlußfolgerungen.[9]

Zu den Teilnehmern dieser Runde gehörten die New Yorker Experten für Hämophilie, Louis M. Aledort (Mount Sinai Medical Center) und Dwight Armstrong (Sloane Kettering Cancer Center). Beide gerieten während der Sitzung in Streit, denn anders als Aledor hielt

Armstrong den Bonner Fall für den ersten AIDS-Toten Deutschlands. Der amerikanische Hämophilieexperte Donald P. Francis, der 1994 vom Bundestagsausschuß gehört wurde, rügte seine Kollegen Aledort und Armstrong öffentlich wegen ihres unethischen Verhaltens, eine Aussage über einen Kranken nur aufgrund spärlicher Dokumentationen getätigt zu haben.

Wenn 1994 Ärzte öffentlich behaupten, sie hätten bis 1985 nichts von der Möglichkeit einer durch Plasmakonserven übertragenen HIV-Infektion gewußt, entspricht dies nicht den Tatsachen. Unwahr ist gleichfalls, wenn Spezialisten für Hämophiliekranke erst im Laufe des Jahres 1985 erfahren haben wollen, daß die HIV-Infektion viral verursacht wurde. Die Diskussion darüber hielt die gesamte medizinische Welt seit fünf Jahren in Atem.

Nachdem der Parlamentarische Untersuchungsausschuß seine Arbeit abgeschlossen hatte, fanden Beratungen zur Schadensregelung für die Opfer statt. Anläßlich dieser Beratungen veröffentlichte das *Deutsche Ärzteblatt* im April 1995 einen Beitrag des Transfusionsmediziners Harald Fiedler aus Münster, der sich dagegen verwahrte, daß einigen Ärzten bestimmte Versäumnisse zum Vorwurf gemacht hatte: »Die Gebote der Menschlichkeit verlangen jedoch wie das Gesetz, das ärztliche Handeln am jeweiligen Stand der wissenschaftlichen Erkenntnis auszurichten«. Und nachdem er den Hippokratischen Eid zitiert hatte, formulierte er: »Wer sich anstelle dessen wissenschaftlich nicht legitimierten Pressionen aus Medienwelt und Politik beugt, trägt dazu bei, die ärztliche Kunst im besten Falle zum Lotteriespiel zu degradieren, im schlimmsten der Willkür der Mächtigen zu überantworten.«[10] Fiedler, der sich 1995 so echauffierte, hatte 1985 mit seiner Unterschrift unter die Dienstaufsichtsbeschwerde gegen den Erlaß des Bundesgesundheitsamtes zur Einführung des HIV-Testes bei Blutspendern votiert.

Viele Ärzte scheinen der Ansicht zu sein, daß sie neue Erkenntnisse der internationalen medizinischen Wissenschaften jahrelang ignorieren könnten. Halbgötter in Weiß? Schon die geringste ärztlichen Fortbildung hätte ausgereicht, um zu erfahren, daß es seit Ende 1983 möglich war, hitzebehandeltes Plasma und Gerinnungsfaktoren zur Therapie von Patienten und Blutern zur Prophylaxe einzusetzen. Statt dessen haben Hersteller und Ärzte einen Glaubenskrieg über Sterilisationsverfahren angezettelt, der dazu beitrug, die Einführung virussicherer Präparate um zwei Jahre zu verzögern.

Aber auch diejenigen, die bestens Bescheid wissen sollten, die medizinischen Gutachter, haben nicht gerade ein Vorbild ärztlich-ethischen Tuns geboten. Der Mißbrauch ärztlicher Autorität offenbarte sich demonstrativ an einem der wenigen Hämophilie-Patienten, der es 1986 überhaupt wagte, eine Schadensersatzklage wegen fehlerhafter ärztlicher Behandlung bei der 1. Zivilkammer des Landgerichts Bonn einzureichen. Ein Kammerbeschluß vom 9. Dezember 1986 sah vor, gutachterliche Expertisen zu den Behandlungsmodalitäten einzuholen. Die vom Gericht aufgeforderten hochrangigen Gutachter jedoch lehnten es übereinstimmend ab, ein fachliches Gutachten abzugeben,[11] weil sie angeblich über zu wenig Erfahrung auf dem Gebiet der Hämophiliebehandlung verfügten oder weil aus ihrer Sicht persönliche Gründe dagegen sprachen:

- Dr. Heiner Trobisch, Duisburg, »keine fachliche Eignung«.
- Prof. Dr. Schneider, DRK-Hagen, »keine fachliche Eignung«.
- Prof. Dr. Kretschmer, Marburg, »ich habe mich in der Uni Bonn beworben«
- Prof. Dr. Sachs, Kiel, »ich bin nur Immunhämatologe«*,
- Prof. Dr. Sugg, Tübingen, »ich bin nur Internist«,
- Prof. Dr. Karl-Theo Schricker, Erlangen, »ich bin ein Freund von Egli«.
- Professor Dr. G. Müller-Berghaus, Gießen, nach einem Jahr kam die Antwort: »...schwierig, da ich mich als Nachfolger von Prof. Egli in Bonn beworben habe«,
- Professor Dr. Jochen Möse, Graz/Österreich, »keine Kenntnisse bei der Hämophilenbehandlung«,

Frau Professor Dr. M. Bartels, Hannover, erstellte am 29.12.1989 ein Gutachten, auf dessen Grundlage das Gericht im Juni 1990 die Klage abwies. Und ein weiterer Gutachter krönte dieses Treiben mit vorbildlicher Verweigerungstaktik. Vom Ausschuß aufgefordert, zum Stand und Entwicklung der Virus-Inaktivierungsverfahren zwischen 1980 und 1984 gutachterlich Stellung zu beziehen, überschritt er nicht nur die Fristen, sondern bearbeitete sein wissenschaftliches Gutachten derartig dünn, daß es wegen Oberflächlichkeit und widersprüchlicher Aussagen nicht verwertbar war.

Der Kläger verstarb ein dreiviertel Jahr später an AIDS.

---

* Fachleute für Bluteigenschaften, die mit der Immunabwehr und der Blutzellintegrität (Typisierung) zu tun haben.

Sicherheitsrisiko: Pharmaindustrie

Spätestens seit dem 4. Januar, als Dr. Johann Eibl, Geschäftsführer der *Immuno GmbH*, öffentlich verkündete, daß ab Mitte 1983 alle Hersteller und Ärzte gewußt hätten, daß ein infektiöses Agens in Blutstoffen eine bislang unbekannte Krankheit hervorrufen könnte (s. S. 56), steht fest: Die beteiligten Ärzte bildeten mit der Plasmaclique ein Kartell der Vertuscher von tödlicher Risiken. Exemplarisch dafür ist ein Fall aus Japan. Dort erlag ein Universitätsprofessor der Macht des Geldes. Er soll für Gutachten enorme Beträge von den Pharmafirmen erhalten haben und verbreitete öffentlich, daß nicht hitzesterilisierte Produkte HIV-sicher seien.

Der Pharmaindustrie ist vorzuwerfen, daß die Unfähigkeit zur Selbstkritik und die Angst vor dem eigenen Versagen manche Unternehmensleitung in falsche Bahnen lenkt. Es sind immer die gleichen Ursachen, die zum Fehlverhalten der Pharmabranche führen. Ganz gleich, ob drohende Rückrufaktionen von schädigenden Präparaten oder gravierende Produktmängel: Die Sorge vor Einbußen hoher Erträge und vor dem Verlust des Vertrauens bei Anwendern und Verbrauchern verwandelt Kaufleute und Wissenschaftler in nicht nachvollziehbarer Weise. Die Angst, daß die Aktien von großen Konzernen an der Börse zu Wertschwankungen in Milliardenhöhe führen können, verleitet selbst Führungskräfte weltweit operierender Unternehmen, strafbaren Handlungen im eigenen Konzern nicht mit der gebotenen Schärfe nachzugehen. Die Mandarine dieser Branche glauben, ihre Verantwortung abstreifen zu können, indem sie das untere und mittlere Management handeln lassen. Kein Mitarbeiter der unteren Befehlsebenen wagt zu widersprechen, und alle handeln im Auftrag ihrer Vorgesetzten. Die Angst vor dem Verlust der beruflichen Existenz bedrückt das mittlere Management und zwingt es, mit den Anstiftern der Loyalität wegen gemeinsame Sache zu machen; im Namen der Firma geschieht Unbegreifliches.

Die Plasmaindustrie versäumte zwei große Chancen, die das AIDS-Debakel hätten mindern oder verhindern können. Die erste wurde 1981 mit der Nichtbeachtung der von den *Behringwerken* publizierten Möglichkeit der Hitzesterilisation vertan. Die zweite Gelegenheit, Versäumtes nachzuholen, hätte es 1985 gegeben. Vom 1. Juli 1985 an sollten alle Blut- und Plasmakonserven auf HIV getestet werden. Auf den Protest der Hersteller hin, die sich angeblich überfordert sahen, die Sterilisationsverfahren so rasch umzustellen, wurde dieser Termin auf den Oktober 1985 hinausgeschoben. Man muß zur Ehrenrettung der Aufsichtsbehörde bemerken, daß ein von ihr vorgesehenes Verbot zur Verbreitung nicht hitzesterilisierter Blutprodukte zur Virusinaktivierung vom Verwaltungsgericht Berlin untersagt wurde. Als Folge dieses Verbots produzierte die Firma *Biotest* weiter Produkte im Kaltsterilisationsverfahren. Elf Patienten wurden deshalb noch 1991 mit HIV und Hepatitis C infiziert. Realistischerweise ist davon auszugehen, daß einige Hersteller ihre nicht getesteten Produkte noch nach dem 1. Oktober 1985 abverkauften. Umfassende Rückrufaktionen, für die die Landesbehörden verantwortlich waren, gab es auch nach dem Oktober 1985 nicht. Manche Landesbehörde duldete – trotz erheblicher Bedenken der Bundesbehörde – untätig den Abverkauf kontaminierter Waren.

Wer den Schaden hat, soll das erst einmal beweisen

Geht es darum, HIV-Infizierten beim Nachweis der Ursachen ihrer Krankheit zu helfen, herrscht eine wundersame Einigkeit zwischen Ärzten und Pharmaherstellern. Welcher HIV-Infizierte, der kein Bluter ist, kann nach Jahren noch beweisen, auf welche Weise seine Infektion erfolgt ist? Die betroffenen Patienten, ihre Angehörigen und Hausärzte hatten oft nur Verdachtsmomente und vage Vermutungen, selten beweiskräftige Dokumente über mit Viren verseuchte Plasmapräparate. Jeder Infizierte muß bis heute selbst im privaten Umfeld mit einer rücksichtslosen Diskussion seiner Krankengeschichte rechnen. Das veranlaßt ihn zum Schweigen und zur Duldung seines unabänderlichen Schicksals. Stellt der HIV-Positive zwischen seiner Infektion und einem Krankenhausaufenthalt eine direkte Beziehung her, kann er nicht damit rechnen, daß Klinikverwaltungen, Apotheker- und Ärzteschaft ihm beweiskräftige Unterlagen zugänglich machen oder gar die Möglichkeiten einer Virusübertragung während der Behandlung im eigenen Krankenhaus einräumen. Eines der wichtigsten Argumente der Pharmalobby zur Abwehr von Schadensersatzansprüchen ist es, dem Infizierten nachzuweisen, daß er Produkte verschiedener Firmen verbraucht hat.

Beim Versuch, den Schadensbeweis zu erbringen, sind Patienten ganz auf sich allein gestellt. In Sachen ärztlicher und Produkthaftung zählt Deutschland weltweit zu den Schlußlichtern. Eine grundlegende Änderung der Produkthaftung wurde bislang durch eine geschickte

Interessenpolitik verhindert. Geschädigte müßten noch in Narkose die Schadensabläufe schildern können, um vor Gericht einen lückenlosen Nachweis zu erbringen. Bei HIV-Infizierten kommt erschwerend hinzu, daß Ärzte und Krankenhausapotheker gehalten waren, die billigsten Präparate zu verordnen, und da die Preise saison- und angebotsabhängig schwankten, kam es zum ständigen Wechsel der Produkte.

Die beiden folgenden Beispiele sind typisch für das Verhalten der Pharmaindustrie in zahlreichen ähnlichen Fällen. Sie mußten aus juristischen Gründen anonymisiert werden.

Eine 30 Jahre alte Frau war Mitte der 80er Jahre anläßlich einer komplizierten Geburt in stationärer Behandlung mit einem Plasmaprodukt therapiert worden. Vor diesem klinischen Aufenthalt hatte sie wegen einer schweren Leberkrankheit mehrmals in dem Spital gelegen und infolge von Blutverlusten auch viele Transfusionen und ein Gerinnungspräparat (PPSB) erhalten. 1991 diagnostizierte man eine HI-Virusinfektion. Seit 1994 ist sie unheilbar AIDS-krank. Der vom Krankenhaus angeschriebene und um Mithilfe bei der Klärung der Ansprüche der jungen Frau gebetene Hersteller des Gerinnungsmittels ließ die Meldung an das BGA, zu der er verpflichtet war, zunächst in der Schublade verschwinden.

Der fällige Bericht wurde weder intern an den Sicherheitsbeaufragten, noch an die zuständige Behörde weitergeleitet. Das entspricht einer durchaus bewährten Strategie, denn oft erledigen sich solche Fälle sozusagen auf »natürliche Weise«, wenn Kranke an den Infektionsfolgen sterben.

In diesem Fall jedoch meldete sich anderthalb Jahre später der Anwalt der schwerkranken Frau und legte ein Attest vor, welches bescheinigte, daß alle vor und nach 1986 bei seiner Mandantin transfundierten Blutkonserven Antikörper-negativ waren, wie nachträglich durchgeführte HIV-Tests an sog. Rückstellmustern von Spenderblutproben bewiesen. Als Infektionsquelle kamen nur zwei zusätzlich infundierte Ampullen Gerinnungskonzentrat in Frage. Der Hersteller widersprach dieser Auffassung mit dem Argument, daß er zum damaligen Zeitpunkt noch kein Gerinnungsprodukt an das Krankenhaus geliefert hätte. Erst acht Tage nach dem stationären Aufenthalt der infizierten Frau bezog das Hospital offiziell das Präparat. Demzufolge, so schloß der Firmenanwalt, müsse das HIV-kontaminierte Produkt von einer anderen Firma stammen.

Krankenhausverwaltung und Apotheker hatten schon Jahre zuvor die Unterlagen über ihre Apothekenwaren aus jener Zeit vernichtet, womit dem Opfer alle Möglichkeiten genommen waren, den Verursachern den erlittenen Schaden nachzuweisen. Die Erfahrung spricht dafür, daß Firmenvertreter dem Krankenhausapotheker viruskontaminierte Werbefläschchen schon lange vor der offiziellen Produkteinführung geschenkt hatten, um den Großkunden zur Abnahme anderer Blutpräparate zu animieren. Solche Geschenke sind gängige Praxis. Apotheker und leitender Krankenhausarzt wollten aus naheliegenden Gründen auf Fragen keine Antwort geben.

Andere Opfer haben das Pech, zwischen die Mühlsteine mehrerer potentieller Verursacher zu geraten. Da wird wegen magerer Schadensersatzansprüche auf Zeit gespielt. Mitte der 90er Jahre wurde ein Hersteller informiert, daß eine 55 Jahre alte Frau, die fünf Jahre zuvor ein Gerinnungspräparat dieser Firma erhalten haben sollte, nun HIV-positiv sei. Da die neue, angeblich virussichere Methode damals bereits eingeführt war, bestritt der Hersteller, der diese HIV-Infektion immerhin ordnungsgemäß der Aufsichtsbehörde meldete, sofort jeglichen ursächlichen Zusammenhang mit eigenen Produkten, vermied es aber, der Frage, wie es zu der Infektion hatte kommen können, überhaupt nachzugehen. An einer raschen Klärung konnte dem Hersteller nicht gelegen sein.

Entwarnung kam dann von außen: Die in den Fall mit einbezogene Universitätsklinik teilte ein Jahr später in einem Schreiben an das Bundesgesundheitsamt mit, daß es sich um ein Gerinnungsmittel eines anderen Herstellers gehandelt hätte. Dort ging das Spiel von vorne los: Die Verantwortlichen des anderen Herstellers nahmen diesen Fall zunächst nur zur Kenntnis, erkannten aber keineswegs den Zusammenhang mit ihrem Produkt an.

Die Denkweisen der Pharmalobby sind nachvollziehbar: Stirbt ein HIV-infizierter Patient, können die Firmen mit Angehörigen einen preiswerten Vergleich abschließen. Juristen vertrösten Schwerkranke mit fadenscheinigen Argumenten und halten sie mit höflichen Briefen hin, um eine Entschädigung zu vermeiden. Die meisten beschuldigten Unternehmen warten grundsätzlich solange ab, bis Beamte in den Behörden oder die Verwaltungen von Kliniken reagieren. Geschieht dies nicht, verbessert sich die Sachlage zugunsten der Unternehmen, da in solchen Fällen ärztliche Stellungnahmen fehlen. Selbst bei eindeutigem Sachverhalt werden Gerichte angerufen, um angeblich kritische Punkte zu klären. Prozesse durch mehrere Instanzen dauern viele Jahre, und die Chancen stehen gut, daß ein Teil der Geschädigten zwischenzeitlich stirbt. Falls Opfer und Angehörige den Schadensverursacher aber einmal eindeutig identifizieren können, ziehen viele Firmen es vor, die Geschädigten außergerichtlich mit vergleichsweise kleinen Geldbeträgen abzufinden.

Der CNN-Report[12]

Am 11. November 1993 brachte CNN, einer der wichtigsten amerikanischen Nachrichtensender, einen Bericht, der einen internationalen Konzern wegen seines schäbigen Umgangs mit Opfern seiner Produkte schwer belastete. Nach diesem Bericht sollen die Vertriebsmanager des Unternehmens Plasma, das kaltsterilisiert war und deshalb noch Viren enthielt, auch dann noch abverkauft haben, als bereits bekannt war, daß nur die Hitzesterilisation das HI-Virus mit großer Sicherheit abtötet. Die Konzernzentrale schwieg offiziell zu den Vorwürfen, die in dieser Fernsehreportage erhoben wurden.

Während die Firma in den USA seit 1985 nur noch hitzesterilisierte, virussichere Plasmaprodukte auf den Markt brachte, vertrieben die Verkaufsstrategen des größten amerikanischen Plasmaverwerters ihre nicht so gesicherte Ware in anderen Ländern weiter. Wissentlich verkaufte man Gerinnungsprodukte aus ungetestetem Spenderplasma in armen mittelamerikanischen Nachbarländern. Entwicklungsländer sind aufgrund ihrer Devisenarmut gezwungen, lebenswichtige Medikamente besonders günstig einzukaufen. Sie sind daher bei bestimmten teuren Produkten auf zeitlich überlagerte Waren mit Wirkungseinbußen oder, falls vorhanden, auf billigere Generika angewiesen. In der angesprochenen *CNN*-Sendung kamen einige HIV-infizierte Bluter aus Puerto Rico zu Wort. Sie prangerten das chauvinistische Vorgehen der Manager in der Plasmaindustrie an, die bewußt die kaltsterilisierte, viruskontaminierte Ware verkauft hatten. CNN präsentierte ein Dokument vom März 1986, in dem ein Manager wörtlich schrieb: »We need the unscreened inventory to meet our 1986 sales requirements.« (»Wir brauchen das ungetestete Material, um unsere Umsatzziele 1986 zu erreichen«.)

Die Vertreter des Konzerns antworteten auf Befragen des Interviewers, daß sie wegen eines anhängigen gerichtlichen Verfahrens keine Aussagen machen könnten. Die aufgebrachten Reporter rechneten den Firmenvertretern vor, daß allein durch dieses Verhalten zwischen März 1985 und 1986 weitere 50 Menschen mit HIV infiziert wurden und vielleicht inzwischen verstorben sind. In den USA war es seit März 1985 verboten, ungetestete Blut- und Plasmaprodukte in den Verkehr zu bringen. Dr. Thomas Drees, früherer Präsident der Firma *Alpha-Therapeutics*, einer der führenden Blutfaktorhersteller der USA, erklärte, daß die meisten Firmen ihre Produkte zurückgezogen hätten.

Ein Bluterkranker, der als Interessenvertreter amerikanischer HIV-infizierter Hämophiler sprach, hatte das Schlußwort: »Die Industrie wußte von den Problemen, jedoch die Allmacht des Dollars war wichtiger und wurde höher angesiedelt als das menschliche Leben.«

Der Japan-Report

Schon lange, bevor das AIDS-Problem aktuell wurde, verkauften vor allem internationale Konzerne ihre Gerinnungsfaktoren erfolgreich auch in Japan. Neben dem US-Multi *Baxter* gehörten auch deutsche Firmen zu den wichtigsten nichtjapanischen Lieferanten. Neben der japanischen Blutproduktfirma *Grünes Kreuz* mit 50% Marktanteil, teilten sich die vier Plasmafraktionierer, alles große Konzerne, *Yakuhin*, *Baxter*, *Nippon Zoki* und *Chemo-Sero Therapeutic Research Institute (Kaketsuken)*, den japanischen Markt.

Den ausländischen Firmen kam bei ihren lukrativen Geschäften eine Verordnung aus dem Jahre 1964 zugute, wonach inländischen Unternehmen der Handel mit japanischem Blut untersagt war – mit der Konsequenz, daß nicht genügend Spenderblut im eigenen Land zusammenkam. 1979 übertraf zum ersten Mal die Nachfrage die Lieferkapazität, und ausländische Firmen gewannen mit ihren Produkten an Boden.

Während schon 1983 die US-Behörden vor der Anwendung nicht erhitzter Blutprodukte warnten, wurden diese Hinweise in Japan mißachtet. Maßgeblich an der Meinungsbildung zu diesem Thema beteiligt war der Professor für Hämatologie, Dr. Takeshi Abe,[13] dem man nachsagt, er habe Geld für seine Äußerungen erhalten. Inzwischen teilte eine Staatsanwaltschaft mit, daß Beträge in einer Größenordnung von 600.000 Dollar für sogenannte Gutachten von Firmen an den Professor gezahlt worden sind. Fakt ist jedenfalls, wenn man den Zeitungsberichten glauben kann, daß ein Plasmahersteller aus den USA noch nach 1985 unsteriles Gerinnungsmaterial in Japan verkauft haben soll.

1987 meldeten sich die ersten AIDS-infizierten Bluter mit ihren Ansprüchen, nachdem sie jahrelang in der Öffentlichkeit keine Unterstützung fanden. Seit 1989 führen etwa 400 einen erbitterten Kampf vor Gericht, wohlwissend, daß im Durchschnitt an jedem dritten Tag einer von ihnen stirbt. Erst im Januar 1996, nachdem der neue Gesundheitsminister *Naoto Kan* ernannt worden war, erhielten die Geschädigten eine Unterstützung für ihre Ansprüche.

Große Teile der Bevölkerung, die HIV-infizierten Blutern bis dahin mit Mißtrauen und Geringschätzung begegnet waren, änderten ihre Haltung, nachdem der Gesundheitsminister sich für die von Regierungsmitarbeitern begangenen Untaten öffentlich entschuldigte. Es kam heraus, daß in den Deal mit HIV-verseuchten Konserven japanische Beamte aktiv involviert gewesen waren. Sie hatten während der laufenden Verfahren die Unterlagen versteckt oder vernichtet, so daß mehrere gerichtlich angeordnete Untersuchungen in den Büros der Ministerien wenig erfolgreich endeten.

Im Februar 1996 wurde den Gerichten anonym Beweismaterial zugesandt, denn nun wandte sich der Minister ganz unbürokratisch an die Presse, und die sonst verschwiegene Beamtenschaft wurde entlarvt. Ab Anfang März 1996 konnten 218 AIDS-Kranke in Tokio und 183 Kläger in Osaka hoffen, daß ein rascher Schadensersatz stattfinden würde. Die Gesamtzahl infizierter japanischer Bluter wird auf 1.800 geschätzt. Das Vergleichsangebot sieht eine Einmalzahlung von 630.000 Mark und eine Rente in Höhe von umgerechnet 2.100 Mark monatlich vor.

Der USA-Konsens[14]

Relativ besser stehen sich wieder einmal die Geschädigten in den USA. Seit 1984 kämpfen amerikanische AIDS-Opfer gerichtlich gegen eine übermächtige Lobby aus Plasmaverarbeitern, Blutspendeorganisationen, Krankenhäusern und Ärzten, die eine gemeinsame Front gegen die HIV-Kranken errichtet hatten. Innerhalb von zehn Jahren wurden 163 Verfahren gegen Ärzte, Krankenhausorganisationen und Bluttransfusionsdienste geführt, von denen bis 1993 etwa 14 Prozesse von den Klägern gewonnen wurden. Bedauernd stellte ein hochrangiger Gutachter der beklagten Parteien fest, daß vor Gericht Mitleid und Mitgefühl mit den Opfern bei Richtern und Geschworenen ausschlaggebend für die spätere Verurteilung gewesen sei. In den Schadensersatzprozessen wurde den Opfern eine Gesamtsumme von fast 76 Millionen Dollar zugesprochen, wobei die Einzelbeträge zwischen 900.000 und 23 Millionen Dollar variierten.

Die Verurteilungen erfolgten auf der Basis folgender nachgewiesener Mängel:

- Medizinisch-fachliche Nachlässigkeit bei der Verordnung nicht notwendiger Bluttransfusionen, Plasmaprodukte oder HIV-infizierter Gewebe.
- Mangelhafte Aufklärung über die Gefahren durch Bluttransfusionen; fehlendes, schriftlich dokumentiertes Einverständnis des Patienten zu dem Vorhaben (seit 1982 bekannte Risiken).
- Fehlende Aufklärung im Hinblick auf die Alternativen zur Transfusion von Fremdblut zum Beispiel über die Möglichkeit einer autologen Blutrücktransfusion (Eigenblutspende; seit 1978 möglich).
- Fehler bei der Auswahl von Blutspendern (seit 1982 bekannt).
- Unterlassung von indirekten Methoden zum HIV-Ausschluß: Antikörpertest gegen Hepatitis-B-Kernsubstanzen; Verhältnis von Lymphozyten untereinander (CD4:CD8), die in einem festen individuellen Verhältnis untereinander stehen und durch schwere Infektionen – wie HIV – gestört werden; (beides war vor 1985 möglich).
- Fehler bei Überprüfung der Herkunft der Blutspenden und Blutspender, dem »Look-back«-Verfahren. Dabei werden die Spender nachträglich in monatlichen bis halbjährigen Intervallen nach der Blutspende auf eine Serokonversion (HIV-Antikörperbildung) untersucht, weil zwischen Infektionen mit dem HI-Virus und einer meßbaren Bildung von Antikörpern bis zu sechs Monate liegen können.

Bis zum April 1996 wurden in den USA nur wenige Plasmafirmen, in erster Linie große Unternehmen wie *Baxter* und *Cutter*, zu Schadensersatzleistungen verurteilt. Den Plasmaunternehmen war es mit einer Schar von Spitzenanwälten gelungen, die Opfer mehr als zehn Jahre hinzuhalten. Erst nachdem in Japan auf staatlichen Druck hin eine Schadensersatzregelung getroffen worden war, änderten auch in den USA die Plasmaproduzenten ihre Einstellung, angetrieben vom Unmut der öffentlichen Meinung. Die Produkte, die in Japan als Infektionsquellen identifiziert wurden, waren zu einem großen Teil amerikanischer Herkunft. Was also in Japan schlecht war, konnte nun nicht mehr länger in den USA als zu Unrecht beschuldigtes Plasmamaterial gelten. Vier Firmen unterbreiteten am 19. April 1996 den

HIV-infizierten Blutern einen Vergleichsvorschlag. Die beklagten Firmen wollten insgesamt 600 Millionen US-Dollar bereitstellen. Hinzu kommen rund 40 Millionen US-Dollar für Anwaltskosten. »Mit diesem Vergleichsvorschlag wollten die Unternehmen, die über Jahre andauernden Prozesse beenden und zu einer schnellen Hilfe für Betroffene beitragen«, so die Stellungnahme eines Firmensprechers.

Behörden

> *»Der Untersuchungsausschuß vertritt die Auffassung, daß es im gesamten Untersuchungszeitraum vom 1. Januar 1980 bis zum Herbst 1993 zu einer Verkettung von Fehleinschätzungen und Versäumnissen des BGA bei der Abwehr von Infektionsrisiken bei Faktor IX-Präparaten und bei PPSB gekommen ist.«*

Die Aufsichtsbehörden zeichneten sich durch eine Mischung von Unvermögen und Selbstüberschätzung aus. Statt gleich nach Bekanntwerden der ersten Verdachtsmomente Anfang 1982 eine Expertenkommission einzuberufen, lud der Präsident des Bundesgesundheitsamtes, Karl Überla, erst am 14. November 1983 zu einer Anhörung ein. Unter der Leitung von Professor Wilhelm Weise kamen die Experten auf dieser Tagung zu dem Schluß, daß bis dahin kein gesicherter Hämophilie-AIDS-Fall in der Bundesrepublik Deutschland aufgetreten war. Obwohl zu dem Zeitpunkt 90% der Faktor VIII- Produkte aus den USA stammten oder aus US-Plasma hergestellt wurden und für die Vereinigten Staaten die Infektionen durch Plasma bereits dokumentiert waren, sah die Versammlung keine Notwendigkeit, etwas zu tun. Ein Notfallplan wurde nicht erarbeitet. Ausgerechnet ein Vertreter der Plasmaindustrie, Dr. Johann Eibl, widersprach den absurden Beschlüssen.

Offenbar hat niemand bedacht, daß es auch am desolaten Melde- und Erfassungssystem für Pharmaprodukte liegen könnte, daß keine AIDS-Fälle bekannt waren. Lieber wiegte man sich im Glauben, daß so etwas in Deutschland nicht vorkommen kann. Das 1983 eingeleitete Stufenplanverfahren zur Sammlung von Risiken wurde zur Selbstdarstellung der Interessengruppen mißbraucht. Im November 1984 stellte der Göttinger Professor für Virologie, Gerhard Hunsmann, ein neues HIV-Testverfahren vor. Sein Angebot, kurzfristig ein flächendeckendes Verfahren zum Nachweis von Antikörpern gegen das *Lymphandenopathie-assoziierte Virus* (LAV) kurzfristig einzuführen, wurde von Ministerialbeamten – amtierender Minister war damals Heiner Geißler – ignoriert und Entscheidungen zur Anwendung des wichtigen Verfahrens verschleppt.[15]

Versäumt wurde auch, die Hitzesterilisation in die Praxis umzusetzen. Durch Gleichgültigkeit und Inkompetenz der Behörden, die in der nicht konsequent betriebenen Rückholaktion nicht-virusinaktivierter Präparate nach dem Stichtag 1985 gipfelte, wurde der Schaden immer größer. Firmenvertreter der *Immuno GmbH*, Wien, forderten das BGA am 1. Juli 1987 auf, endlich ein standardisiertes Inaktivierungsverfahren einzuführen. Die Einschaltung der Behörde erschien den Herstellern deshalb wichtig, weil englische Ärzte im April 1986 darauf hingewiesen hatten, daß es trotz Hitzebehandlung zu HIV-Kontaminationen in Faktor-VIII-haltigen Humanarzneimitteln gekommen war. Außerdem war noch am 7. Oktober 1986 ein erster Verdachtsfall an das BGA gemeldet worden, daß ein mit einem Lösungsmittel sterilisiertes Gerinnungsprodukt HIV-Partikel enthielt. Wie schwierig die Kontrolle der Produktsicherheit von biologischen Mitteln zu sein scheint, beweist der Vorgang von 1989, bei dem mehrere Patienten durch ein Gerinnungspräparat mit HIV infiziert wurden. Diese Affäre löste letztlich die Einberufung des Untersuchungsausschusses des Deutschen Bundestages aus.

Auch nach der Beendigung der Ausschußarbeit wurden immer wieder neue HIV-Fälle gemeldet, die offenbar auf Infektionen in den Jahren 1986 bis 1990 zurückgehen. Dieser unerquickliche Zustand rief Pharmakritiker auf den Plan. Dr. Ulrich Moebius warf im Februar 1994 in seinem *arznei-telegramm* der Firma *Immuno* und dem BGA folgendes vor: »*Das Bundesgesundheitsamt verstößt fortgesetzt gegen seinen im Arzneimittelgesetz verankerten Auftrag, Arzneimittelwirkungen zu erfassen und auszuwerten (§ 62 AMG).*«[16]

Das Bundesgesundheitsamt fand später selbst 712 Verdachtsfälle mit HIV-Infizierung in Verbindung mit Präparaten der Firma *Immuno* heraus, über die es das Gesundheitsministerium zuvor nicht informiert hatte. Alle Einwände des BGA, die Verdachtsmeldungen hätten, da zu wenig konkret, nicht ausgewertet werden können, klangen nicht überzeugend und wurden als Ausreden gewertet. Unsere Behörden bleiben gegenüber Pharmaunternehmen selbst dann untätig, wenn diese offensichtlich gegen gesetzliche Vorschriften verstoßen.[17]

Die Ineffizienz deutscher Behörden im HIV-Debakel zeigt ein Vergleich mit der Food & Drug Administration in den USA. Diese brauchte 1981 lediglich vier Wochen, um nach den ersten Meldungen ein Expertengremium einzuberufen, und bereits nach drei Monaten wurden die Gruppen besonders Infektionsgefährdeter engmaschig kontrolliert. Das Bundesgesundheitsamt brauchte vier Jahre und zusätzliche Aufrufe externer Fachgremien, um überhaupt zur angemessenen Einschätzung der Risiken zu gelangen. Erst unter massivem öffentlichen Druck waren die Spitzenbeamten der Berliner Behörde bereit, eine Expertenkommission einzusetzen. Beamte sammelten jahrelang stur die Einzelmeldungen, informierten ab und an ihr Ministerium und ließen alles unversucht, weiteren Risiken aktiv nachzugehen.

Aber auch im Gesundheitsministerium war das Interesse denkbar gering. Wie Horst Seehofer am 7. Oktober 1993 feststellte, hatte zwischen 1985 und 1993 nicht ein einziger zuständiger Minister bei der Gesundheitsbehörde einen Sachstandsbericht in Sachen AIDS angefordert. Dennoch kam der Untersuchungsausschuß des Deutschen Bundestages in seinem abschließenden Urteil zu dem Ergebnis, daß die Minister Heiner Geißler und Rita Süssmuth keine Schuld treffe. Der Bundestagsauschuß stellte allen Politikern, auch Horst Seehofer, einen »Persilschein aus«, wie das *Deutsche Ärzteblatt* im November 1994 kommentierte.[18] Alle wurden vollständig entlastet, obwohl sie genügend Zeit und Möglichkeiten gehabt hätten, sich anhand der Aktivitäten in anderen Ländern zu orientieren und informieren.

Bilanz einer vermeidbaren Affäre

Ende 1983 war der Infektionsmodus von AIDS bekannt und die Risikogruppen exakt definiert. Vertreter der Pharmaindustrie und führende Mitglieder der deutschen Ärzteschaft verneinten noch bis Mitte 1985 die Notwendigkeit einer raschen Umsetzung neuer Erfahrungen und Maßstäbe zur Erhöhung der Virussicherheit von Blut- und Plasmaprodukten. Dabei verfügten gerade die Plasmafirmen durch ihre internationalen Verknüpfungen über einen exzellenten Wissensstand. So beurteilte es auch der Bremer Rechtsprofessor Dieter Hart in seinem Rechtsgutachten für den Untersuchungsausschuß.[19]

Nach Auffassung von Dieter Hart traf die Plasmahersteller aufgrund des Arzneimittelgesetzes von 1972 die Verschuldenshaftung in vollem Umfang. Seit Herbst 1983 hätten es die Pharmaunternehmer offenbar bewußt unterlassen, ihre mit dem Hepatitisvirus verseuchten Präparate vom Markt zu nehmen. Außerdem hätten die Pharmaunternehmer Verbraucher und Anwender auf die bestehenden Risiken nicht rechtzeitig hingewiesen und nicht umfassend aufgeklärt.

Dieter Hart begründete sein Urteil damit, daß durch die Untersuchungen und Ergebnisse von Professor Klaus Schimpf aus Heidelberg seit Ende 1980 sehr wohl bekannt gewesen ist, daß hitzesterilisiertes Plasma, welches erstmals bei bluterkranken Kindern geprüft wurde, keine neuen Hepatitisinfektionen verursachte. Spätestens im Sommer 1981 hätten die Hersteller eigenverantwortlich handeln müssen. Zu diesem Zeitpunkt begann man, mit Hilfe von Hepatitis-Antikörper-Tests indirekte Rückschlüsse auf eine HIV-Infektion zu ziehen: Wer aufgrund von Blutprodukten eine Hepatitis erlitt, galt als potentiell HIV-infiziert. Dieses Verfahren wurde erst 1985 durch den direkten HIV-Antikörper-Test ersetzt.

Spätestens zur selben Zeit setzte auch die Verantwortung der Aufsichtsbehörden ein. Das Bundesgesundheitsamt hatte das neue hitzesterilisierte Produkt von *Behring* 1981 zwar zugelassen, die anders behandelten, viral unsterilen Präparate aber nicht vom Markt genommen.

Selbst große multinationale Konzerne verzögerten bis in den Herbst 1985 eine Umstellung ihrer Produktion auf Hitzesterilisation, und niemand kann ausschließen, daß sie – da weder von den Landesbehörden noch von den Regierungspräsidenten Rückholaktionen angeordnet wurden – womöglich noch bis 1986 ihre virusverseuchten Produkte vertrieben.

Man muß davon ausgehen, daß in Deutschland noch 1987 vereinzelt kaltsterilisierte Waren, das heißt Hepatitis- und HIV-infizierte Produkte zur Anwendung gelangten. Hätten die verschiedenen Aufsichtsbehörden und die pharmazeutischen Hersteller dem gültigen Arzneimittelgesetz Rechnung getragen, hätte man durch die Hitzesterilisation von Plasma das AIDS-Desaster minimieren oder ganz vermeiden können. Fachleute halten es für möglich, daß bei Beachtung bekannter Risiken nur ein geringer Prozentsatz der 2.000 offiziell erfaßten Bluterkranken mit dem HI-Virus infiziert worden wäre. Die Dunkelziffer für HIV-Infizierte ist aber größer, denn nur wenigen Nicht-Hämophilen gelang ein lückenloser Nachweis, daß sie durch Plasmaprodukte infiziert worden waren.

Auch die maßgeblichen offiziellen Vertreter der medizinischen Fachgesellschaft für Hämostasiologie sahen jahrelang tatenlos zu. Trotz rasch wachsender Erkenntnisse über das Krankheitsbild AIDS wurden keine wirksamen Gegenmaßnahmen eingeleitet. Noch 1995 ließ die offizielle Ärzteschaft wenig Neigung zur Selbstkritik erkennen. Alle Vorwürfe hinsichtlich einer Mitverantwortung für HIV-Übertragungen wiesen die Ärztevertreter weit von sich. Auch zur Beteiligung am Schadensersatz im Rahmen der Stiftung »Humanitäre Hilfe für AIDS-Opfer« wurde die Ärzteschaft nicht herangezogen.

Wer ist also schuldig, wer bleibt als Verantwortlicher übrig? Im Bericht des Untersuchungsausschusses werden lediglich Namen aus dem unteren und mittleren Management von Firmen wie *Armour Pharma, Baxter, Biotest, Immuno, Tropon* oder *Travenol* genannt. Über die Namen der eigentlichen Urheber des Ganzen, die von hochbezahlten Direktoren, Vorständen und Bossen des Kartells, schweigt er sich aus.

Peanuts für die Opfer

Der Bundestagsausschuß empfahl am Ende seiner Arbeit, daß vor allem der Staat – die Steuerzahler also – für den größten Teil AIDS-infizierter Bluter zu zahlen habe. Die Begründung lautete, daß den Aufsichtsbehörden große Fehler unterlaufen seien und daß vor allem die Pharmaindustrie zu dem Desaster beigetragen habe. Kaum von der Öffentlichkeit beachtet, wird ein Mechanismus inganggesetzt, den man zur Genüge kennt. Per Gesetz haben nun die Bürger für Fehler geradezustehen, die eigentlich in den Bereich der Produkthaftung fallen und die zudem durch Haftpflichtversicherungen gedeckt wären. Nur widerstrebend beteiligten sich auch die Produzenten bzw. ihre Versicherer sowie die Bundesländer an der Gründung der Stiftung »Humanitäre Hilfe für AIDS-Opfer«. Die Zahl der Menschen, die durch Blutprodukte mit dem HI-Virus infiziert wurden, soll sich nach offiziellen Angaben auf etwa 5.000 Personen belaufen. Das entspricht rund 5% aller HIV-Infizierten in Deutschland.[20] Diese Zahlen sind allerdings mit Vorsicht zu genießen, denn ein korrekt geführtes, flächendeckendes Seuchenregister für die Bundesrepublik gibt es nicht. So verfügt jedes Bundesland über seine eigenen Zahlen, und auch das Bundesgesundheitsamt hat sein eigenes AIDS-Fallregister. Dieses wies 1994 nur 2.400 durch Plasma- und Blutprodukte HIV-Infizierte aus und unterschied sich damit erheblich von anderen Angaben.

Kernstück der Wiedergutmachung war die Schaffung einer Bundesstiftung für AIDS-Kranke – eine zusätzliche bürokratische Hürde bei der Anerkennung von Ansprüchen. Am 8. Mai 1995 meldete die *Ärztezeitung,* daß die Opfer von HIV-kontaminierten Blutprodukten entsprechend dem Vorschlag des Bundestags-Untersuchungsausschusses eine monatliche Rente von 1.000 bis 3.000 Mark erhalten sollten. Asymptomatische HIV-Infizierte erhalten monatlich 1.500 Mark und AIDS-Kranke 3.000 Mark.[21] Versicherungsexperten des Bundesgesundheitsministeriums rechnen mit noch 1.300 lebenden Opfern. Unterhaltspflichtige Kinder und Ehepartner – es handelt sich um etwa 1.000 direkte Angehörige – von Kranken haben nur unter bestimmten Voraussetzungen Anspruch auf eine Rente in Höhe von 1.000 Mark monatlich. Viele sekundär infizierte Ehegatten und Kinder sollen später vom Steuerzahler befriedet werden.

Die AIDS-Stiftung, die aufgrund eines am 29. Juni 1995 verabschiedeten Gesetzes tätig ist und bis 2002 arbeitsfähig bleiben soll, wurde mit einem Kapital von 250 Millionen Mark ausgestattet. Der Bund übernahm 100 Millionen Mark, sechs pharmazeutische Unternehmen zusammen insgesamt 90,8 Millionen, das Deutsche Rote Kreuz 9,2 Millionen Mark. Die Länderregierungen hatten zugesagt, 50 Millionen Mark beizusteuern. Über die Stiftung zahlt der Staat jedem Opfer nicht mehr als 60.000 Mark Schadensersatz – eine Größenordnung, wie sie den Geschädigten von den betroffenen Herstellern außergerichtlich angeboten worden war.

Die Ärzteschaft, die ein gerüttelt Maß Schuld an dem Desaster besitzt, die an diesen Menschen durch die Behandlung Millionenbeträge verdiente und an vielen AIDS-Kranken noch weiter verdienen wird, blieb dank Horst Seehofers Berechnungen ungeschoren. Es wäre nur konsequent gewesen, bis zu 3% der kassenärztlichen Honorare – dies entspräche etwa 450 Millionen Mark im Jahr – einzubehalten, um auf diese Weise auch seitens der deutschen Ärzteschaft ein Zeichen zu setzen – aber weit gefehlt.

Während in den USA jeder infizierte Patient mindestens eine Million Dollar Schadensersatz erwarten kann, nehmen sich die in

Deutschland gezahlten Beträge wie Trinkgelder aus. Würden unsere Gerichte den gesetzlichen Vorgaben der Produkthaftung nach dem Arzneimittelgesetz folgen, müßten die Unternehmer jedem HIV-Infizierten einen angemessenen Betrag in Höhe von 600.000 Mark und zuzüglich eine monatliche Rente in Höhe von 2.000 Mark zahlen. Damit entsprächen die Entschädigungen in etwa den Beträgen, die in Japan und den USA von der Industrie – und nicht vom Staat! – zur Wiedergutmachung aufgebracht werden müssen.

Unbegreiflich ist die Passivität der Krankenkassen. Allein die medikamentöse Behandlung eines AIDS-Opfers kostet inzwischen 20.000 bis 30.000 Mark im Jahr, bei durchschnittlichen Gesamt-Behandlungskosten von rund 200.000 Mark jährlich. Alles in allem dürfte die AIDS-Affäre die gesetzlichen Kranken- und Rentenkassen bisher zweistellige Milliardenbeträge gekostet haben – zu Lasten der Versicherten, die ungefragt mit ihren Beiträgen dafür einstehen.

Zusätzlich zu den offiziell registrierten mindestens 5.000 Opfern und ihren Partnern gibt es noch durch ärztliche Fehlbehandlungen – zum Beispiel durch Verwendung medizinisch nicht indizierter, HIV-kontaminierter Blutkonserven oder überflüssiger Gerinnungsprodukte – infizierte Patienten. Schließlich gab es auch Ärzte, die ihre nicht hitzesterilisierten Plasmaprodukte verbotswidrig noch nach dem 1. Oktober 1985 Kranken gegeben haben. Und die Zahl der Geschädigten erhöht sich weiter durch alle jene, die Gewebekleber und ähnliche Produkte aus Plasma erhalten haben, die nicht adäquat sterilisiert wurden.

Nimmt man dies alles zusammen, wäre eigentlich ein Wiedergutmachungsfonds in Höhe von fünf Milliarden Mark erforderlich. Angesichts der von Pharmamultis und Blutproduktherstellern in den 15 Jahren zwischen 1981 und 1996 erzielten zweistelligen Milliardengewinne sind die 90 Millionen Mark, mit denen man sich an der AIDS-Stiftung beteiligt, wirklich nur Peanuts. Und da diese Beträge vor allem aus den Versicherungsrücklagen stammen, treffen sie die Industrie überhaupt nicht. Die von den Pharmafirmen bis 1992 für AIDS-Opfer angelegten, steuerlich begünstigten Rücklagen haben mit 178 Millionen Mark (kumulierter Brutto-Zinsertrag) einen weitaus höheren Zinsertrag erbracht, als die Branche 1995 für den Pharmafonds aufbringen mußte.

Erst AIDS, dann Rinderwahnsinn?

Blut und Blutplasma sind unverzichtbare, natürliche Produkte zur Erhaltung menschlichen Lebens. Weder die gentechnologische Herstellung von Blutfaktoren, noch die Produktion anderer Blutersatzstoffe haben an der Bedeutung des unersetzlichen Rohstoffs etwas geändert. Bisher gibt es keine Alternativen zu Vollblutkonserven oder Erythrozytenkonzentraten (rote Blutkörperchen). Weitere Blutprodukte sind humanes Albumin, ein Serumeiweiß, und zahlreiche Formen von weiterverarbeitetem Plasma, den Plasmafraktionen. In den Eiweißanteilen des Blutplasmas finden sich Antikörper gegen Millionen Fremdstoffe, insbesondere gegen Bakterien und Viren. Zu den Produkten aus Bluteiweiß gehören auch die vielen Gerinnungsfaktoren des Blutes und Hemmstoffe von eiweißspaltenden Enzymen, die dem Organschutz dienen.

Spätestens seit der HIV-Katastrophe wußte man, daß alle Teile des Blutes mehr oder weniger bakterielle, virale, proteingebundene oder andere seltene Elemente von Krankheitserregern enthalten können. Auch kann niemand mit Sicherheit ausschließen, daß mit Bluttransfusionen oder Plasmaprodukten bisher noch unbekannte Krankheitserreger übertragen werden.

Der heute erreichte Sicherheitsstandard ist als hoch zu bezeichnen. Eine effektive Sterilisation oder Desinfektion von biologischen Produkten kann jedoch nicht garantiert werden. Die Sicherheit der Produkte ergibt sich in allererster Linie aus der sorgfältigen Auswahl und engmaschigen Kontrolle der Spender. Dazu gehören wiederholte Tests, die sich mit allen möglichen Suchverfahren nach viralen Antikörpern und neuerdings im Rahmen der Aufspaltung von viralen Kernsubstanzen, der Ribose-Nuklein-Säure, durchführen lassen. Seit Dezember 1994 wird nach viralen Kernbruchstücken bereits vor der Sterilisation gesucht. Umfangreiche Tests vor und nach den unterschiedlichsten Reinigungsverfahren, Suchverfahren nach Antikörpern, gehören dazu. Seit wenigen Jahren sucht man mit passenden, genetischen Reagenzien nach Bruchstücken von Virushüllen und Viren: *Die Methode PCR*, Poly-Chain-Reaction (Polymerase-Kettenreaktion), ist geeignet, auch auf anderen Gebieten (Kriminologie) Bruchstücke von Genmaterial zu identifizieren.[22] Es ist eine Methode, die aus einem ganzen »Haufen« von Erbsubstanzen (DNA/RNA) kleine spezielle Bruchstücke isolieren und sichtbar machen kann. Die

Methode bedient sich eines Tricks. Man verwendet bekannte DNA-Teile von Viren oder Zellen eines Menschen und holt diese aus einem unbekannten Haufen heraus, erzeugt seine Sichtbarkeit mit Hilfe von Antikörpern, die das DNA-Bruchstück andocken, und läßt das Ganze durch bestimmte Färbemethoden für das Auge sichtbar erscheinen. Mitunter werden zur Sichtbarmachung auch kleine Strahlen (Röntgen) benutzt.

Eine zusätzliche Maßnahme zur Virussicherheit von Plasmaprodukten wäre die Organisation einer hiesigen Blutbank, sozusagen die Selbstversorgung mit Blut, Blutplasma und Blutprodukten, um unabhängig von nur schwer kontrollierbaren Importen zu sein. Um nicht die Übersicht zu verlieren, sollten flächendeckend etwa 40 bis 100 Spender- und Verarbeiterzentralen gebildet werden. Die Kosten für diese Maßnahme dürften auf 40 Millionen Mark geschätzt werden. Hinzu kämen Investitionsfolge- und Unterhaltskosten in Höhe von 80 bis 200 Millionen Mark. Angesichts der den Krankenkassen bisher entstandenen Kosten in Höhe von 5 Milliarden Mark für Blut- und Plasmaprodukte sind dies eher kleine Beträge.

Zwischenfälle mit biologischen Produkten

Krankheit	Ursachen, Zahl der Fälle	Jahr und Ort des Auftretens
Herpes B	Impfstoffe: 28 Fälle, 20 Tote	1932 und 1987 Deutschland
Marburg Virus	Laborinfektion: 31 Fälle, 7 Tote	1967 (Deutschland)
Hepatitis B	Gelbfieberimpfstoff	1940 (Deutschland)
SV40 Virus	In Polioimpfstoff: Tumore bei Nagern/ bei Menschen unbekannt	1960 (Deutschland/Afrika)
Creutzfeld-Jacob-Krankheit (BSE)	Rinderhormone, Hirnhaut, Hirnoperationen (Instrumente) mehr als 200 Tote mit steigender Tendenz	seit 1970 (weltweit)
HIV	Blutprodukte fast 5.000 Menschen 2.000 Tote	seit 1980 (Deutschland)
Hepatitis C	Rhesus-Impfstoff	1978 (DDR) 2.533 Infizierte 1977 Irland 100.000 Empfänger
Hepatitis C	Immunglobuline 200 Infizierte	1994 (Großbritannien,USA, Irland)
HIV	PPSB 10-12 bekanntgewordene Fälle	1989/1990 (Deutschland)
Hepatitis A	Immunglobuline	1991

Natürlich erfordern alle Blutproben und -produkte solcher »Bluterzentralen« hohe Lagerungskosten, denn nach den heutigen Erkenntnissen muß das Spenderplasma so lange gelagert werden, bis feststeht, daß kein Spender sich in der Inkubationsphase befand und bei der Blutspende negative HIV- und Hepatitisteste aufgewiesen hatte. Ein solch breit angelegtes Programm ist – auch wenn es kostenaufwendig ist – bitter notwendig. Man muß auf diese Weise auch sicherstellen, daß keine »exotischen« Viren (z.B. von Tieren anderer Kontinente) importiert werden. Außerdem fordern Fachleute mehrere Sicherheitstest, denn noch immer ist die Zahl falscher Proben (ob »positiv« oder »negativ«) recht hoch. Die Kosten für Lagerung und Mehrfachtests werden auf 150 bis 200 Millionen Mark veranschlagt.[23]

Dennoch kann man nie sicher sein, daß die Menschheit nicht durch neue Bedrohungen gefährdet ist. Heute sind wir mit dem Rinderwahnsinn (BSE) konfrontiert. Was unser Wissen über die spongiöse Rinderhirnentzündung und ähnliche Krankheiten des Gehirns betrifft, so stehen wir 1998 dort, wo die Forschung des HIV-Problems begonnen hatte. Gefragt, ob ihre Produkte nicht auch BSE-infektiös seien, erwiderten Bosse der Pharmaindustrie 1989 pikiert, das sei ausgeschlossen.

Es gibt heute eine Unzahl von Arzneimitteln, die sehr wohl aus potentiell gefährdetem Material hergestellt sind. Noch immer glaubt man, biologische Produkte aus Rindern, Schafen und Ziegen zu medizinischen Zwecken verwenden zu können, obwohl das Endprodukt weder ausreichend sterilisierbar ist, noch ein möglicher Erreger von BSE mit den bislang vorhandenen Methoden abgetötet werden kann. Der höchste Erhitzungsgrad liegt im Bereich von Temperaturen um 70°C, einer Temperatur, bei der zwar lebende Bakterien, niemals aber Sporenbakterien, Viren oder gar Proviren (Viroide) abgetötet werden. (Siehe dazu auch das Kapitel 8)

Trotzdem wird seit zehn Jahren – mit Hilfe der Pharmalobby – an den Reinigungsverfahren von Politikern und Behörden der Bundesrepublik in unverantwortlicher Weise herummanipuliert – wie von 1981 bis 1985 beim HIV-Desaster auch. Obwohl im Dezember 1997 eine englische Firma ein kontaminiertes Arzneimittel zum ersten Male auch in Deutschland zurückgerufen hat, führte das hierzulande allenfalls zu den üblichen Stellungnahmen wie: »ungefährlich«, »macht nichts, keine Gefahr«. Hier zeigen sich deutliche Parallelen zum AIDS-Skandal. Während es eigentlich um die Sicherung und Verteidigung von Marktanteilen geht, wird vordergründig darum gestritten, ob ein kleines Teilchen aus dem Erbgut eines Zellkerns krankmachende Wirkungen besitzen kann, obwohl ernstzunehmende Wissenschaftler bereits die Konstanz und die Reproduktionsmechanismen der Provirone (kleine Vorstufen von Viren) bewiesen haben. Wie schon 1983 beim HI-Virus werden heute wieder große Reden über den Stand der Wissenschaft gehalten, und daß man einen Erreger nicht nachweisen kann – sprich: daß es an Nachweismethoden fehlt –, gilt als Beweis dafür, daß er nicht existiert.

Kapitel 4
Das verhängnisvolle Bermudadreieck: Ärzte-Behörden-Pharmaindustrie

Der Lockruf des Geldes erleichtert es, unangenehme Folgen eigener strafbarer Handlungen zu verdrängen und zu vergessen. Die Raffgier fördert das Kurzzeitgedächtnis und läßt jede früher gelobte Besserung und alle Entschlüsse, etwas »nie wieder« zu tun, ins Nichts versinken. Die beiden in diesem Kapitel dargestellten Affären zeigen stellvertretend für viele große und kleine »Zwischenfälle«, was deutsche Behörden, Ärztekammern und die Pharmalobby unter einer Partnerschaft mit Anwendern, Patienten und Verbrauchern verstehen.

Affäre N°1: Der Sandoz-Skandal

20 Jahre nach dem Contergan-Skandal kam es fast zu einer Neuauflage des Medikamentendesasters – diesmal beim mächtigen Schweizer Konzern *Sandoz*. Die Ereignisse geschahen lange vor der Fusion von *Sandoz* und *Ciba-Geigy* zum Pharmariesen *Novartis*. Der Skandal nahm 1981 seinen Anfang, als die Firmenleitung von *Sandoz* zur Kenntnis nehmen mußte, daß eine der Öffentlichkeit bis heute unbekannte Anzahl von Menschen durch ihr Produkt *Heparin-Dihydergot* irreparabel geschädigt worden war. Zwischen 1981 und 1986 wehrte sich der Konzern lange und hartnäckig gegen alle Vorwürfe. Und obwohl dem damaligen Bundesgesundheitsamt bis 1985 bereits mindestens 30 Schadensfälle gemeldet worden waren, wurde das Medikament erst 1987 vom Markt entfernt.

Seit 1996 sitzen nun Juristen im Auftrag von *Sandoz*-Deutschland auf der Bank der Ankläger, um Ärzte, die zwischen 1978 und 1986 der falschen Werbung und der mangelhaften Produktinformation des Konzerns aufgesessen waren, für die Fehler und das Versagen des

Unternehmens verantwortlich zu machen. Daß die deutsche Justiz nicht in der Lage ist, diese verkehrte Welt zu durchschauen und das abgekartete Spiel zu beenden, läßt Zweifel an unserem Rechtsstaat aufkommen.

Contergan stand Pate

Am 4. April 1987 teilte das damals als höchste Aufsichtsbehörde zuständige Bundesgesundheitsamt im Bundesblatt mit, daß die *Sandoz AG* auf die Zulassung von *Heparin-Dihydergot* und *Heparin-Dihydergot 2500* verzichtet und die Präparate aus dem Handel gezogen habe. »Das geschah« – so *Der Arzneimittelbrief* im September 1987 – »wegen der bei der Anwendung dieser Präparate möglichen schweren vasospastischen Komplikationen (Durchblutungsstörungen). Neben irreversiblen Folgen wurde in einigen Fällen auch der Tod der Patienten auf diese Komplikationen zurückgeführt.«

Das Bundesgesundheitsamt hatte die *Sandoz AG* nach einer fünfjährigen »Beobachtungsphase« 1987 zu diesem Schritt gedrängt, obwohl ihr seit spätestens Juni 1982 eine ausreichende Anzahl schwerer Komplikationen bekannt gewesen sein dürfte (es ist fraglich, ob dies nicht nur die Spitze eines Eisberges war). Sie veranstaltete zu diesem Thema mehrere Sitzungen im Rahmen des Stufenplans – eines institutionalisierten Fachgremiums zur Abwehr von Arzneimittelrisiken – und begründete ihre Empfehlungen an die *Sandoz AG* auf der Grundlage von 29 Fallberichten.

Die Meldungen bestanden aus einer Gruppe A, die die Durchblutungsstörungen mit und ohne Gliedmaßenamputationen zusammenfaßte, und der Gruppe B, die diejenigen Fälle enthielt, die, da lebenswichtige Organe vom Blutkreislauf ausgeschlossen wurden, tödlich endeten. Da in Deutschland keine direkte Verpflichtung zur Meldung von Nebenwirkungen für Ärzte existiert (Prinzip der Freiwilligkeit), lehrt die Erfahrung, daß die tatsächlichen Fallzahlen um den Faktor N höher gewesen sein könnten.

Gruppe A: Periphere Durchblutungsstörungen mit Amputationen (11.6.1982-18.11.1985) = 22 Fallberichte mit Durchblutungsstörungen in den Extremitäten und zwölf damals bekannt gewordenen Amputationen von Gliedmaßen

Gruppe B: Periphere und zentrale Duchblutungsstörungen mit Todesfolgen (10.11.1982-27.9.1985) = 7 Fallberichte, davon 6 mit Todesfolge.

Spätergebnisse, Nachuntersuchungen oder Nachprüfungen der vom harten Schicksal getroffenen Patienten seitens der Aufsichtsbehörde scheinen nicht zu existieren. Sie hielt es nicht einmal für notwendig, die Fachöffentlichkeit über das Ausmaß und den Inhalt dieses Medikamentendesasters zu informieren. Mehrere mündliche wie schriftliche Anfragen wurden nicht beantwortet.

Es ist das Verdienst des Gladbecker Chirurgen Michael Echterhoff, den ersten Fall erkannt und 1981 in der *Deutschen Medizinischen Wochenschrift* publiziert zu haben. Die Vertreter von *Sandoz* stritten nach dessen Bekanntwerden jeden direkten Zusammenhang ab – auch dies eine Parallele zum Contergan-Desaster. Dem Insistieren des Gladbecker Arztes haben wir zu verdanken, daß die Vertreter der Schweizer Firma 1981 diese Warnung in die *Rote Liste* – die Medikamenteninformation der Pharmaindustrie – und in den Beipackzettel der Medikamentenpackungen aufnahmen.

Daß *Sandoz* dennoch uneinsichtig blieb und hartnäckig am Weitervertrieb des Produkts festhielt, beweist die Stellungnahme des Leiters für Arzneimittelsicherheit, Professor Dr. med. P. Krupp, in einer Leser-Zuschrift an die *Deutsche Medizinische Wochenschrift* vom 8. Januar 1982:

> *»Veröffentlichungen über Einzelbeobachtungen von seltenen unerwünschten Effekten stellen einen wertvollen Beitrag zur Verbesserung der Arzneimittelsicherheit dar. In diesem Sinne ist die Leserzuschrift von Echterhoff und Mitarbeitern ... zu begrüßen. Der Bericht bedarf jedoch eines für die sich daraus ergebenden Schlußfolgerungen wichtigen Kommentars. Das mit der beschriebenen Nebenwirkung in Zusammenhang gebrachte Kombinationspräparat (Heparin-Dihydergot) enthält nicht Ergotamin, sondern den durch chemische Abwandlung in seinen pharmakodynamischen Eigenschaften grundlegend veränderten Wirkstoff Dihydroergotamin. Im Unterschied zum natürlichen Alkaloid* (chemische Stoffklasse P.E.), *welches eine ausgeprägte gefäßverengende Wirkung auch am arteriellen Schenkel entfaltet und bei Überdosierung zum komplexen Bild des Ergotismus* führen kann, zeichnet sich Dihydro-*

* Ergot ist das Produkt eines Pilzes (Claviceps purpurea), der im Reis und anderen Getreiden vorkommt und für schwere Vergiftungen seit 2000 Jahren bekannt und gefürchtet ist. Seit 400 Jahren wird Ergot zur Anregung der Gebärmutter in der Geburtshilfe ärztlich angewendet. Bei Ergot handelt es sich um ein Gemisch von chemischen Verbindungen, die zu den Alkaloiden (basischen Eigenschaften) gehören. Hauptprodukt ist das Ergoto-

ergotamin in therapeutischen Dosen durch eine hohe Selektivität der tonisierenden Wirkung am venösen Schenkel aus. Auf dieser besonderen Eigenschaft beruht die bei der Thromboseembolie-Prophylaxe erstrebte Beschleunigung des venösen Blutstroms. Sie ergänzt sinnvoll die gerinnungshemmende Wirkung von Heparin.«*

Der Text entspricht dem Original-Werbespot, mit dem Ärzte in den Krankenhäusern 1977 bis 1986 überredet wurden, statt reinem Heparin (Liquemin) zur Embolieprophylaxe das *Sandoz*-Kombinationsprodukt einzusetzen. Außerdem impliziert die Stellungnahme geschickt, daß Nebenwirkungen wie beim Ergotamin nicht möglich sind.

Ein beispielloser Akt der Unverfrorenheit

Am 29.8.1996 reichte die Anwaltssozietät Heimes & Müller, Saarbrücken, im Namen der *Sandoz AG*, Nürnberg, beim Landgericht Saarbrücken in der Rolle als Nebenkläger in einem Zivilprozeß Klage gegen Ärzte und ein Krankenhaus wegen »falscher Anwendung von Heparin-Dihydergot« ein. Die Anwälte begründeten den Anspruch von *Sandoz* mit folgender Argumentation:

»Von maßgeblicher Bedeutung ist hierbei, daß ab dem 23. Februar 1981 (Zeitpunkt vor dem ersten Fallbericht, P.E.) *weiterhin Heparin-Dihydergot verabreicht wurde. Die Streitverkündete (Sandoz AG) wertet dies als groben Behandlungsfehler. Am 23. Februar 1981 lagen Anzeichen für einen Gefäßspasmus vor, so daß*
– sowohl aufgrund allgemeiner Erkenntnis über die Wirkung von Ergotamin
– als auch aufgrund der Hinweise der Streitverkündeten im Beipackzettel und in der ›Roten Liste‹ eine weitere Gabe von Heparin-Dihydergot kontraindiziert war.«

Das Gericht entlastete 1996 den behandelnden leitenden Arzt und entfernte ihn aus dem Prozeßgeschehen, so daß Sandoz nunmehr den anderen, nachgeordneten Ärzten die Schuld für das eigene Firmenversagen zuzuschieben versuchte.

---

xin, das 1906 entdeckt wurde und aus vier verschiedenen Alkaloiden besteht. Aus dieser Stoffgruppe wurden später die natürlichen Ergotamine und das halbsynthetische Dihydroergotamin entwickelt. Vergiftungen mit Ergot werden als Ergotismus bezeichnet. Dazu gehören Übelkeit, Erbrechen, Schwächen der Beine und Muskulatur und schwere Durchblutungsstörungen durch Gefäßeinengung sowie Herzgefäßkrämpfe (Herzinfarkt).

* tonisieren = Gefäßwandspannung erhöhen.

Zum ersten Mal trifft ein derartiger Skandal direkt eine Ärzteschaft, die sich nur ungenügend gegen die Machenschaften der Pharmalobby zur Wehr setzt, weil sie auf die Redlichkeit und wissenschaftliche Ehrlichkeit der Pharmaforschung baut. Die Leitwölfe in den Ärztekammern waren schon immer eng mit der Pillenbranche verbandelt, so daß von ihnen keine kritische Position zu erwarten ist. Das medizinische Establishment vertritt die Meinung, daß die Manager der Pharmakonzerne allesamt ehrenwerte Leute sind und daher nichts Böses vollbringen können. Außerdem muß angemerkt werden, daß die Ärztekammervorstände vom Geld der Pillenbranche indirekt abhängig sind und daher allzugern die Augen zudrücken, wenn es gilt, Missetaten zu ahnden. Ohne industrielles Sponsoring gäbe es weder große noch kleine Ärztekongresse, Forschungsgelder oder andere persönliche Aufmerksamkeiten. Geradezu typisch für die Selbstherrlichkeit der Medizinerschaft ist eine Bemerkung, die der emeritierte Chirurgieprofessor Fritz Kümmerle aus Mainz am 12. November 1997 vor dem Senat des Oberlandgerichts Saarbrücken äußerte, als er in dem anhängigen Verfahren als Gutachter befragt wurde:

»Bei der Firma Sandoz handelt es sich um eine ehrenwerte Firma mit hohem Qualitätsstandard, wobei ich davon ausgehe, daß dieses Unternehmen alles getan hat, um ein sicheres Produkt auf den Markt zu bringen.«

Es ging bei der zweitinstanzlichen Verhandlung um die Schadensanalyse bei einer jungen Frau, die als Folge einer Behandlung mit einem *Sandoz*-Produkt fast gestorben wäre und nur Dank des Einsatzes des pflegerischen und ärztlichen Personals durch verschiedene Operationen (einschließlich der Teilamputation eines Beines) überlebt hatte. Die zitierte Äußerung macht eindrucksvoll die Unfähig- bzw. -willigkeit von medizinischen Gutachtern deutlich, die selbst vor Gericht die wissenschaftliche von der persönlichen Meinung nicht trennen können und damit dem Ansehen der Ärzteschaft mehr schaden als nützen.

Im Saarbrücker Gerichtssaal vollzog sich eine traurige Weltpremiere. Das Pharmaunternehmen *Sandoz* (jetzt: *Novartis*), dem 1986 nachgewiesen wurde, Fehler bei der Entwicklung eines Produkts gemacht zu haben, und das dieses desaströse Präparat aus dem Handel nehmen mußte, tritt 1996 in einem Prozeß als Nebenkläger gegen Ärzte – ihre angeblich wichtigsten Partner beim Kampf gegen Krankheiten – auf, um sich aus der Haftung zu stehlen. *Sandoz* belastet

Ärzte, die das ungenügend beforschte Medikament zwischen 1977 und 1987 im Vertrauen auf die Seriosität des Unternehmens ihren Patienten gegeben hatten.

Diese Konstellation von Tat, Täter, Kläger und Beklagten dürfte neu sein. In den USA wären die Rollen bei einem vergleichbaren Skandal vermutlich vertauscht gewesen. Er hätte zu einer Welle öffentlicher Empörung geführt, und Behördenmitarbeiter der obersten Gesundheitsbehörde – der Food and Drug Administration (FDA) – hätten dafür gesorgt, daß das Medikament spätestens ab Anfang 1983 aus dem Handel verschwunden wäre. Ob die FDA dem Kombinationspräparat überhaupt je eine Zulassung erteilt hätte, darf bezweifelt werden. Spätestens Ende 1983 wären von der Firma *Sandoz* alle Ansprüche von Geschädigten auf dem Vergleichswege in Millionenhöhe ausgeglichen worden. So wären auf stille Weise die Betroffenen klaglos gestellt gewesen. Vom *Wallstreet Journal* bis zum *San Francisco Evening Star* hätte sich die Presse ausgiebig mit der unverantwortlichen Vorgehensweise des Konzerns auseinandergesetzt. Zur Vorbeugung eines Imageverlustes hätte sich die Konzernleitung öffentlich entschuldigen müssen. Die lautlose Entlassung des verantwortlichen »General Manangers« wäre die logische Konsequenz gewesen.

In Deutschland aber gehen in dieser Hinsicht die Uhren leider anders. Untersuchen wir daher den noch immer für Prozesse sorgenden »Fall« von Anfang an.

Eine junge Frau, extrem übergewichtig und starke Raucherin, wurde im Dezember 1980 mit dem Verdacht einer eitrigen Bauchfellentzündung in die chirurgische Klinik eines städtischen Krankenhauses eingewiesen. Durch ihre Leibesfülle gestaltete sich die Diagnose schwierig. Man war gezwungen, als sich ein akuter Darmverschluß dazugesellte, die Patientin zu operieren. Der intraoperative Befund bestätigte die Arbeitsdiagnose einer vom Bauchraum ausgehenden eitrigen Bauchfellentzündung mit lebenbedrohlichem Charakter. Die Kranke überlebte die zu 60% tödlich verlaufende Erkrankung.

Nach der technisch schwierigen Operation erhielt sie zur Thrombose- und Embolieprophylaxe das damals neue *Sandoz*-Produkt Heparin-Dihydergot, da sie zu den besonders emboliegefährdeten Patienten gehörte. Was zu diesem Zeitpunkt niemand wußte: Mit ihrer Bauchfellentzündung gehörte die Frischoperierte zum extrem gefährdeten Kreis von Menschen, die auf Dihydroergotamin (Mutterkornalkaloide) noch intensiver mit Gefäßkrämpfen reagieren. Als Folge der schweren Eiterungen mit Abszessen in der Bauchhöhle erlitt die Patientin zusätzlich eitrige Gelenksergüsse. Solche Gelenkseiterungen entwickeln sich durch den Transport von Bakterien im Blut, die sich in bestimmten Körperregionen, so auch in den großen Gelenken, ansiedeln können. Diese Entwicklung einer Blutvergiftung, Folge einer Schwächung des Immunsystems, nennt man bakterielle Sepsis.

Zweieinhalb Monate nach dem Baucheingriff traten Durchblutungsstörungen an den Beinen auf. Man interpretierte die bläuliche Verfärbung, die Kälte und Abschwächung der Fußpulse zunächst als Komplikationen der anhaltenden Blutvergiftung. Das Hormon Adrenalin und adrenerge Abkömmlinge, die der Blutdruckregulation dienen, erhöhen die Gefahren einer starken blutgefäßverengenden Wirkung des Dihydroergotamins und begünstigen gleichzeitig durch die so provozierte Mangeldurchblutung auch eine Absiedlung von Bakterien. Daraus resultierten schwere Durchblutungsstörungen und Organschäden, was den Ärzten 1980 nicht bekannt sein konnte, da *Sandoz* mit der Neuartigkeit und Ungefährlichkeit des Produktes warb.

In Unkenntnis der Zusammenhänge, die *Sandoz* selbst allerdings sehr wohl gekannt haben könnte, verzögerten die behandelnden Ärzte ein Absetzen des Heparin-Dihydergots um einige Tage und vergrößerten damit möglicherweise die unvermeidbare Amputation in ihrem Ausmaß. Noch heute, nach 17 Jahren, ist nicht sicher, ob Gegenmittel immer erfolgreich und zuverlässig wirken, denn das Absetzen allein beendet den Gefäßkrampf nur in sehr frühen Stadien dieser Komplikation. Ob dies bei einer Blutvergiftung überhaupt möglich ist, blieb bis heute unbeantwortet.

Die Gutachten

Die Patientin reagierte begreiflicherweise mit Unverständnis, Zorn und Aggressivität gegen Ärzte und Klinikpersonal und verließ das Krankenhaus nach einem Jahr, um sich an anderer Stelle weiter behandeln zu lassen. Es vergingen für die Frau schwere Jahre der Rehabilitation, bevor sie einen Anwalt mit der Wahrnehmung ihrer Interessen betraute. Dieser bat 1986 um eine Beurteilung der Gutachterkommission für ärztliche Schäden bei der zuständigen Ärztekammer. Die drei verantwortlichen Gremienmitglieder einigten sich schnell auf das Vorurteil, daß nur der (unfähige) behandelnde Chirurg die Ursache für den tragischen Verlauf gewesen sein konnte.

Dann traten weitere Gutachter auf den Plan. Zunächst forderte die Ärztekommission im Sommer 1986 ein wissenschaftliches Gutachten vom Chirurgen und Professor der Nachbaruniversität. Dieser kam seiner Verpflichtung rasch nach, beschrieb korrekt die Ausgangssituation und zeigte auch Verständnis für die Schwierigkeiten der Diagnose bei adipösen Patienten. Leider endete damit die Korrektheit, denn der Kollege übte ausgiebig versteckte Kritik an den chirurgischen Methoden und kam zu dem Schluß, daß eigentlich nichts falsch gemacht worden war.

Solche Vorgehensweisen implizieren dem Nichtfachmann, daß wohl doch nicht »alles mit rechten Dingen zugegangen sein kann«. Danach unternahm der Chirurg einen Ausflug in die Pharmakologie. Zunächst wurde weitschweifig über den Ergotismus doziert, obwohl sein Thema lautete: »Welchen Einfluß besitzt Heparin-Dihydroergotamin auf das Entstehen von toxischen Schäden bei Patienten mit eitrigen Krankheiten.« Die Tatsache hingegen, daß die Kranke nach der Unterschenkelamputation – geheilt von der Blutvergiftung – erneut monatelang Heparin-Dihydergot erhielt, ohne daß ein zusätzlicher Ergotismus auftrat, hielt der Gutachter nicht für erwähnenswert. Spätestens hier hätte einem Arzt und Wissenschaftler auffallen müssen, daß die Ergotaminvergiftung keinesfalls nur eine Frage der Dosierung und Anwendungsdauer ist, sondern unter bestimmten Bedingungen (Blutvergiftung, Blutverluste, Polytrauma) auch bei geringen therapeutischen Mengen auftreten kann. Das war vor 1981 unbekannt und wurde von *Sandoz* 1984 im Beipackzettel zu Heparin-Dihydergot erstmalig erwähnt.

Trotz vermeintlicher Genauigkeit unterliefen dem Professor noch zwei weitere Fehler. Zum einen verlegte er die Schlüsselstelle der Literatur zur Erstmeldung eines Ergotismus nach Heparin-Dihydergot um zehn Jahre zurück, so daß jeder Nichteingeweihte glauben mußte, das Phänomen Ergotismus sei bei dem Präparat Heparin-Dihydergot lange bekannt. Zum anderen sprach der Professor dem Beschuldigten eine persönliche Verantwortung für das Nichtwissen über diese seltene Komplikation zu, obwohl dieser zum kritischen Zeitpunkt erster Anzeichen des Ergotismus und der radiologischen Verdachtsdiagnose im Urlaub weilte. Demgegenüber fanden in seinem Gutachten die Charakteristika, Fehler und Nebenwirkungen des *Sandoz*-Produkts keinen Platz. Als das Wundermittel sechs Monate später mit viel Begleitmusik vom Markt entfernt wurde, hätte ein gewissenhafter Gutachter eine schriftliche Revision seiner Beurteilung vornehmen müssen. Wehe dem Betroffenen, der als Fachfremder solchen Ärzten ausgeliefert ist.

Die Gutachterjury der Ärztekammer ging noch weiter: Anstatt nun endlich einen Pharmakologen aufzufordern, ein fachliches Urteil abzugeben, folgte dem zweifelhaften chirurgischen Gutachten eine äußerst umstrittene Stellungnahme und Bewertung durch die ärztliche Gutachterkommission. Gutachter in deutschen Ärztekammern gehören – ähnlich den Ethikkommissionen – zu den gerontokratischen Gremien. Kein Mitglied ist jünger als 65 oder 70 Jahre, und selten sind Personen dabei, die sich in der Vergangenheit als besonders kritisch erwiesen haben.

Die drei Mitglieder der besagten Kommission waren zusammen älter als 200 Jahre. Sie gehörten teilweise zum Stamm der Chefärzte aus Kreiskrankenhäusern, galten insofern als unfehl- und unkorrigierbar. Das Elaborat ihrer Kommissionsarbeit begann mit einem Vorwurf der Unterlassung einer Computer-Tomographie als Beitrag zur Diagnose. Abgesehen davon, daß die Herren bis zu ihrer Pensionierung im Jahre 1981 selbst eine solche Aufnahme nie hätten machen bzw. beurteilen können, weil zu jenem Zeitpunkt das einzige CT-Gerät für Bauchdiagnostik für den gesamten Südwesten Deutschlands eben nur in der Klinik stand, in dem sich der Fall ereignete, liegen sie mit ihrem Vorwurf völlig daneben. Selbstverständlich sollte die Patientin 1980 mit diesem modernen Apparat untersucht werden, paßte jedoch wegen ihrer Leibesfülle nicht in die Einschuböffnung des Gerätes, die bei der ersten Generation kleiner als heute war.

Auf der Seite zwei des Gutachtens folgt dann die Empfehlung eines Kunstfehlers. Jeder Arzt weiß, daß die Verwendung von Bariumbrei (Kontrastmittel) in der diagnostischen Radiologie bei Kranken mit akuten Bauchentzündungen und Symptomen eines Darmverschlusses kontraindiziert ist. Der Darm wird durch den Bariumbrei nämlich gänzlich »verschlossen«. Natürlich hatte die Patientin wasserlösliches Kontrastmittel zum Nachweis von Einengungen und Entzündungen erhalten, doch, nur um Kritik zu üben, warfen die Kommissionsmitglieder dem behandelnden Arzt vor, er hätte es unterlassen, den Darm zu röntgen.

Es folgte ein weiterer Fehler: Man empfahl eine »diagnostische Bauchhöhlenspiegelung«. Beim Wissensstand von 1980 hätte die Deutsche Gesellschaft für Chirurgie – einschließlich ihrer Sektion

Chirurgische Endoskopie – eine solche beim Vorliegen einer eitrigen Bauchhöhleninfektion als glatte Tötungsabsicht eingestuft. Diese Einschränkung gilt bis heute.

Die Krönung der Arbeit erbrachte jedoch das juristische Mitglied im Gutachtergremium. Seine Begründungen stützten sich auf ein Urteil des Bundesgerichtshofes vom 10.5.1983, also zwei Jahre nach dem Ereignis – ein Fehler, der einem einigermaßen ausgebildeten Juristen eigentlich nicht passieren dürfte.

Es folgten drei weitere, gerichtlich angeordnete gutachterliche Stellungnahmen, die mit einer Ausnahme stets das Gleiche erwähnten, aber keine neuen Erkenntnisse erbrachten. Alle drei Gutachten entstanden zwischen dem Prozeßbeginn 1988 und 1993 und zitieren überwiegend Literatur, die erst nach dem Schadensfall erschienen ist.

Ein Gutachter machte den behandelnden Ärzten den Vorwurf, daß sie »ein vom Bundesgesundheitsamt zugelassenes Produkt nicht kritisch genug geprüft hätten«. Mit diesem Vorwurf könnte man genausogut heute, 1998, alle jene Ärzte beschuldigen, die eines der 34.000 von der Bundesoberbehörde BfArM nicht geprüften, unwirksamen und nicht sicheren Medikamente, die trotzdem fast sieben Milliarden Mark Umsätze im Jahr machen, täglich verordnen.

Keiner der Gutachter bewertete das Heparin-Dihydergot als solches und nannte die tatsächlichen Ursachen seiner Marktentfernung. Keiner der Herren prüfte und schilderte auch nur marginal die Werbematerialien und Produktinformationen von *Sandoz*. Keiner der Gutachter unternahm den Versuch, sich in den Besitz der Zulassungsunterlagen vom Bundesgesundheitsamt zu bringen oder sich gar die Liste der Produktschäden (Nebenwirkungen) von der Arzneimittelkommission der Ärzteschaft oder der Bundesbehörde zu beschaffen. Alle sprachen nur vom »Ergotismus« und nicht vom Hauptbestandteil des Kombinationspräparates Heparin und Dihydroergotamin.

Das Medikament

Das *Sandoz*-Produkt wurde 1977 in Deutschland zugelassen. Es besteht aus zwei wesentlichen Wirkstoffen. Hauptwirkstoff war der Blutgerinnungshemmer Heparin und zusätzlich das neue Dihydroergotamin in niedriger Dosierung. 1979 und 1980 unternahmen die Vertreter von *Sandoz* geradezu halsbrecherische Aktivitäten, um dieses Kombinationspräparat in den operativen Abteilungen von Kliniken einzuführen. Das Dihydroergotamin in geringer Dosierung – das ist aufgrund wissenschaftlicher Untersuchungen seit 1954 bekannt – wirkt an der glatten Gefäßmuskulatur von Arterien und größeren Venen. In höheren Dosierungen hemmt es Impulse im zentralen Nervensystem und blockiert deren Fortleitung zu den Bewußtseinsarealen der Großhirnrinde, weshalb Dihydroergotamin bis heute als wichtiges Schmerzmittel zur Behandlung des Migräne-Kopfschmerzes Anwendung findet. Die *Sandoz*-Forschung ist auf dem Gebiet der Ergotamin-Alkaloide führend, weltweit angesehen und verfügt daher über mehr sicherheitsrelevante Daten als jede Gesundheitsbehörde dieser Welt.

Die Sichtung von 170 Literaturstellen, die zwischen 1975 und 1981 zum Dihydroergotamin erschienen sind, führt zusammengefaßt zu den folgenden, wichtigsten Aussagen:

■ Der »tonisierende« (anspannende) Einfluß von Ergotamin in geringen Dosierungen auf das Venensystem ist ein vielseitig an gesunden Geweben untersuchter pharmakologischer Effekt. Allerdings führen höhere Dosierungen zur Umkehr des Effekts, was bedeutet, daß höhere Dosierungen auch den Venenblutfluß behindern und thrombosefördernd wirken.

■ Die meisten pharmakologischen Untersuchungen wurden an Gewebeproben (Venen) von gesunden Labortieren gemacht. Untersuchungen an verkalkten, durch Thrombose verschlossenen Venen – zum Beispiel Krampfadern älterer Frauen – konnten nicht gefunden werden.

■ Die publizierten klinischen Prüfungen, soweit erfaßt, wurden entweder in kleinen Kollektiven oder aber prüfungstechnisch unzureichend durchgeführt. Stets wurde die Überlegenheit des Kombinationspräparates nur mit Placebogruppen verglichen. Außerdem wurde vorwiegend nur die Kurzzeitanwendung – 8 bis 10 Tage – geprüft. Es gab auch einige Ausnahmen, von denen mindestens zwei Beiträge Zweifel enthielten, daß das *Sandoz*-Kombinationsprodukt besser als reines Heparin wirkte. Nur wenige – von *Sandoz* unterstützte – Arbeiten waren im direkten Vergleich mit anderen Produkten als dreiarmige, doppeltblinde Studien durchgeführt worden. Solche Studien bestehen aus drei Patientengruppen (dreiarmig), von denen eine Gruppe den neuen Wirkstoff, eine zweite eine »Leertablette« (Placebo) und eine dritte Gruppe einen vergleichbaren Wirkstoff als Standardpräparat erhält. Die Bedingungen sind für alle Patienten gleich. Die Ärzte erfahren nicht, was sie geben, Patienten wissen nicht, was sie einnehmen – daher doppeltblind. Aufgrund der großen Erfahrungen mit klinischen Prüfungen hätte die Forschungsleitung des Konzerns die Ärzteschaft warnen müssen, die Substanzen länger als ein bis zwei Wochen anzuwenden.

■ Bei der Prüfung der Wirksamkeit wurde methodisch mit einem radiologischen Test mittels markierten Jods[125] gearbeitet, der zwar die Gerinnungsbereitschaft anzeigt, nicht aber das Vorliegen einer wirklichen – klinisch meßbaren – Thrombose oder Embolie beweist.

■ Vom Standpunkt der Arzneimittelsicherheit erhielt das *Sandoz*-Produkt seine Zulassung auf der Grundlage viel zu niedriger Patientenzahlen. Die Prüfung an etwas mehr als eintausend Patienten bedeutet, daß man »seltene, vereinzelte und kaum vorkommende Nebenwirkungen« nicht erfassen konnte. Hohes Verschulden beim Desaster durch das Kombinationsprodukt von *Sandoz* muß dem Bundesgesundheitsamt in Berlin angelastet werden. In den USA wurde nach dem Contergan-Debakel intensiv an Fragen der Arzneimittelsicherheit gearbeitet und die Erfahrungen auch publiziert. Die deutsche Behörde berücksichtigte sie nicht – und läßt sie bis heute außer Acht. Bis die erste Nebenwirkung eine Signalwirkung ausübt, verstreichen mitunter zwei bis vier Jahre. Die Verifizierung einer Nebenwirkung – das heißt Identifizierung und Klärung der Zusammenhangsfrage – währt im Durchschnitt 4,7 Jahre. Eigentliche Aktionen der Behörde folgen durchschnittlich erst nach 12,6 Jahren. Inzwischen sind die Zeiten kürzer, und vor allem wurden die Zahlen der zu prüfenden Patienten vor der Zulassung zur Vermarktung um das Zehnfache angehoben.

■ Mindestens seit 1981 ist bekannt, daß Patienten mit Infektionen, Blutverlusten und Schock durch zusätzliches Ergotamin im Sinne schwerer Durchblutungsstörungen an Beinen, Händen, Leber und Herzmuskel gefährdet sind.

Es handelte sich um Einzelfälle, die allgemein kaum bekannt, wohl aber in der Literatur erfaßt waren und deren Kenntnis und Nichtveröffentlichung nicht dem einzelnen Arzt, sondern ausschließlich dem Schweizer Konzern und der Behörde angelastet werden müssen. Warum *Sandoz* erst 1984 den entsprechenden Warnhinweis – Ergotismus bei Blutmangel, Sepsis und Schock – aufnahm, kann nur damit erklärt werden, daß die verantwortlichen Mitarbeiter tatsächlich glaubten, ein neues, ungefährliches Mutterkornalkaloidpräparat entwickelt zu haben.

■ In der »Roten Liste«, der kurzen Medikamenteninformation des Bundesverbandes der Pharmazeutischen Industrie, gab der Hersteller *Sandoz* 1977/1978 – dem Jahr der Zulassung von Heparin-Dihydergot – überhaupt keine Hinweise zu Nebenwirkungen an.
■ 1980 tauchte der erste Hinweis zu Übelkeit und Erbrechen nach bestimmungsgemäßem Gebrauch auf.
■ Im April 1981 – die Ausgabe der »Roten Liste« erschien immer im April des jeweiligen Jahres – teilte *Sandoz* dort mit: »In extrem seltenen Fällen können in den unteren Extremitäten Gefäßspasmen auftreten, die nach Absetzen des Präparates, ggf. unter Anwendung von peripheren vasodilatatorischen (gefäßerweiternden) Pharmaka, reversibel sind«, also rückgängig gemacht werden können.
■ Erst 1984 erschien mit dreijähriger Verzögerung der Hinweis in der »Roten Liste«, der zugab: »Besondere Vorsicht ist bei schwerverletzten Patienten mit Weichteilverletzungen, bei Querschnittsgelähmten aufgrund veränderter Gefäßaktivität geboten, sowie bei Patienten mit Schock und septischen Zuständen.«

Immer wieder weist *Sandoz* auf Gegenmittel hin, von denen das stärkste, das Natrium-Nitro-Prussit, bis heute nicht offiziell zugelassen ist und vom Apotheker hergestellt werden kann. Es handelt sich um eine höchst gefährliche chemische Verbindung, die bei krankhaft erhöhtem Blutdruck notfallmäßig Einsatz findet. 1981 lagen im Zusammenhang mit der Ergotismusbehandlung kaum oder gar keine Hinweise vor. Die anderen Gegenmittel wie Nitroglycerin und Hydrazilin besitzen nur im Gedankenexperiment und bei Tierversuchen einen meßbaren zuverlässigen Gegeneffekt.

1982 teilte *Sandoz* mit, daß das wunderbare Mittel im Rahmen von »nachmarktlichen« klinischen Prüfungen an 3.000 Patienten erprobt worden sei, ohne einschlägige durchblutungsmindernde Eigenschaften gezeigt zu haben. Außerdem soll das Mittel danach über eine Million Mal angewendet worden sein. Rund 3.000 Patientinnen der Frauenheilkunde erhielten das Medikament für wenige Tage zur Prophylaxe – bildeten aber eine viel zu geringe Fallzahl mit klinischer Relevanz, um schwere Nebenwirkungen entdecken zu können.

Die *Sandoz*-Sprecher sagten 1982 die Unwahrheit, denn dem Bundesgesundheitsamt waren zu diesem Zeitpunkt bereits zwölf Fälle mit einschlägigen Durchblutungsschäden bekannt, die vermutlich alle von *Sandoz* erfaßt und an die Behörde gemeldet worden waren. Das

Tückische an diesem Arzneimittel war, daß eben die Produktwerbung die Komplikationen am Herzen, am Gehirn und an Darmblutgefäßen – besonders bei Infektionen – verschwieg. Der Leiter der Arzneimittelsicherheit von *Sandoz* bestätigte im Gegenteil noch 1982, daß das Dihydroergotamin eine »neue und ungefährliche Entwicklung« sei. Wer denkt denn als Arzt, gerade bei älteren Menschen, die einen Herzinfarkt, einen Schlaganfall oder Darmbrand erleiden, daran, daß ein Medikament dieses akute Krankheitsbild ausgelöst haben könnte. Die praktische ärztliche Erfahrung ließ daher die Vermutung zu, daß es weitaus mehr geschädigte Patienten gab, als offiziell mitgeteilt wurde.

Das gerichtliche Verfahren

Man muß in Deutschland viel Geduld aufbringen, außerordentlich gesund sein, Geld und Stehvermögen besitzen, um einen Gerichtsprozeß gegen einen Pharmakonzern zu überleben. 1988 begann der Prozeß der betroffenen Patientin vor der Zivilkammer am Landgericht Saarbrücken. Die Beweisaufnahme – oder das, was man dafür halten mag – dauerte bis 1993. Dann folgte eine gerichtliche Denkpause. Die Patientin beschleunigte das gerichtlich Verfahren, so gut sie konnte. Sie war zudem Gast bei Redakteuren verschiedener Medien. Eine unrühmliche, einseitige und polemische Darstellung gegen den leitenden Krankenhausarzt brachte 1992 der *Saarbrücker Zeitung* die Rüge des *Deutschen Presserats* ein.

Als 1996 – nach der Pensionierung des Vorsitzenden – die Kammer am Landgericht Saarbrücken neu besetzt wurde, folgte ein Einzelrichterspruch. Der leitende Arzt wurde mit der Begründung entlastet, daß er zum kritischen Zeitpunkt – Symptome des Ergotismus – im Urlaub war. Das Gericht verurteilte den Krankenhausträger zu Schadensersatz und zur Zahlung einer verhältnismäßig geringen Summe an die Geschädigte (150.000 DM plus 4% Zinsen seit 1988 für ein amputiertes und ein versteiftes Bein).

Vorwürfe an Sandoz

■ *Sandoz* hat 1977 ein Produkt in Deutschland zur Zulassung eingereicht, welches nur zur Kurzzeitprophylaxe und Thrombosevorbeugung bei Patienten ohne größere Komplikationen geeignet war. Außerdem verkündete *Sandoz* noch 1982, daß Dihydroergotamin kein Ergotamin im engeren Sinne sei und daher nicht die Nebenwirkung

Ergotismus aufweisen würde. 1996 hingegen behauptete *Sandoz* vor Gericht das Gegenteil. Es warf indirekt den Ärzten vor, 1980 und 1981 nicht beachtet zu haben, daß es sich bei dem Dihydroergotamin um ein Ergotamin gehandelt habe.

■ *Sandoz* war seit 1981bekannt, daß es einschlägige Schadensfälle gab und brauchte dennoch fast sechs Jahre – bis zum 4. April 1987 –, um das Medikament vom Markt zu nehmen.

■ *Sandoz* hätte bereits kurz nach der Zulassung wissen können, daß der Ergotismus, charakterisiert durch schwere Durchblutungsstörungen, besonders bei Kranken mit Sepsis (Blutvergiftung durch Infektionen) vorkommen kann. *Sandoz* hat diesen Warnhinweis erst 1984 in seine Produktinformation aufgenommen. Solche pharmakodynamischen Änderungen eines Produkts werden normalerweise systematisch untersucht und so rasch wie möglich in den Produktinformationen als Warnhinweis an die Anwender weitergegeben.

Und die offizielle Ärzteschaft? Der geschilderte Fall und seine gerichtlicher Verlauf zeigen erneut in ernüchternder Weise die Leichtfertigkeit und wissenschaftliche Blindheit, mit der in Deutschland Gutachter, mit Rückendeckung von Ärztekammern, tätig werden. Der betroffene Arzt, dem *Sandoz* bis heute das eigene Versagen anhängen will, hat sich jahrelang darum bemüht, daß die Gutachter der Ärztekammer Saarbrücken ihre falsche Meinung und ihre fehlerhaften Aussagen revidieren mögen. Die Ärztekammer des Saarlandes ist hartgesotten genug, daraus keine Konsequenzen zu ziehen.

Affäre N° 2: Eine Ärztekammer als Schutzbund für ärztliche Straftaten

»Der Nachteil der Demokratie ist ihre Neigung, der Mittelmäßigkeit Macht zu verleihen. So wird die demokratische Regierung zu einem Aufmarsch kurzlebiger Demagogen.«
Baruch Spinoza, Religionsphilosoph, um 1650

Diese Affäre ist ein Beispiel für die angebliche »Eigenverantwortlichkeit und Selbstreinigungsbemühung« von Ärzten, Ärztekammern und Pharmalobby. Die Geschichte ist so unglaublich, daß man sie 1985, auf ihrem Höhepunkt, außerhalb des Saarlandes, in dem sie spielte, für erfunden hielt. Sie bietet ein Beispiel für das Tun bzw.

eher Nichtstun von Politikern, die sich öffentlich – wie Oskar Lafontaine, in jener Zeit Oberbürgermeister von Saarbrücken, später Ministerpräsident des Saarlandes – als Demokraten zur Rechtsstaatlichkeit bekennen und im eigenen Bereich die simpelsten Rechte ihrer Angestellten mit Füßen treten. Sie handelt aber auch von Ärzten, die den Eid des Hippokrates abgelegt hatten, um Menschen vor Schaden zu bewahren und die sich auf den geringsten Druck hin zu Steigbügelhaltern von skrupellosen Parteigenossen machten.

Man muß einräumen, daß solche Geschehnisse bei anderen Ärztekammern der Bundesrepublik nur schwer vorstellbar sind. Es ist erneut – wie schon in der vorher dargestellten Affäre – die Ärztekammer des Saarlandes, die da, wo bei anderen Kammern wenigstens ein Minimum an Ethik und Moral waltet, offenkundig und immer wieder versagt.

Eine alltägliche Geschichte

Ein niedergelassener Frauenarzt in Saarbrücken behandelte eine junge Frau wegen eines unerfüllten Kinderwunsches mit verschiedenen Medikamenten, um eine Schwangerschaft zu ermöglichen. Er verordnete seiner Patientin ein Hormon (Choriongonatropin), das aus dem Urin von schwangeren Frauen oder Tieren gewonnen wird und den Eisprung im weiblichen Zyklus fördert. Dieses Hormon wirkte angeblich nicht, also gab der findige Doktor seiner Patientin ein zweites, sehr ähnliches Mittel mit Namen Dyneric (Clomiphen). Der Arzt hielt diese Therapie für so harmlos, daß er die Patientin zur Arbeit schickte. Außerdem – so gab die Frau später an – sei sie zu keinem Zeitpunkt über die Risiken der Behandlung mit diesem Medikament aufgeklärt worden.

Wenige Tage nach dem Ende der Therapie litt die junge Frau plötzlich während der Arbeit an heftigen Bauchschmerzen. Statt ihren Frauenarzt aufzusuchen, konsultierte sie eine chirurgische Krankenhausambulanz. Zu ihrem Glück versah dort ein gynäkologisch ausgebildeter Arzt den Dienst, und dieser stellte die richtige Diagnose einer künstlich herbeigeführten starken Eierstockvergrößerung, durchaus keine harmlose, toxische Reaktion des weiblichen Organs.

Wie dies in guten Kliniken üblich ist, überwies der Chirurg die Patientin an den Frauenarzt, der in der gynäkologischen Abteilung der Klinik tätig war. Die Zuständigkeiten dort schienen nicht geregelt zu sein, denn der Chefarzt für Frauenheilkunde ließ einen jungen Arzt, der gerade sechs Wochen in der Geburtshilfe tätig war – also noch keine Ahnung von Gynäkologie und allgemeiner Medizin haben konnte – den Dienst ohne Aufsicht versehen. Dieser stellte, ohne seinen Oberarzt zu konsultieren oder herbeizurufen, eine Fehldiagnose und schlug in Verkennung der bedrohlichen Situation vor, die Frau nach Hause zu schicken. Die Patientin habe zwar das sehr spezifisch wirksame Medikament eingenommen, das er jedoch als harmlos einstufte.

Der diensthabende Chirurg hingegen tastete einen großen, schmerzhaften Bauchtumor und dachte unter solchen Umständen nicht daran, den falschen Rat seines Kollegen zu befolgen. Er nahm die Frau stationär auf – es war Samstag abend – und behandelte sie situationsgerecht. Der Stationsarzt der chirurgischen Station zog zum Wochenbeginn einen ebenfalls erfahrenen Internisten hinzu, der trotz großen apparativen Aufwands und persönlichen Engagements eine zweite Fehldiagnose stellte. Er vermutete einen rasch wachsenden, sehr bösartigen Tumor und eine prognostisch ungünstige Flüssigkeitsansammlung in der Bauchhöhle. Die Patientin wurde deshalb intensiv zur Operation vorbereitet und nach fünf Tagen operiert.

Der Operateur, bis zu dem Zeitpunkt davon überzeugt, es handele sich um einen Darmtumor, zog bei Beginn des Eingriffes, sobald er sah, daß sein Fachgebiet nicht zuständig war, den ersten Oberarzt der Frauenklinik hinzu, einen Frauenarzt mit elfjähriger Berufserfahrung. Dieser stellte die dritte Fehldiagnose, denn er empfahl, den riesigen gallertigen Tumor zu entfernen. Er selbst lehnte es ab, den Eingriff selbst zu übernehmen, obwohl er dazu aufgefordert wurde. Der Chirurg entsprach der Empfehlung des Frauenarztes in dem Glauben, daß es sich um einen bösartigen Tumor des Eierstocks handelte. Vor dem Verschluß der Bauchhöhle tasteten die drei Chirurgen des Operationsteams einen zweiten Tumor und entfernten auch diesen. Das war die vierte Fehldiagnose, denn es handelte sich nicht um eine bösartige Neubildung, sondern um eine beidseitige Riesen-Eierstock-Vergrößerung, die lebensgefährlich sein kann. Die Organe waren um mehr als das hundertfache größer als im Normalzustand. Die fatale Folge von vier Fehldiagnosen und Fehlbehandlungen – die fünfte Fehldiagnose wird noch beschrieben – war, daß eine junge Frau durch Kastration irreversibel geschädigt worden war.

Der niedergelassene Frauenarzt erfuhr von Familienangehörigen von der Operation seiner Patientin. Es dürfte ihm dabei klargeworden sein, welchen Mist er gebaut hatte, und er setzte sich umgehend mit dem Gynäkologen im Krankenhaus in Verbindung. Beide beschlossen, ihren »Kunstfehler« und ihr eigenes Verschulden dem Chirurgen anzulasten. Man machte aus dem tragischen Behandlungsmißerfolg eine intrigante Affäre.

Entsprechend der Gepflogenheiten im Saarland, die von der Ärztekammer mitgetragen wurden, wandten sich die beiden Jünger des Hippokrates direkt an den Krankenhausdezernenten der Stadt Saarbrücken. Dieser »durchschaute« als Politiker natürlich alles genau und leitete seine Handlungsweise und sein Urteil daraus ab. Man besprach den »Fall« und den »Kunstfehler« des Chirurgen, ehe man den Betroffenen oder gar die Ärztekammer informiert hatte.

Das Medikament und sein Hersteller: Das hätten die Frauenärzte und der Pathologe 1985 wissen müssen

Das Produkt Clomiphen (Zitrat), das in diesem Fall eine zentrale Rolle spielt, wurde 1959/60 in den USA entwickelt und diente dazu, einem streng ausgewählten Patientinnenkreis mit unerfülltem Kinderwunsch den Eisprung und damit die Schwangerschaft zu ermöglichen. Die eigentliche Wirkung dieser synthetischen Verbindung war bis dahin weitgehend ungeklärt, sieht man von den üblichen, wenig beweisenden theoretischen Erklärungsversuchen ab. Wesentliche Merkmale und Wirkmechanismen wurden erst nach 1990 entdeckt. 1985 wurden dem Arzneimittel noch eine Vermittlerrolle in der Hirnanhangdrüse zugesprochen, auch wurden angebliche Bindungen an Zellrezeptoren im Zwischenhirn und den Hirnanhangdrüsen diskutiert. Alle diese Wirkungprinzipien ermöglichen den Eisprung und damit eine Befruchtung. Der Hersteller *Merrell Dow* empfahl – zumindest für den englischsprachigen Raum – eine sehr strenge Indikationsstellung und vor Therapiebeginn die Abklärung der Ursachen für die Unfähigkeit, reife Eier zu bilden.

Was aber offenbar viele Ärzte zu diesem Zeitpunkt nicht wußten, war, daß nach oraler Einnahme nur 51% des Clomifens wieder ausgeschieden werden, 49% aber verzögert abgebaut und ausgeschieden werden und später sogar bei den geborenen Kindern nachgewiesen werden können. 1981 wurde ein erster Fall beschrieben, bei dem ein Mädchen kurz nach der Geburt Rieseneierstöcke aufwies.

Daß eine Therapie mit diesem Medikament zu solchen Nebenwirkungen führen kann, wußte auch die Arzneimittelkommission der

Deutschen Ärztekammern, die wegen des Mißbrauches solcher Fertilitätsmedikamente offenbar »kalte Füße« bekam und 1989 dringend empfahl, daß sich nur Spezialärzte mit der Therapie beschäftigen sollten. Da die Kommission sich mit solchen Empfehlungen sonst eher zurückhält, kann davon ausgegangen werden, daß in Deutschland bis heute eine unbekannt hohe Anzahl von Frauen schwer geschädigt worden oder gar zu Tode gekommen sind, sei es durch unnötige Eingriffe oder lebensbedrohliche Komplikationen.

Nach den Angaben von Mitarbeitern von *Merrell Dow* – die Pharmasparte gehört seit 1995 zur *Hoechst AG* – treten Nebenwirkungen nur selten auf, was auch 1985 so nicht stimmte, denn bereits 1982 publizierten die Statthalter von *Merrell Dow* Nebenwirkungen in 50% der Fälle. Die Firma, die seit 1972 in den USA eine bis ins kleinste Detail gehende Aufklärungsarbeit für Ärzte und Patienten betrieb und in dem Handbuch »Physicians Desk Reference« ihren Ärzten dringend empfahl, vor Beginn der Behandlung mit der Firma Kontakt aufzunehmen, war sich offenbar der Gefährlichkeit der Therapie bewußt. In Deutschland jedoch wurde trotzdem eine spärliche und gefährlich unzulängliche Produktinformation herausgegeben.

Aber auch die Beamten im Bundesgesundheitsamt, die bei der Zulassung des neuen Medikaments ihre Sorgfaltspflicht nicht genügend erfüllten und die Nach-Marktkontrolle vernachlässigten, tragen Verantwortung. So fehlten in den deutschen Informationsunterlagen Hinweise auf die Wahrscheinlichkeit zur Bildung von Rieseneierstökken, sowie auf innere Blutungen und die Möglichkeiten von Bauchwassersucht, Lungenwasser und Atemnot – allesamt mit Todesgefahr. Vor allem fehlte der Hinweis, daß diese schweren Nebenwirkungen noch lange nach dem Ende der Therapien auftreten können und daß die Frauen intensiv beobachtet und sehr gründlich aufgeklärt werden müssen. Bis 1985 waren bereits viele Literaturmitteilungen über diese Riesenovarien publiziert worden. Außerdem gab es genügend Fallberichte, die eindeutig aussagten, daß sie selbst bei geringer Dosierung vorkommen können und daß eine Vervielfachung der Wirkung zwischen verschiedenen Produkten ähnlicher Wirkmechanismen besteht.

In der »Roten Liste« von 1985 stehen unter Gegenanzeigen »Leberkrankheiten, Schwangerschaft, unklare Blutungen und Sehstörungen«. Es fehlte jedoch jeglicher Hinweis zu den seltenen Überstimulationen, Megaovarien und Todesfällen. 1985 waren mindestens sieben Todesfälle bekannt, von denen zwei in der Bonner Universitäts-Frauenklinik registriert wurden. Inzwischen ist die Zahl gestiegen, doch das BfArM verweigerte 1992 jede Aussage und Mithilfe bei einer Neueinschätzung der Risiko-Nutzen-Problematik.

Die »Rote Liste« von 1996 enthielt übrigens ebenfalls keine weiterreichenden Informationen. So fehlen Hinweise – um nur die wichtigsten Details zu nennen – auf:

- Stildrehungen* der behandelten Eierstöcke,
- engmaschige Kontrollpflicht für Patientinnen,
- überadditive** Reaktionen (Pharmakodynamik) behandelter Organe,
- mögliche Neubildung von gut- und bösartigen Geschwülsten,
- häufige Mißbildungen von Föten und Fehlgeburten.

Es ist darüber hinaus bisher ungeklärt, ob diese Art von Medikamenten nicht einen direkten Einfluß auf die Entstehung der Blindheit bei Neugeborenen hat. Diese Stoffklasse aktiviert das Cytokin***, den Tumornekrosefaktor, der über ein an der Netzhaut wirkendes Enzymsystem der cyclischen Guanyltransferase (cGTP) – Induktion von Rhodopsin (Sehstoff der Netzhaut) – durchaus solche Nebenwirkungen hervorrufen kann. Das normal gegebene Clomifen löst als Nebenwirkung Flimmerskotome am Auge (Mißempfindungen) aus. Allerdings scheint dies niemanden zu interessieren, schon gar nicht die Produzenten und Vertreiber. Bis heute wird Neugeborenenblindheit als Folge der »Unreife des Kindes oder von Mehrlingsgeburten« abgetan. Daran, daß noch andere Mechanismen ursächlich sein können, denkt kein Forscher.

Clomifen gehört zu einer toxikologisch nicht unproblematischen Stoffklasse, den Diethylstilbestriolen (DSE). Verbindungen von DSE werden zur Krebsbehandlung genutzt, gehören aber selbst zu den experimentell vielfach verwendeten Krebsauslösern. Amerikanische Ärzte veröffentlichten 1994 die Ergebnisse einer Studie, derzufolge bei Frauen, die Clomifen eingenommen hatten, ein erhöhtes Krebsrisiko bestand.

---

* Ovarien besitzen durch die Eileiter und die Blutgefäße eine Brücke zur Gebärmutter – sie sehen aus wie Blumen mit langen Stilen. Werden die Köpfe zu schwer, knicken sie am Stil ab und fallen herunter. Dies unterbricht den Blutstrom, und das nennt man eine Stildrehung, denn dadurch kann der Eierstock rasch absterben.

** Zwei gleich wirkende Medikamente wirken mehr als nur 1 + 1, addieren sich auf das 3- bis 5fache oder mehr des Effekts.

*** Zellbotenstoffe

Die DSE's stehen in den USA auf der Verbotsliste des National Institute of Environmental Health Sciences, des wissenschaftlichen Instituts für Umweltforschung, seit 1983 erhärtet wurde, daß DSE zu den stärksten Mitogenen (krebserregenden Stoffen) gehört. 1996 erschien eine große Studie aus den USA, die darauf hinwies, daß Frauen, die mit Stilbestriolen behandelt wurden, ein höheres Risiko tragen würden, an Brustkrebs zu erkranken.

Bei der Food and Drug Administration Washington (FDA) waren bis zum 25.10.1989 allein aus den USA 1.225 und aus anderen Ländern 272 schwere Fälle aufgrund von Nebenwirkungen gesammelt worden. Darunter befanden sich 71 Karzinome und 328 fehlgebildete Kinder. Die sehr oft vorkommenden Ovarialvergrößerungen, Fehlgeburten und leichten Nebenwirkungen waren in dieser Datei nicht einmal mitgezählt. Solche umfänglichen Daten erhält man in den Vereinigten Staaten von Amerika bei der FDA, nicht aber bei der Bundesaufsichtsbehörde in Berlin.

Das Medikament löste in 40% der Anwendungen Nebenwirkungen aus und besaß außerdem das Potential einer nicht unbeachtlichen späten Tumorentartung für die Patientinnen. Dennoch bezeichneten es die Saarbrücker Ärzte als »harmloses« Mittel. Außerdem haben der Praxisgynäkologe und seine Kollegen im Krankenhaus – dort waren es drei Frauenärzte – verschwiegen, daß die junge Frau zwei verschiedene hormonähnliche Produkte erhalten hatte, die gemeinsam solche Nebenwirkungen und toxischen Reaktionen auslösen können. Auch dies war der saarländischen Ärztekammer bekannt, sie sah jedoch keinen Grund, einzuschreiten und dies zum Anlaß einer Untersuchung zu machen. Vorsätzlich falsche Therapieangaben gehören nicht zum Repertoire der Standesoberen.

Die Ärztekammer

In der Öffentlichkeit stehen Ärztekammern für Kompetenz und Verantwortung, obwohl sie häufig nichts anderes tun, als gemeinsam mit ihrer Inkassogesellschaft – den Kassenärztlichen Vereinigungen – Patienten und eigene Ärzteschaft in Schach zu halten. Besonders deutlich wird dies an den Beispielen aus dem Saarland. Hier schlüpften die Gremien der Kammer eher in die Rolle von Vertuschern von Fakten, als ihre eigentliche Aufgabe, die Interessenvertretung ihrer Angehörigen, wahrzunehmen. Alle Fakten waren der Kammer seit 1992 bekannt. Die Apostel von Ethik und Moral reagierten – eingebettet in Selbstzufriedenheit und Standesdünkel – weder auf externe Gutachten noch auf eine gerichtliche Empfehlung. Immerhin hatte die Ärztekammer Nordrhein kein alleiniges Verschulden des Chirurgen gesehen, und Mitglieder des Präsidiums der Deutschen Gesellschaft für Chirurgie hatten, ebenso wie prominente Universitätsfrauenärzte, eindeutig festgestellt, daß in erster Linie die Frauenärzte Verursacher des Schadens waren, nicht der später handelnde Chirurg.

Die Ärztekammer hat folgende Verstöße geduldet oder war aktiv an der Vertuschung von Fakten beteiligt:

- Im Februar 1985 operierte ein Krankenhausgynäkologe eine Frau, ohne den Eingriff und die nachfolgenden Komplikationen zu beherrschen. Die Frau starb. Der Fall wurde vom Krankenhausträger vertuscht, was dem Ärztekammer-Präsidenten, dem stellvertretenden Präsidenten – Mitglied der juristisch-medizinischen Ethikkommission – und dem Justitiar der Ärztekammer spätestens seit 1985 respektive 1992 bekannt war.
- Im April 1985 zeigte ein niedergelassener Gynäkologe einen Krankenhausarzt beim stellvertretenden Oberbürgermeister an, ehe er dies seiner Ärztekammer oder dem Betroffenen mitgeteilt hatte und verstieß damit gegen seine ärztliche Schweigepflicht. Dieser Frauenarzt hatte seine Patientin ohne Aufklärung und Warnungen nacheinander mit zwei stark wirksamen Medikamenten behandelt und sich nicht um ihre Weiterbetreuung gekümmert. Er verschwieg bis zum Herbst 1985 seine eigentliche Behandlung.
- Zwei im Krankenhaus tätige Frauenärzte stellten eklatante Fehldiagnosen und sagten offenbar vorsätzlich die Unwahrheit.
- Ein erfahrener Pathologe stellte, obwohl er eine Woche Zeit hatte und sich gründlich hätte belesen können, vorsätzlich eine Fehldiagnose – wie Fachpathologen dies später bestätigen – und bestätigte damit das Fehlurteil der Frauenärzte.
- Die Ärztekammer wurde zwischen 1985 und 1994 mehrfach aufgefordert, die Vorgänge zu untersuchen. Im Juli 1992 wurde der Präsident der Bundesärztekammer, Karsten Vilmar, informiert und um Hilfe gebeten. Keine Antwort. 1992 wurden fast alle namhaften Mitglieder der Ärztekammer über diesen unglaublichen Vorgang mit politischem Hintergrund informiert. Ungerührt prallten jedoch die Vorwürfe an den hartgesottenen Ärztekammeroberen ab, die sonst mit den Begriffen von Ethik, Moral und Demokratie umgehen, als seien sie die Erfinder dieser Werte.

■ 1994 forderte das Verwaltungsgericht Saarlouis die Saarbrücker Ärztekammer – sie wurde von dem beschuldigten Chirurgen wegen Untätigkeit verklagt – auf, »den betroffenen Arzt klaglos zu stellen«. Auch diese Aufforderung ignorierte die Ärztekammer, obwohl inzwischen vier Gutachten von Universitätsprofessoren vorlagen, die den Arzt entlasteten.

Die beiden hier dargestellten Affären stammen aus dem Verantwortungsbereich der saarländischen Ärztevertretung. Zumindest der zweite Fall ist nur zu verstehen vor dem spezifischen (gesundheits)politischen Hintergrund in Saarbrücken, was besonders im Umgang von Krankenhausträger und Chefärzten zum Ausdruck kam. Chefärzte haben wie alle anderen Menschen auch ein Recht darauf, ordentlich gekündigt und je nach Beschäftigungsdauer, Alter und Zukunftsaussichten abgefunden zu werden. Was überall selbstverständlich sein und im öffentlichen Dienst des sozialdemokratisch regierten Saarlandes eigentlich auch gelten sollte, traf nun gerade hier nicht zu.

Der wahre Hintergrund war, daß am Städtischen Krankenhaus von Saarbrücken 1984 der Posten eines Chefarztes für Frauenheilkunde neu besetzt werden mußte. Das Entscheidungsgremium aus Chefärzten, Pflegedienstleitung, Personalrat und Verwaltung war unterschiedlicher Auffassung. Die Chefärzte, nachgeordneten Ärzte und die Pflegedienstleitung interessierte weniger die Parteizugehörigkeit des Kandidaten, sie wählten daher nicht den Wunschkandidaten der Verwaltung, sondern einen Arzt aus Göttingen. Die politische Verwaltung brach daraufhin einen Streit vom Zaun und behauptete, daß das »Klima zwischen dem neuen Chefarzt und der Verwaltung nicht stimme«. Der Göttinger Arzt mußte noch in der Probezeit gehen, ohne daß er sich etwas zu Schulden hatte kommen lassen. Man holte kurzentschlossen den eigenen Kandidaten, der einer der beiden Koalitionsparteien angehörte.

Was nun folgte, war typisch. Man erzählte dem »Neuen« von den namentlichen Abstimmungsergebnissen seiner Chefarztwahl, vor allem nannte man jene, die gegen ihn gestimmt hatten. Ins Blickfeld gerieten vor allem der Chirurg und der Anästhesist, die sich für den Göttinger Arzt stark gemacht hatten.

Dummerweise unterlief dem neuen, »politisch erwünschteren« Frauenarzt im Februar 1985 jener grobe Therapiefehler, über den ich in diesem Kapitel berichtet habe. Der Gesundheitsdezernent, politisch mit dem Chefarzt verbandelt, verbot eine Untersuchung dieses

Falles, obwohl der Frauenarzt zunächst die Frechheit besaß, die beiden Chefarztkollegen für seine eigenen Fehler verantwortlich zu machen. Der Dezernent jedoch handelte auch. Er nahm diesen skandalösen Fall, bei dem fünf Ärzte irrten, zum Anlaß und kündigte – nicht etwa dem Frauenarzt, sondern dem Chirurgen, und zwar fristlos unter Strafandrohung, wenn dieser der fristlosen Kündigung nicht zustimmen sollte.

Fazit: Selbst dem dümmsten Mitglied der Saarbrücker Ärztekammer hätte auffallen müssen, daß es sich bei diesem Skandal nicht um einen fachlichen, sondern um einen politischen Skandal handelte, bei dem die Kammer zugunsten zumindest der betroffenen Ärzte hätte aktiv werden müssen. Leider ist das hier zum Ausdruck kommende Verhalten kein Einzelfall. Führende Mitglieder der Ärztekammer des Saarlandes waren involviert, nachdem ein Chefarzt für Frauenheilkunde eine Patientin so dubios behandelt hatte, daß sie an den Folgen starb. Die Ärztekammer deckte einen leitenden Arzt im Städtischen Krankenhaus Saarbrücken, obwohl er jahrelang selbst Alkohol- und Medikamentenmißbrauch betrieb und damit auch seine Patienten schädigte. Diese Fälle kümmerten niemanden.

Die Ärztekammern können und sollen nicht Recht sprechen. Sie können sich aber öffentlich gegen solche Praktiken äußern, und sie müssen – das ist ihre berufsständische Pflicht – schwere ärztliche Vergehen verfolgen. Die Tatsache, daß die Mitglieder der saarländischen Ärztekammer auch dann noch eine Mitarbeit an der Aufarbeitung des Skandales verweigerten, als bereits alle Fakten und Daten unbestreit- und beweisbar auf dem Tisch lagen, macht sie zu Mittätern.

Nicht alle deutschen Ärztekammern werden in dieser unglaublich unverantwortlichen Art mit Arzneimittelschäden und strafbaren Handlungen ihrer Mitglieder umgehen – hoffentlich. Dennoch dürfte der hier geschilderte Fall kein Einzelfall sein. Er zeigt exemplarisch, woran unser System vor allem krankt: an dem verhängnisvollen Bermudadreieck von Ärzten, Behörden und Pharmaindustrie.

Kapitel 5
Glaubwürdigkeitskrise der Pharmabranche

Die Pharmaindustrie ist zu bedauern. Sie lebt in einem Zwiespalt zwischen dem Zwang, viel Geld verdienen zu müssen und dem Anspruch, gleichzeitig Wohltäter der Menschheit zu sein. Über die Diskrepanz von Anspruch und Wirklichkeit gerät die Branche zunehmend in Beweisnot.

Selbstporträt

Würde man offizielle Sprecher der Pharmaindustrie zur Rolle dieser Branche befragen, bekäme man eine Antwort, die sich in ihrem Wohlklang nur mit der Botschaft eines Hirtenbriefes katholischer Bischöfe vergleichen ließe: Dank der Arzneimittelhersteller konnten in den letzten 100 Jahren große Fortschritte bei der Bekämpfung von Krankheiten erzielt werden. Immerhin ist es gelungen, von 30.000 etwa 10.000 Krankheiten und Leiden therapeutisch günstig zu beeinflussen oder dank der Pharmaindustrie zu heilen. Die Pharmabranche ist fast die einzige Unternehmensgruppe in einer freien Volkswirtschaft, die von staatlichen Subventionen unabhängig operiert. Um kostendeckend zu arbeiten, ist sie gezwungen, Gewinne zu machen. Diese Gewinne sprengen bei weitem nicht die Möglichkeiten des im Rahmen eines Sozialbudgets Machbaren, denn der Mensch seinerseits gibt mehr Geld für Laster als für die Erhaltung seiner Gesundheit aus. Die nimmermüde Branche betrachtet sich zwangsläufig als wichtigen Partner der Ärzteschaft auf dem Felde präventiver und kurativer Medizin. Die Arzneimittelindustrie ist Arbeitgeber für viele Menschen und bildet geradezu das Herzstück für ein humanes und sozial verträgliches Verhältnis zwischen Arbeitnehmern und Unternehmerschaft. Durch ihre intensiven Bemühungen auf dem Gebiet von Forschung und Entwicklung wurde sie zum wichtigen Arbeitgeber des akademischen Nachwuchses. Zu ihren großen Zielen gehört die Minimierung, ja die totale Ausrottung von Hunger und Krankheiten auf dieser Welt. Hinderlich auf diesem Wege zur vollkommenen Humanität sind bürokratische Behörden, zögernde Politiker und unnachgiebige Weltverbesserer. Menschen, die den Schutz der Arten und den Tierschutz über die Rechte des Menschen stellen, sind arme und bedauernswerte Kreaturen. Sie haben noch immer nicht begriffen, daß Tierversuche notwendig sind, um den Menschen vor nicht kalkulierbaren Schäden neuer und bisher unbekannter Risiken und Krankheiten zu bewahren.

Die Summe aller Aktivitäten der Pharmaindustrie begründet den ethischen Anspruch bei der Bewertung ihrer Leistungen. Schauen wir also genauer hin.

Die Gewinne steigen...

Weder wirtschaftliche noch politische Krisen konnten im vergangenen Dezennium die Kraft der Pharmabranche mindern. Zahlreiche regulatorische Maßnahmen im Ausland und zwei deutsche Gesundheitsreformen haben es nicht geschafft, die Pillenindustrie zu veranlassen, die Preise für ihre Produkte zu senken. Der weltweite Gesamtumsatz betrug 1995 rund 200 Milliarden Dollar. Statt der Senkung trat das Gegenteil ein. Im nationalen Rahmen stiegen die Kosten für verschreibungspflichtige Medikamente, die von den gesetzlichen Krankenkassen 1994 an die Pharmabranche gezahlt wurden, in einem Jahr um 8%, kletterten 1995 um den gleichen Betrag weiter, und 1996 erreichte der Anstieg satte 10%.[1]

Im ersten Halbjahr 1997 drohten die Krankenkassen mit Ausgabensperren, weil das laufende Budget überschritten worden war. Da ist es kein Wunder, daß die Pharmasparten der international operierenden Chemiegiganten, trotz wehleidiger Klagen aus den Vorstandsetagen, weltweit zu den ertragreichsten Konzernsektoren gehören. Trotzdem ließen die Unternehmer öffentlich verbreiten, daß sie ökonomisch und ökologisch existentiell bedroht seien. Der Vorstandsvorsitzende eines großen Konzerns äußerte im März 1996 mit Blick auf höhere Gewinne durch die Reduktion von Mitarbeitern: »Wir sind sportlich-ehrgeizige Typen im Vorstand und werden uns anstrengen, den Ergebnisrekord von 1989 zu überbieten.« Geniales Management.

Kontraste: 1992 das Krisenjahr für Deutschlands Branchenriesen

	BASF 1992	*BASF* 1995	*Bayer* 1992	*Bayer* 1995	*Hoechst* 1992	*Hoechst* 1995
Konzernumsatz Mrd.	41,9	46,23	41,2	44,58	45,9	52,18
Gewinn vor Steuer	1,2	4,2	2,7	4,18	2,1	4,09
Gewinn nach Steuer	0,62	2,47	1,6	2,42	1,2	2,25
Beschäftigte (Tsd)	137*	105	170*	143	180*	150

*Zahlen zum Vergleich aus 1989 – dem Rekordjahr von Bayer (nach offiziellen Pressemitteilungen)

Gewinn vor Ertragssteuern (Mrd. Mark)	1992	1996
BASF	1,2	4,4
BAYER	2,7	4,5
HOECHST	2,1	5,3

Beispiel: Ein Weltkonzern in Zahlen (Frankfurter Rundschau, 19. März 1997)

in Millionen DM	1996	Veränderung in %
Umsatz	48.608	+ 9
Inland	8.649	0
Sachinvestitionen	3.777	+ 19
Abschreibungen	2.594	+ 12
Cash Flow	5.866	+ 9
Ertragsteuern	1.717	+ 3
Jahresüberschuß	2.747	+ 13

	1996	1995
Beschäftigte	142.200	142.900
Inland	67.000	68.600

Das angeblich zu geringe Wachstum auf dem deutschen Arzneimittelsektor verlief dennoch mustergültig. Das Umsatzvolumen belief sich 1996 auf 15,3 Milliarden Dollar, das entspricht rund 26 Milliarden Mark. Dieser Umsatz bezieht sich nur auf verschreibungspflichtige und von den Krankenkassen zu erstattende Medikamente, nicht erfaßt sind die freiverkäuflichen Arzneimittelprodukte, die der Verbraucher mit und ohne Rezept in der Apotheke kauft und selbst bezahlen muß. Dieser Markt nimmt – politisch erwünscht – rasant zu, die hier erzielten Umsätze dürften 1997 auf über 17 Milliarden Mark angestiegen sein.

Nun erhöhte die Kohl-Regierung – ohne nennenswerten Protest der SPD-Opposition, allein Bündnis 90/DIE GRÜNEN und die PDS hielten dagegen – erneut die Zuzahlungen für Medikamente und ließ einmal mehr die Versicherten zugunsten der »notleidenden« Apotheker- und Pharmalobby bluten. Es handelt sich dabei keineswegs um Bagatellsummen, und man kann insofern nur hoffen, daß die letzte der drei Novellen des Gesundheitsstrukturgesetzes aufgrund der Bundestagswahl 1998 nicht mehr zum Tragen kommt. Sie würde deutlich die Summe übersteigen, mit der die gesamte Kohlesubvention von Bund und Ländern die Steuerzahler belastet. Bei 17 Milliarden Mark an Zuzahlungen steigen de facto die Beiträge zur Krankenversicherung auf 16% (3,5 Milliarden Mark entsprechen einem Prozentpunkt). Bündnis 90/DIE GRÜNEN und PDS fordern zu Recht eine komplette Streichung aller Zuzahlungen, die in Wirklichkeit nichts als versteckte Steuern sind und nach dem Urteil des Bundessozialgerichts vom Januar 1998 erst recht zum Stopfen von ganz anderen Löchern mißbraucht werden können.

Es gibt aber noch andere Zahlen, die die exorbitanten Gewinne einer maßlos abgreifenden Branche bestätigen. Im Februar 1996 listete das englische Pharmawirtschaftsblatt SCRIP die Multis mit den höchsten Gewinnen auf. Kriterium war, welcher Umsatz und welche Gewinne aufgrund des erzielten Kapitals erzielt wurden. Spitzenreiter 1995 war danach die US-Firma *Schering-Plough* mit 62%.. Auf Platz 19 bis 13 folgten Hoechst mit 15% und *BASF* und *Bayer* mit jeweils 13,5%. Man nennt diesen Index »Return for capital employed« (ROCE).

BASF möchte den Konzernumsatz 1997 um 6% auf 50 Milliarden Mark steigern und den Aktionären die schon reichlich geflossenen Dividenden aufstocken. Bei einem Konzernumsatz von 48,8 Milliarden Mark 1996 konnte der Gewinn vor Steuern mit 4,4 Milliarden Mark auf Rekordhöhe geschraubt werden. In Deutschland ging die Zahl der Mitarbeiter um 2. 648 auf 61.067 zurück. Seit 1990 wurden bei BASF rund 30.000 Stellen abgebaut.

Die Vorstände der großen Konzerne leisteten ganze Arbeit. Zwischen 1992 und 1994 trug die Reduzierung von 80.000 Arbeitsplätzen zur Konsolidierung von Umsätzen und Gewinnen wesentlich bei. In Deutschland wurden allein von einem einzigen Unternehmen 15.000 Mitarbeiter vorzeitig demissioniert, die alle zu Lasten von Steuerzahlern und leeren Rentenkassen sozialverträglich und »freiwillig« ausscheiden mußten. Stolz berichteten die der Industrie nahestehenden Gazetten, daß diese menschenfreundlichen Maßnahmen einem der Konzerne jährlich eine halbe Milliarde Mark eingebracht hätten.

Inzwischen sind personelle Berechnungen und alle offiziellen Verlautbarungen zum Personalstand in den Unternehmen nicht mehr nachvollziehbar. Durch den weltweiten Zukauf von Firmen werden der Öffentlichkeit Mitarbeiterzahlen dargeboten, die Außenstehenden den Eindruck vermitteln, daß es in den Konzernen gar nicht so schlimm und vor allem ausschließlich ökonomisch human zugeht. Wahr ist vielmehr, daß in Deutschlands Konzernen unvermindert Arbeitsplätze abgebaut und durch Neueinstellungen in den USA, Japan und anderen asiatischen Regionen zahlenmäßig ausgeglichen werden. Die Wirtschaftsblätter finden diese Leistungen durchaus beachtlich, zeigen sie doch, daß sich endlich auch in Deutschland das »Shareholder value«-Denken durchsetzt.

Die gesamte Branche reagierte seit 1992 auf relativ geringe Umsatzeinbußen und marginale gesetzliche Auflagen mit vielen arbeitnehmerfeindlichen Entscheidungen. Angesichts der vermeintlich schwersten Rezession nach dem 2. Weltkrieg strichen auch deutsche Pharmamultis, auf dem Höhepunkt der 1992 und 1993 herbeigeredeten Krise, noch immer beachtliche Gewinne ein und expandierten auf allen Weltmärkten.

Die Höhe der Gewinne veranlaßte die multinationalen Unternehmen – um Steuern zu sparen –, nicht nur gut florierende Firmen und neue Beteiligungen zu akquirieren, sondern auch erfolgversprechende Forschungsvorhaben im Ausland zu etablieren, was die meisten Regierungen mit zusätzlichen, meist steuerlichen Vergünstigungen und direkten Investionshilfen belohnten.[2] Selbst kleinere Pharmaunternehmen wuchsen beachtlich, und einige von ihnen plazierten sich an der Börse, um noch mehr Kapital für neue Investitionen – will heißen Firmenzukäufe – zu bekommen.

1994 bis 1996 hatte die Zeit der Haie einen ersten Höhepunkt erreicht, denn die Parole lautete: »Nur der Größte überlebt«. Besonders gerissene Geschäftsleitungen reaktivierten die verstaubtesten Altprodukte, um damit erfolgreich den Markt für Selbstmedikation, den rezeptfreien Kauf von Medikamenten, zu bereichern. Ohne teure Werbung können viele freiverkäufliche Arzneimittel in den Apotheken – oft nur Uraltpräparate, die von einem bekannten Namen profitieren, oder Mittelchen, die wegen ihrer mangelhaften Wirksamkeit und wegen ihrer Harmlosigkeit in die Kategorie zweifelhafter und wenig kontrollierter Präparate fallen – doch noch beachtliche Erträge erzielen. Der Staat ist für solche Marktänderungen dankbar, denn alle vordergründigen Entlastungen der Krankenkassen lassen sich hervorragend der unwissenden Wählerschaft als politisch gewollte Maßnahme zur Erhaltung des Sozialstaates verkaufen. Die Verschiebung verschreibungspflichtiger Medikamente in den Markt der freiverkäuflichen Arzneimittel bedeutet nichts anderes als einen weiteren Griff in die Taschen der Bürger. Schon heute würde man am liebsten 70% aller bisher verschreibungs- und apothekenpflichtigen Medikamente in den Großmärkten von Aldi und Metro anbieten – wäre da nicht die Bastion hervorragend verdienender deutscher Apotheker.

Die international operierende Pharmaindustrie erwartet von 1993 an für die nächsten zehn Jahre zweistellige Zuwachsraten ihrer Gewinne. Die hochgestellten Erwartungen von Pharmastrategen reichen weiter. Auf dem Boden neuer Technologien warten Hochrechnungen bis zum Jahre 2010 mit noch weitaus höheren Ertragsprognosen auf. Wen wundert es, daß die Creme der Branche nach den Sternen am Gen- und Biotechnologie-Himmel greift. Die drei großen Konzerne BASF, Bayer und Hoechst hatten, entgegen jahrelanger öffentlicher Bekundungen, bereits in den frühen 80er Jahren die Entscheidung getroffen, Forschungs- und Produktionsstandorte der Gen- und Biotechnologie vorwiegend in die USA zu verlegen. Allein diese drei Konzerne tätigten im Ausland Investitionen für ihre Pharmasektoren in Größenordnungen, von denen andere Industriezweige nur träumen können. Bei vorsichtiger Schätzung haben die drei Riesen für ihre Pharmasparten zwischen 1992 und 1995 zweistellige Milliardenbeträge im Ausland investiert. Obwohl es viele Gründe gäbe, Deutschland nicht den Rücken zu kehren, verkünden Unternehmenssprecher immer unverhohlener die Absicht ihrer Vorstände, die Schließung der chemisch-pharmazeutischen Industrie an deutschen Standorten zu beschleunigen. Im Oktober 1995 bewegte sich die Chemiebranche am Rande politischer Erpressung. Ihre Sprecher drohten mit weiteren Entlassungen zehntausender hochspezialisierter Mitarbeiter und dem Abbau von Produktionsstätten, wenn bei Steuern, Löhnen und Lohnnebenkosten nicht politische Entscheidungen zu ihren Gunsten ausfielen. Eine ziemliche Dreistigkeit, denn schließlich leben die Multis vom Geld der Krankenversicherungen und Sozialsysteme nicht schlecht. Die Zahl der Beschäftigten in der deutschen Pharmabranche nahm von 160.000 im Jahre 1995 auf 120.000 im

Jahr 1997 ab. Für 1998 sind weitere Stellenstreichungen angekündigt.

... die Glaubwürdigkeit sinkt

Wie die *Frankfurter Allgemeine Zeitung* am 8. November 1995 berichtete, werden in den Konzernen der Riesen trotz steigender Gewinne zur Sicherung der internationalen Wettbewerbsfähigkeit in Deutschland weiterhin Arbeitsplätze abgebaut. Eine Verbesserung der wirtschaftlichen Rahmenbedingungen durch politische Entscheidungen können die Chemiekonzerne nicht erkennen. Statt der angekündigten Senkung der Lohnnebenkosten oder der zugesagten Reform der Unternehmenssteuern stünden 1996 durch die Pläne in der Renten- und durch die Pflegeversicherung sowie das Jahressteuergesetz höhere Kosten ins Haus. Auch leiste sich das Land eine Verunsicherung durch die Ökosteuerdebatte. Die Orientierungspunkte werden von den Konkurrenten aus den Vereinigten Staaten oder Großbritannien gesetzt. Dort liegt der Personalkostenanteil am Umsatz bereits unter 30%, während deutsche Konzerne ihn trotz scharfen Arbeitsplatzabbaus als noch immer höher als 30% beziffern.

Der Arbeitsplatzabbau wurde seit diesem Zeitungsbericht in der Tat in multinationalen Pharmafirmen überdurchschnittlich rasch vorangetrieben – zwischen 1990 bis 1996 sank die Zahl der Beschäftigten weltweit um 30%, wobei die Hälfte dieser Reduzierungen in Deutschland vonstatten ging. Der Trend hielt auch 1997 weiter an. Immerhin erwirtschafteten einzelne Konzerne durch Personalabbau zusätzliche Einsparungen bis zu einer Milliarde Mark.[3]

Arbeitsplatzabbau einerseits, steigende Gewinne andererseits – das paßt gut zu den jüngsten Trends der freien Marktwirtschaft. Tröstlich die Erkenntnis, daß der frühere Hauptfeind des Kapitalismus, der Sozialismus, weggefallen und der neue Hauptfeind Nummer Eins der Kapitalismus selber ist.

Seit Jahren verkünden die deutschen Wirtschaftsgazetten die Errichtung neuer Betriebe in östlichen Billiglohnländern und Schwellenregionen Asiens und loben lauthals die Weitsicht der Unternehmenslenker, die ohne Rücksicht auf irreparable volkswirtschaftliche Schäden das heimisch verdiente Geld ins Ausland schleppen. Alle Klagelieder forschender Pharmafirmen sollte man als Begleitmusik verstehen, mit der die Umstrukturierung und Vernichtung ganzer Firmenbereiche vorbereitet wird.

Im September 1995 übte der Verband Forschender Arzneimittelhersteller (VFA) scharfe Kritik an der Sparpolitik des Gesundheitsministeriums. Horst Seehofer, so ihr Sprecher, gefährde die Innovationsfähigkeit der deutschen Pharmaindustrie, der exportstärksten der Welt. Getreu dem Motto, daß patentgeschützte Arzneien nicht in die Festbetragsregelung einbezogen werden dürften, bemängelte ein Wortführer der Branche, daß seit der Einführung der Festbetragsregelung für Arzneimittel vor sechs Jahren keine ausreichenden Anpassungen der Festbeträge an die Kostenentwicklungen der Volkswirtschaft mehr vorgenommen worden seien.[4]

Angesichts der Investitionen im Ausland und angeblicher Einkommenseinbußen durch politische Regulierungen im Binnenmarkt, verwickelt sich die Pharmabranche in Widersprüche und wird zusehends unglaubwürdiger. Während Imageverluste bis vor wenigen Jahren vor allem durch Störfälle in veralteten Produktionsanlagen verursacht wurden, machen sich heute die Konzerne selbst unglaubwürdig und gefährden damit den Arbeitsfrieden. Die Mitarbeiter fühlen sich von den Vorständen vielfach hintergangen, da diese die konjunkturelle Lage schamlos zur persönlichen Bereicherung und zur Befriedigung maßloser Ansprüche ihrer Aktionäre nutzen.

Realitätsverlust durch visionäre Geschäftspolitik

Politiker und Vorstandsmitglieder großer Unternehmen behaupten, nur noch visionär denken zu können. Das ist modern, schick und bestens geeignet zur Selbstdarstellung in einschlägigen Wirtschaftsmagazinen. Visionen sind für den unvoreingenommenen Betrachter nicht überprüfbare, nicht exakt kalkulierbare Ideen. Es sind Zwangsvorstellungen, moderne Neurosen der Führungsetagen über in ferner Zukunft erfolgversprechende Konzepte. Sie gleichen phantastievollen Ideen, die immer glücklich enden. Während Anfang der 80er Jahre die Vision von der Diversifikation der Konzerne dazu führte, vom Stahlwalzwerk über Nahrungsmittelfirmen bis hin zu Hotelketten alles zusammenzukaufen, gilt nunmehr der Trend, sich nur noch auf Kerngeschäfte zu besinnen und alles andere abzustoßen. Das Ganze funktioniert wie bei einer Hammelherde. Rennt der Leithammel in eine Ecke, rennen alle anderen Tiere hinterher. So ähnlich ist das Verhalten von Vorständen der Konzerne: Es braucht nur einer, der als Visionär gilt, sein Tafelsilber zu verkaufen, schon schmeißen alle anderen ihre Preziosen ebenfalls auf den Markt.

Bei manchen großen Pharmabossen scheinen Ängste Visionen zu generieren. *Sir Paul Girolani*, Ex-Vorstand von *Glaxo*, erklärte den hektischen Zukauf von Schwesterunternehmen zutreffend damit, daß nur schwache Firmen solche Mega-Konglomerate bilden.[5] Bei dem Kaufrausch, der auf allen Kontinenten gleichermaßen stattfand, wurde auch viel Wertloses erstanden.

Der britische Marktanalyst *John Griffin* deckte 1996 die Schwächen der Dinosaurier der Branche auf. Man kaufte nämlich nicht nur Namen und Firmen, sondern auch eine Menge demnächst aus dem Patentschutz fallende Produkte. Es wird daher erwartet, daß für viele Firmen in einigen Jahren trotz ihrer Größe unüberwindbare Probleme entstehen werden, nämlich dann, wenn die Marktrenner von heute durch billigere Nachahmerprodukte (sogenannte Generika) ihre beherrschende Stellung verlieren. Die Schweizer Firma *Hoffmann LaRoche* bot den Präzedenzfall. Als das moderne Psychopharmakon *Valium* seinen Patentschutz verlor, büßte der Schweizer Konzern mehrere Milliarden Mark Umsatz und seinen Spitzenplatz unter den führenden Unternehmen ein.

Dieses Schicksal droht vor allem jenen Konzernen, die von wenigen Umsatzrennern leben. Es gibt jedoch auch gegenteilige Entwicklungen. Die britische Firma *Astra* bewegte sich noch vor Jahren auf dem 29. Platz der weltweiten Branchenskala und soll im Jahr 2000 dank eines einzigen Produktes, dem *Omeprazol* zur Behandlung von Magen-Darmgeschwüren, den ersten Platz einnehmen.

Es herrscht bei manchem Visionär der Eindruck, daß Mega-Zusammenschlüsse mehr negative als positive Zukunftsaussichten besitzen könnten. Das Positive der Zusammenschlüsse sind verbesserte Marktpräsenz sowie Ausweitung und Intensivierung der Produkte auf dem Markt, die *Line extension*. Natürlich will man kostengünstiger forschen, entwickeln und verkaufen.

Mehr als 26% der heute führenden Produkte des Pharmamarktes verlieren spätestens 2002 ihren Patentschutz. Ökonomisch denkende, für Preise von Pharmaka zuständige Behörden (in Deutschland unbekannt) gewinnen dieser Entwicklung positive Aspekte ab, denn ab dem Jahr 2000 soll der Bedarf verschreibungspflichtiger Arzneimittel zu 60% mit Generika gedeckt werden. Nach einer Studie von Roland Berger soll der Weltmarkt für solche »Nachahmerprodukte« von derzeit über 14 Milliarden Dollar auf bis zu 30 Milliarden Dollar im Jahr 2000 steigen. Wenn die großen Pharmakonzerne bis dahin nicht andere Produkte zusammengekauft oder neue entdeckt haben, werden sie feststellen, daß sie wie die Dinosaurier geworden sind: groß, schwerfällig und damit sterblicher. Trotzdem sollen ihnen die 14 umsatzstärksten Produkte im Jahr 2000 ein Volumen von 22,2 Milliarden Dollar einbringen. Die kleinen, beweglicheren Firmen werden künftig Neuentwicklungen kreieren und diese den Großen zu hohen Preisen teuer verkaufen.

Neue Preisschübe für die Krankenkassen drohen allerdings durch Kartelle und Monopole der Pharmamultis. Schon jetzt gibt es Absprachen zwischen Pharmakonzernen, die 1996 in USA gerichtliche Auseinandersetzungen zur Folge hatten und mit empfindlichen Geldbußen zugunsten von Händlerorganisationen und Apothekenverbänden geahndet wurden.

Wenn sich die Visionen von Expansion und Marktführerschaft als Flop erweisen, wie es zuletzt bei Edzard Reuters Traum vom integrierten Technologiekonzern Daimler-Benz der Fall war, zahlen Arbeiter, Angestellte und Investoren die Zeche. Mitarbeiter verlieren ihre Arbeitsplätze, Investoren ihr Geld und den Glauben an die Beständigkeit von Aktien. Der Realitätsverlust visionärer Vorstandsmitglieder führt zu Spannungen zwischen Führungsetage und Arbeitsebene, schränkt die Leistungsfähigkeit der Mitarbeiter erheblich ein und besitzt langfristig einen negativen Effekt auf die Unternehmensentwicklung. Da helfen auch keine Hochglanzzeitschriften, Anzeigenkampagnen und Plakataktionen, mit denen die Vorstände die Mitarbeiter für ihre Ziele und Pläne gewinnen wollen. Man spricht einfach nicht die gleiche Sprache, und dennoch haben sich die Zeiten für bestimmte Sprüche wenig geändert:

»Jeder muß Opfer bringen in seiner persönlichen Freiheit, in der gewohnten Entfaltung seiner Kräfte, und sein ganzes Ich in den Dienst der Gemeinschaft stellen. Dann ist uns nicht nur der Sieg gesichert, sondern auch die Weltherrschaft der deutschen Industrie für die nächsten Dezennien besiegelt.« (IG-Farben Direktor Carl Duisberg im Kriegsjahr 1944)[6]

Viele Konzerne veranstalten für ihre zweifelnden und verunsicherten Mitarbeiter teure Motivationskampagnen nach amerikanischem

Muster. Das vielstimmig definierte Ziel lautet, weltweit die Nummer eins aller Pharmafirmen zu werden. Meist werden für solche Visionen mehrstellige Dollarmillionen-Beträge bezahlt, um anschließend – ebenfalls für mindestens weitere zweistellige Millionenbeträge – über einen Zeitraum von zwei Jahren mit Hilfe externer Berater die Phantasien den verehrten Mitarbeitern zu erläutern. Es gehört zu den Geschäftspraktiken von Unternehmensberatern, mit großartigen Worten und Worthülsen nur so um sich zu werfen und selbst bescheidene Moderationsergebnisse als großartige Kreationen zu deklarieren. Zu den Kernaussagen solcher Visionen gehören imposante Sprüche wie:

- Unsere Mitarbeiter sind unser größter Wert.
- Unser Management fördert die persönliche Entwicklung seiner Mitarbeiter durch Weiterbildung und langfristige Karriereplanung.
- Unser Management pflegt den offenen Dialog mit den Mitarbeitern und berücksichtigt deren Bedürfnisse.
- Unser Führungsverhalten richtet sich nach den Prinzipien der gemeinsamen Zielvereinbarung, der Delegation von Verantwortung und Dezentralisierung von Entscheidungsprozessen.

Schöne Worte. Die Wirklichkeit sieht anders aus. In einem wichtigen Bereich eines Konzerns erledigen nach zweijährigem Visionstheater nur noch vier – statt früher sieben – Mitarbeiter alle bisherigen und zusätzlich neue Aufgaben. Vier weitere Personen, die dem gehobenen Management zuzuordnen sind, beschäftigen sich rund um die Uhr damit, bei gelegentlicher Anwesenheit am Schreibtisch, den ohnehin schon ausgelasteten Kollegen der Arbeitsebene neue Regularien aus den Amtsstuben der Gesundheitsbehörden kopiert oder als Hochglanzfolie zu übergeben und damit zusätzliche Tätigkeiten vorzuschreiben. Das Ganze nennt man *lean management*. Gewinner sind die inkompetenten Führungsebenen, die – postvisionär – statt weniger mehr Mitglieder aufweisen. Anläßlich kostspieliger einwöchiger Lehrgänge in teuren Hotels und Edelherbergen finden langatmige Gruppentagungen und Aktionsausschüsse statt, auf denen die Teilnehmer zukunftsträchtige Ziele kreieren und niemals Wirklichkeit werdende Beschlüsse abzufassen lernen. Papierberge dienen zur Niederschrift »toller kreativer Ideen« mit dem Ziel, kritische Mitarbeiter in unbekannte Richtungen, weg vom realistischen Alltag, zu bewegen. Man nutzte diese Aktivitäten zum Zeitgewinn für Rationalisierungsmaßnahmen, Entlassungen und Betriebsschließungen.

Der Vorsitzende des Gesamtbetriebsrates eines Chemiemultis äußerte sich im März 1995 in der *Wirtschaftswoche* besorgt und kritisch zu den Plänen, Produktion und Forschung endgültig auszulagern. Er monierte zu Recht, daß jene Länder, die jetzt mit neuen Forschungsstätten belohnt und ausgestattet würden, keinen nennenswerten Forschungsbeitrag in bare Münze umgesetzt hätten. Alle Projekte, die in den USA und Japan angefaßt wurden, haben bis 1996 keine müde Mark Gewinn abgeworfen und werden dies auch bis 2010 nicht tun. Das große Geld für all diese Investitionen stammt aus Forschungsergebnissen, die in heimatlichen Laboratorien entwickelt wurden.[7]

Seit 1993 geht innerhalb der meisten großen Konzerne bei den älteren Mitarbeitern die Angst um, der nächste zu sein beim Arbeitsplatzabbau. Die amerikanischen Multis hatten ihre Umstrukturierung bereits zehn Jahre vorher begonnen, als in Deutschland noch alle den Schlaf des Gerechten schliefen. US-Tochterunternehmen schrumpften sich unbemerkt von der breiten Öffentlichkeit gesund. In den meisten Pharmakonzernen kam es zu Glaubwürdigkeitskrisen. Geschäftsleitungen gestanden offen ein, daß es kritische Punkte gab, die sich als besonders peinlich für die Führungsebene herauskristallisierten. Dazu gehörten Vertrauensverluste zwischen Mitarbeitern und Vorgesetzten und eine nicht zu übersehende Zunahme von Rücksichtslosigkeit bei den oberen Managern. Meist jedoch vollzogen sich die Entlassungsorgien ohne viel Aufhebens. Recht großzügige Sozialpläne taten das ihre. Dennoch fragten sich viele Betroffene, weshalb solche strengen Maßstäbe nicht für alle Mitarbeiter gelten, denn bestimmte Direktoren und fast alle Vorstände dürfen ihre unschätzbare Arbeit weiter für Gehälter anbieten, von denen normale Sterbliche nur träumen.

Besonders glücklich waren *BASF*-Mitarbeiter über ihre Visionsveranstaltungen, was Vorstand Jürgen Strube mit Blick auf den Aktienkurs tief aufatmen ließ. Die schönste Nachricht für die deutschen Mitarbeiter bestand in der »Vision 2010« des Ludwigshafener Konzerns, nach der in Nanjing, China, 600 Millionen Mark für eine zentrale Produktionsanlage investiert und ab 1997 noch einmal der gleiche Betrag im asiatischen Raum angelegt werden soll.[8] Die *BASF Corporation* aus Mount Olive in New Jersey möchte bis 2001 zwischen 550 und 600 Millionen Dollar aus Eigenmitteln in der Nordamerikanischen Freihandelszone (Nafta) investieren. Der Umsatz dieser Konzerntochter stieg 1996 auf 6,3 Milliarden Dollar, der Gewinn auf 593 Millionen Dollar. Seit 1990 baute *BASF* in Deutschland 28.000 Arbeitsplätze ab, und jetzt droht die »Asiatische Grippe« – die globale Finanzkrise –, eine weitere Vernichtung von Stellen auszulösen.

Ob die Mitarbeiter von *Hoechst* eine spezielle Vision erhielten, ist unbekannt. Der seit Jahren anhaltende Aktionismus im Vorstand läßt die Vermutung zu, daß es in dem größten der deutschen Multis eine Dauervision gab. Der hessische Konzern vollführte in den letzten drei Jahren derartig schwindelerregende ökonomische Bocksprünge, daß einige Börsianer bereits ein böses Ende für die geplagten Aktionäre voraussagten. Weit gefehlt. *Hoechst* steht ganz oben und nimmt, wenn auch erheblich verschuldet, Platz drei der Pharmariesen auf der Welt ein, was vermutlich besonders Frühpensionäre und Entlassene des Konzerns mit großem Stolz erfüllt. Bestimmt werden die Krankenkassen Europas und der USA ganz rasch gemeinsam das Milliardenloch von *Hoechst (HMR,* Hoechst, Marion Merrell Dow, Roussel) wieder füllen, denn der Personalvorstand kommentierte anläßlich des Ankaufs der *Dow Chemical* Tochter *Marion Merrell Dow*, daß die Entlassung von 8.000 Mitarbeitern in den nächsten fünf Jahren eine runde Milliarde Mark Einsparungen (sprich Gewinne) jährlich einbringen wird und damit der Zukauf risikolos sei. Neben dem Vorstandsvorsitzenden Jürgen Dormann betätigt sich auch der Pharmavorstand von *Hoechst,* Karl-Gerhard Seifert, in dem bevorstehenden Spargeschäft. Man setzte sich das Ziel, den Anteil des Geschäftsfeldes Gesundheit am Konzernbetriebsergebnis von 77% noch weiter in die Höhe zu treiben. Stolz berichtete die *Wirtschaftswoche* 1994, daß Seifert derzeit mit einem eisernen Besen durch den Pharmabereich kehrt. Sein Ziel: jährliche Einsparungen ab 1996 von rund einer halben Milliarde Mark.[9]

Arme Mitarbeiter – bereits zwischen 1991 und 1996 wurden rund 30.000 Jobs bei *Hoechst* in Deutschland gestrichen. Jetzt beginnt ein weiterer Streichakt. Jürgen Dormann kündigte 1998 weitere 8.000 Entlassungen an, die mit einem ungeahnten Schrumpfungsprozeß in allen Bereichen verbunden sein sollen. Die Konzernleitung ist sogar bereit, auf Umsatzmilliarden zu verzichten. Zum ersten Male seit Menschengedenken protestierten die leitenden Mitarbeiter im Hoechster Konzern im März 1998 gegen den Vorstand, um die fragwürdigen Gründe für weitere Entlassungen im Stammhaus öffentlich zu entkräften.

Das Märchen von Forschung und Entwicklung

Das Thema Forschung und Entwicklung hat für die Pharmaindustrie einen hohen Stellenwert. Es vergeht keine Feierstunde ohne Wehklagen und Bitterkeit über die Forschungs- und Innovationsfeindlichkeit der Deutschen. Dem Pharmakartell, das große Anteile an der medizinischen Forschung besitzt, genügt nicht mehr, daß man es mit leeren Worthülsen besänftigt. Man fordert Handfestes. Erklärtes Ziel ist die Abschaffung aller Hindernisse für Innovationen in der Pillenforschung, um möglichst schnell und unkonventionell Zugriff auf das Geld aller sozialen Kassen zu erhalten. Die Pillenindustrie macht alle anderen Kräfte für den eigenen Mangel an Ideen verantwortlich. Ihre Beschwerden richten sich gegen das Preisdiktat der Krankenkassen, sinnlose Nutzen-Risiko-Kosten-Analysen bei Preisverhandlungen für ihre Innovationen, zu geringe Laufzeiten beim Patentschutz und ungerechtfertigte Preiskontrollen durch den Gesetzgeber.

Die elf »ärmsten« der weltweit führenden pharmazeutischen Unternehmen brachten 1994 etwa 21 Milliarden Dollar für Forschungszwecke auf. Die Schweizer Pharmamultis *Ciba Geigy* und *Sandoz*, die in untenstehender Aufstellung noch auf den Plätzen 8 und 11 stehen, haben sich inzwischen zum neuen Giganten *Novartis* zusammengeschlossen und nehmen damit eine Spitzenposition unter den gen- und biotechnologischen Firmen ein.

Eine Umfrage unter Forschungsleitern von 50 weltweit operierenden Topunternehmen ergab 1993, daß ein einziges Forschungsvorhaben bis zu sechs Millionen Dollar benötigt. Im Pharmabereich sind die offiziell ausgewiesenen Projektkosten deutlich höher. Ein offizieller Sprecher des Verbandes der Forschenden Arzneimittelhersteller bezifferte die F&E-Kosten für ein Projekt mit 300 bis 500 Millionen Mark. Ungeniert werden aber auch Beträge in der Höhe von 600 Millionen Dollar genannt, die notwendig seien, um High-Tech-Produkte in den USA auf den Markt zu bringen. Die F&E Kosten für andere Sparten der Großchemie – wie Pflanzenschutz, Veterinärmedizin, Lakke, Öle, Fasern, Kommunikationstechnologien – fallen in den meisten Unternehmen deutlich niedriger aus. Gemessen am Forschungsetat nehmen die beiden Großen Deutschlands, *Bayer* und *Hoechst,* die Plätze 9 und 3 unter den internationalen Pharmamultis ein, und dies, obwohl beide nur zwischen 45 und 60% ihrer Forschungsbudgets für den Bereich Pharma aufwenden.

Forschungs- und Entwicklungskosten großer Pharmaunternehmen[10]

Unternehmen	Pharma F&E in Mrd US $ (umgerechnet)	% – Ges. Forschung
Glaxo-Wellcome, UK	2,99	100
Hoffmann-La Roche	2,90	87
Hoechst (Konzern)	2,50	59
Merck & Co	1,97	100
Pfizer	1,66	91
American Home Prod.	1,60	100
Abbott Laboratories	1,53	100
Sandoz	1,52	77
Bayer	1,50	46
Bristol-Myers-Squibb	1,50	86
Ciba-Geigy	1,45	55

>30% von 21,12 Mrd. US-$ entfielen 1995 auf Gen-Biotechnologie

Die Wahrscheinlichkeit, daß ein neues Projekt die Marktreife erlangt, also in den Handel gelangt, ist nach Daten aus der Pharmabranche denkbar gering. »1993 synthetisierten oder analysierten die 50 größten Pharma-Forschungsfirmen 1.271 neue Substanzen. Nur 25 davon erreichen das Stadium eines Entwicklungspräparats. Am Ende erlangen nur 51 Produkte Marktreife – eine spärliche Ausbeute.«[11] Die Forschung benötigt fünf bis sieben Jahre, um ein neues Präparat von der Retorte in die klinische Prüfung zu bringen. Fast zwei Drittel dieser Zeit werden für die Sicherheitspharmakologie und Toxikologie verwendet. Die nachfolgenden Prüfungen am Menschen und eine unkalkulierbare lange Phase bei den Behörden für die Zulassung verschlingen nochmal zwei bis drei Jahre. Jede vierte Neuentwicklung bleibt wegen nicht zu tolerierender Nebenwirkungen oder fehlender Wirksamkeit während der klinischen Prüfung auf der Strekke. Im Endergebnis gelangen nur 13 neue Arzneimittel jährlich auf den Markt.

International sieht es nach offizieller Lesart sogar noch schlimmer aus. Der Begriff NCE steht für Neue Chemische Entwicklung, die Patentschutz genießt. Von den jährlich 5.000 neu gefundenen chemischen Substanzen fallen 4.500 beim Screening (Auswahl) wegen biologischer Ineffektivität durch ein Raster. Die restlichen 500 Stoffe müssen im Tiertest ihre Wirksamkeit und toxikologische Unbedenklichkeit beweisen. Nur fünf bleiben übrig, um beim Menschen erprobt zu werden. Eine NCE gelangt als neues Medikament auf den Markt.[12]

Um die marktwirtschaftliche Effektivität der Neuentwicklungen zu steigern, werden von der Industrie und ihren Verbänden in regelmäßigen Abständen Verkürzungen der behördlichen Zulassungsverfahren und kleine Studienkollektive von Probanden und Patienten gefordert. 1997 wurde diese Forderung erneut vorgetragen, wohlwissend, daß bei einer Verkürzung von klinischen Prüfzeiten und Reduzierung der Kontrollzeiten durch Ämter die Sicherheit der neuen Produkte auf der Strecke bleibt, womit niemandem gedient wäre.[13]

Die Patentlaufzeit beträgt in Deutschland 20 Jahre, wovon zehn bis zwölf Jahre auf Forschung und Entwicklung entfallen. Daher mahnt die Pharmabranche beim Gesetzgeber eine Verlängerung der Patentlaufzeiten für Neuentwicklungen an, weil die Zeit inzwischen zu kurz bemessen sei, um die Entwicklungskosten und eine angemessene Eigenverzinsung zurückzuerhalten. Die Industrie wäre mit einem *Ruhen der Patentlaufzeit* während der Entwicklungsphase einverstanden, denn auf diese Weise erhielte sie fast zehn Jahre mehr Zeit zum geschützten Verkauf.

Allerdings beteiligen sich die großen Firmen selbst noch während der Patentlaufzeit munter an dem lukrativen Spiel, ihre eigenen Produkte in bestimmten Märkten und in anderer Verpackung als Generikum viel billiger anzubieten. Gleichzeitig klagen einige von ihnen beim Europäischen Gerichtshof dagegen, daß Arzneimittel, die hierzulande noch Patentschutz genießen, nach Deutschland reimportiert werden. Händlern in anderen Niedrigpreisländern wie Italien und Portugal wurde mit Lieferstop gedroht, wenn sie die Reimporte stützen würden. Die Preisunterschiede für verschiedene Medikamente sind gewaltig: Die Differenzen können bis zu 200% betragen. Solche Preisunterschiede sind durch keine wirtschaftliche oder sozioökonomische Begründung gerechtfertigt.

Die Probleme des Patentschutzes werden durch gentechnische Präparate noch verschärft. In den letzten Jahren entstanden allein in den USA 1.300 Firmen mit 100.000 neuen Arbeitsplätzen. Der Marktwert dieser Unternehmen soll 50 Milliarden Dollar betragen. Dies ist durchaus realistisch, denn allein der amerikanische Marktführer *Biotech* setzte 1994 rund 9 Milliarden Dollar um. Aufgrund von über 100 neuen High-Tech-Produkten werden für das Unternehmen bis zum Jahr 2000 Umsätze bis 20 Milliarden Dollar erwartet.[14] Das Marktvolumen der Branche soll im gleichen Zeitraum auf 200 Milliarden Dollar steigen.

Nun kommen weitere sehr spezifische Probleme bei der neuen High-Tech-Generation hinzu, die das Urheberrecht betreffen. Da biologische Produkte glücklicherweise nicht vom Menschen erschaffen wurden, können nur Herstellungspraktiken, nicht aber die Produkte Patentschutz genießen. Dennoch kämpfen zur Zeit zwei große Konzerne um die Patentrechte eines Medikaments, an dem beide das Urheberrecht beanspruchen. Nach einer mehrjährigen Phase des akademischen Streites zwischen den Interferon-Herstellern *Schering* und *Biogen* über Wirkungen und Nebenwirkungen ihrer Präparate kam die Auseinandersetzung Anfang 1996 vor Gericht. Die amerikanische Zulassungsbehörde stellte beiden Konkurrenz-Produkten *Betaferon* und *Avonex* einen siebenjährigen Marktschutz mit dem *orphan drug status* in Aussicht, der gesetzlich angeblich nicht zulässig ist, den *Berlix*, eine US-Tochter von *Schering*, aber seit 1993 – der US-Markteinführung von *Betaferon* – genießt. Das *Interferon* zur Behandlung der Multiplen Sklerose wurde primär von der deutschen Firma *Rentschler* in Ulm entwickelt, die alle Rechte im Rahmen eines Kooperationsvertrages an die US-Firma *Biogen* abtrat. Die Kooperation platzte jedoch, so daß *Schering* die Rechte von *Rentschler* erwerben konnte.[15] Gerichte haben nun zu entscheiden, ob die US-Biotechfirma ein neues Produkt hervorbrachte oder ob sich hinter dem neuen USA-Präparat *Avonex* eine Mogelpackung verbirgt, weil der Wirkstoff deutscher Herkunft ist.

Im Herbst 1995 stapelten sich beim europäischen Patentamt in München die Patentanmeldungen für 750 gentechnologische Produkte – vor allem genetisch veränderter Pflanzen. Auf medizinischem Gebiet übersteigt die Anmeldequote die des landwirtschaftlichen Sektors um ein Vielfaches.

Die horrenden F&E-Kosten, die die Pharmaindustrie gerne publiziert, treffen so nicht immer zu. Euphorie und Geschäftssinn verführen dazu, jede »neue« chemische Verbindung als NCE zu deklarieren. Dabei werden selbst gänzlich unbedeutende Nachfolgeprodukte zu Innovationen hochstilisiert. Schon wenn nur geringfügige chemische Varianten vorgenommen wurden, die ohne Einfluß auf den Wirkmechanismus sind oder zur Senkung von Nebenwirkungen beitragen, verleiht man ihnen aus marktwirtschaftlichen Gründen den Status einer Neuschöpfung. Viele als innovativ bezeichnete Entwicklungen weisen lediglich marginale galenische Neuerungen (ein Arzneimittel besteht aus dem Wirkstoff und Begleitstoffen, die in der

Kombination zu neuen bzw. veränderten Eigenschaften des Wirkstoffs führen können; diese Komposition wird – nach dem altgriechischen Arzt Galenus – als galenische Zusammensetzung bezeichnet) oder Änderungen in der Darreichung von Wirkstoffen als Pille, Kapsel oder Spritze auf.

Die Gründe für so geartete Neuentwicklungen sind offenkundig. Die Firmen versuchen durch solche Innovationen, Patentlaufzeiten zu verlängern. Zwei ähnliche Produkte, die man zeitverschoben patentrechtlich absichert und nacheinander auf den Markt bringt, können die Schutzzeiten indirekt erheblich verlängern, was sich für Krankenkassen teuer, für die Pillenbranche jedoch ertragssteigernd auswirkt. Außerhalb von Deutschland belegen Ärzte, Krankenkassen und pharmazeutische Prüfinstitute inzwischen angebliche Innovationen mit härteren Bewertungskriterien, was zur Folge hat, daß die Behörden für die Zulassung tiefergehende Analysen forderten und höhere Maßstäbe zur Wirtschaftlichkeitsprüfung anlegten.

Besonders krasse Beispiele überflüssiger Mehrfachentwicklungen boten Medikamente zur Blutdruckbehandlung. Eine schlimme Situation entstand für die Patienten in vielen Ländern der Erde 1995/96, als die Herstellerkonzerne anfingen, sich mit falschen und gekauften Argumenten ihrer Konkurrenten zu entledigen und Kranke so verunsicherten, daß sie Schaden nahmen oder starben. Ein besonderes Beispiel für den pseudowissenschaftlichen Chauvinismus dieser Art bot die US-Firma *Merck*, die gegen ihren Hauptkonkurrenten *Bayer* mit falschen Aussagen und ominösen Gutachten und Wissenschaftlern zu Felde zog. Es geht um einen Markt von 20 Milliarden Dollar, und da hören bekanntlich ethische Prinzipien schnell auf zu existieren.

Alle Pharmaunternehmen verfahren in gleicher Weise, was zu einer unüberschaubaren Zahl von Arzneimitteln geführt hat. Allein unter Sicherheitsaspekten sollten solche überflüssigen Produkte rigoros beschränkt werden. Die Weltgesundheits-Organisation (WHO) praktiziert diese Möglichkeit schon längst. Die Mitarbeiter der Genfer Zentrale verfügen über gute Erfahrungen damit, sich auf essentielle, das heißt unverzichtbar notwendige Arzneimittel zu konzentrieren. Der chronische Geldmangel zwingt die Organisation zur Abwägung ökonomischer und wirksamkeitsrelevanter Fakten bei der Auswahl pharmazeutischer Produkte. Ihre Erfolge in Krisengebieten sind beispielgebend, denn trotz lächerlich geringer Etats kann die WHO vielen Menschen helfen. Die Mitarbeiter der WHO empfehlen seit Jahren eine Beschränkung der Wirkstoffklassen auf wenige, hoch wirksame Arzneien.[16] Die Empfehlungen der Zentrale in Genf vom September 1995 für essentielle Arzneimittel in Hochpreisländern umzusetzen, scheint jedoch selbst bei den sparsamen Deutschen schwer zu sein. Die Berliner Ärztekammer hatte Ende 1995 auf der Basis der WHO-Empfehlungen eine Positivliste für Medikamente erstellt, die nur solche Arzneien aufführte, die ihre Wirksamkeit und Ungefährlichkeit vielfältig bewiesen hatten und außerdem noch preiswert erhältlich waren.[17] Das Kartell aus offizieller Ärztelobby, Pharmaverbänden und Industrie zwang Gesundheitsminister Horst Seehofer, seine anfängliche Unterstützung für diese Liste aufzugeben.

Das hysterische Innovationsgehabe der Pillenbranche entspricht angesichts der mageren Ergebnisse einzig dem Zweck, Krankenkassen und Verbrauchern das Geld aus den Taschen zu ziehen. Der Markt verfügt über Hunderte wirkungsloser, gegen Bakterienstämme resistenter Antibiotikaformulierungen, noch mehr überflüssige Blutdrucksenker, Tausende nicht unproblematischer pflanzlicher Heilstoffe, Hunderte von Schmerzmitteln, die teilweise – da auf dem Markt frei verkäuflich – schwer nachzuweisende, hohe volkswirtschaftlich relevante Gesundheitsschäden anrichten.

Forschungs- und Entwicklungskosten: Die Realitäten

Die wirklichen Forschungskosten der Pharmamultis sind in den Konzernen selbst höheren Managerhierarchien unbekannt. Sie sind ein streng gehütetes Geheimnis. Jeder Vorgesetzte einer Arbeitseinheit, der für das Budget verantwortlich ist, erfährt nur die Größe seines eigenen Etats. Die realen Verteilungsgrößen innerhalb der Gesamtbudgets sind nicht verfügbar. So enthalten sogenannte Forschungsetats Kosten, die in anderen Wirtschaftszweigen dem Werbeetat zugeordnet werden. In kleineren Unternehmen macht man sich erst gar keine Mühe, die Forschungs- und Entwicklungskosten (F&E-Kosten) von Routineuntersuchungen zur Qualitätssicherung der im Handel befindlichen Produktionseinheiten (Chargen) eines Arzneimittels, die mengenmäßig von wenigen Gramm bis zu vielen Tonnen reichen können, zu trennen. Erstaunlich, was Finanzprüfer alles hinnehmen. Der Öffentlichkeit wird indes vorgekaukelt, daß die Forschungen in den Laboratorien und am Krankenbett Milliardenetats verschlingen.

Der amerikanische Senator Kefauver schöpfte schon 1960 Verdacht, daß die Pharmaindustrie in den USA mehr in die Werbung als in die Forschung investierte. Es gelang ihm mit Hilfe einer Studie, seine Behauptung zu untermauern. Die Industrie gelobte in jenen Tagen Besserung.

Angesichts zweistelliger Milliardenbeträge für F&E-Kosten stellt sich die Frage, was diese in solche Höhen treibt. Die Antwort ist einfach: maßlose Inkompetenz. In großen Pharmaunternehmen sind die Kostenstrukturen zwischen Einzeletats zum Gesamtbudget recht gut vergleichbar. Ein Beispiel: Der Forschungsetat eines Unternehmen beträgt jährlich 1,5 Milliarden Dollar. Man kann annehmen, daß der Aufwand für präklinische, inkl. chemischer Grundlagenforschung, Pharmakologie, Toxikologie sich auf 20%, also etwa auf 230 Millionen Mark beläuft. Die Entwicklungskosten – ein Begriff, der mit Forschung wenig zu tun hat – in Höhe von 706 Millionen Mark bilden den größeren Anteil. Auf die ersten drei klinischen Prüfungsphasen – wichtigster Teil der sog. Entwicklung, in der mit vorher definierten Prüfzielen Kranke behandelt werden – entfielen nur 300 Millionen Mark. Die vierte Phase, die sich fast ausschließlich auf marketingbezogene Aktionen stützt, verschlang hingegen 400 Millionen Mark.

Während dieser unmittelbaren Phase vor der Zulassung werden zusätzlich beachtliche Summen für Werbung unter den Begriffen »wissenschaftliche Informationen« und »wissenschaftliches Marketing« aufgewendet. Zu diesem Paket an Aktivitäten zählen Reisen von meinungsbildenden Ärzten an die schönsten Strände und Luxushotels. Das neue Produkt wird auf vom Marketing gesponsorten internationalen Fachkongressen, zu deren Gästen Ärzte und Apotheker aus aller Herren Ländern gehören, unverblümt beworben. Vorsitzende und Redner solcher Pharma-Werbe-Kongresse sind namhafte Mediziner, die als Prüfärzte an den klinischen Prüfungen teilnehmen oder sich aktiv in Aufsichtskommissionen zu den klinischen Studien betätigen und zu guter Letzt als hochbezahlte Interpreten der Ergebnisse das neue Produkt promoten.

Solche Ärzte verdienen als »unabhängige Gutachter« in kürzester Zeit ein Vermögen. Um die klinischen Prüfer, meist namhafte Spezialärzte, zur raschen Prüfung der Testsubstanzen zu animieren, werden Gelder gezahlt, die mehr Bestechungen als »Honoraren« gleichkommen. So empörte sich ein erfahrener Projektmanager über die neuen Praktiken anläßlich der klinischen Prüfung eines Psychopharmakons: Man habe, so sagte er, 1996 in den USA die Arbeit der Mediziner mit dem sagenhaften Betrag von 18.000 Dollar pro »geprüftem« Patienten honoriert.

Im Dezember 1997 meldete sich ein Sprecher des Bundesverbandes der Pharmazeutischen Industrie (BPI) aus Frankfurt/Main zu Wort. Unverfroren wurden Hochrechnungen über Kosten klinischer Prüfungen abgegeben, die zeigen sollten, wie die arme Pharmabranche »gebeutelt« wird. Angeblich kostet – so der Verbandssprecher – die Testung jedes Probanden/Patienten 12.000 bis 16.000 Mark. Diese Summe ist zu hoch bemessen, denn vermutlich verbergen sich hinter dieser Zahl die Overheadkosten der Pharmaunternehmen, also Personal-, Reise- und Werbekosten. Die realistischen Beträge für klinische Prüfungen liegen in einer Größenordnung von 3.000-5.000 Mark pro Patient; ein durchaus angemessener Preis, der den Durchschnittswert für alle Prüfphasen beinhaltet. Die F&E-Kosten kleinerer Unternehmen sind nach dem gleichen Muster gestrickt.

Bei vorsichtiger Schätzung stehen in einem Jahr fast zwei Drittel des gesamten Forschungsetats mittel- bis kurzfristig zur Verfügung, um die Markteinführung zu beschleunigen. Zu diesem versteckten Werbeetat aus dem Forschungsbudget addieren sich noch die offiziellen Mittel für Werbung, die sich auf dreistellige Millionenbeträge belaufen. Die öffentlich als Pharmaforschung ausgewiesenen Summen werden also bis zu 60% zweckentfremdet, aber gleichwohl steuerbegünstigt in Werbung und Verkaufspromotion umgesetzt. Höchstens 40% fließen in die eigentliche Forschung.

Unter klinischer Prüfung versteht die Pharmaindustrie das Reagieren von Patienten auf die antizipierten Wirkungen ihrer neuen Präparate. Zu 99% geht der Entwicklung eines neuen Präparates eine wirtschaftliche Marktanalyse voraus. Erfüllen die Studien diese Ziele nicht oder nur unvollständig, werden alle weiteren Aktionen eingestellt, vor allem, wenn die Ergebnisse nicht den Gewinnerwartungen entsprechen. Seit einigen Jahren werden zunehmend »klinische Prüfungen« von fremden Auftragsfirmen ausgeführt. Dieses System von Clinical Research Organisations (CRO)[18] besitzt nicht nur den Vorteil, im eigenen Unternehmen Personal einsparen zu können, sondern hat eine rigorosere, fachfremde Organisation zur Folge, die erfahrungsgemäß taub für Probleme und blind bei neuen Risiken und Nebenwirkungen ist. Trotzdem wird diese Art von klinischer Prüfung als wissenschaftliche Leistung steuerlich begünstigt.

Inkompetenz: Das Management

Im Forschungsmanagement der Pharmaindustrie paart sich oft mangelhafte fachliche Qualifikation mit schwacher Persönlichkeitsstruktur und ständiger Angst vor klaren Entscheidungen. Kein normaler Mensch käme auf die Idee, sich den Blinddarm oder einen gebrochenen Knochen vom Apotheker behandeln zu lassen. So etwas ist in der Pharmaindustrie jedoch möglich. Ein ausnahmslos fachfremdes Management beurteilt bei neuen Projekten spezifisch medizinische Fragen und fällt auf dieser Grundlage Entscheidungen.

Das leicht verdiente Geld der Pharmabranche ermöglicht solche Implausibilitäten. In der Folge werden unsinnige Forschungsprojekte initiiert, die eine hohe Mißerfolgsquote aufzuweisen haben. Entscheidungen werden über Monate verschleppt, weil man den Rat kompetenter Fachkräfte nur zögernd befolgt oder überhaupt nicht einholt. Inkompetente Gruppen durchlaufen einen Sitzungsmarathon, um eine bereits im Ansatz erkennbar falsche Projektplanung nach Jahren erfolglos zu beenden.

In den großen Konzernen nennt man die Gremien, die solche Entscheidungen treffen, Strategiekommissionen. In diesen Zirkeln ist zwar das bestbezahlte Management ausreichend vertreten, dennoch werden über medizinische Indikationen neuer Produkte alle Entscheidungen ohne medizinischen Sachverstand getroffen. Obwohl die großen Firmen über qualifizierte Ärzte verfügen, wird darauf verzichtet, deren Meinung zu den Projekten einzuholen. Gut ausgebildete Ärzte drängt man mit Vorliebe in isolierte wissenschaftliche Funktionen ab, um ethischen Vorhaltungen in kritischen Situationen zu entgehen. Derzeit werden von der Industrie bevorzugt Ärzte eingestellt, die jung und daher billig sind, die in den USA gearbeitet haben und mit dem Personalcomputer spielen können.

Die Entwicklung des gentechnologisch hergestellten Tumornekrosefaktor-Antikörpers zur Behandlung von Schockkrankheiten bot z.B. nach Ansicht der renommierten amerikanischen Infektiologin, Professor Elizabeth Ziegler, ein Trauerspiel von industriellem Vorgehen bei klinischen Prüfungen. Seit 1991 wiesen kompetente Fachärzte wiederholt auf Fachkonferenzen und Kongressen auf grobe und fachlich fehlerhafte Prüfungsmodalitäten einiger Prestigeobjekte hin. Ratgeber wurden mundtot gemacht und Ratschläge von arroganten Forschungsleitungen übergangen. Die Folgen waren unübersehbar. Die meisten hoffnungsvoll gestarteten Projekte mußten eingestellt werden. Die vermeidbaren Folgekosten dürften sich auf dreistellige Millionenbeträge erhöht haben.

Es kommt aber noch schlimmer. Bedauerlicherweise beziehen Mitglieder von Strategiekonferenzen ihr Basiswissen aus nachweislich fehlerhaften Marktanalysen. Die Analysen stützen sich ausschließlich auf medizinisch nicht überprüfte Einweisungsdiagnosen und stationäre Behandlungszeiten in amerikanischen Krankenhäusern. 1996 veröffentlichte ein britisches Expertengremium seine Erfahrungen bei der wissenschaftlichen Überprüfung von Klinikeinweisungen. Ganze 15% hielten einer wissenschaftlich-medizinischen Überprüfung stand. Der Rest der Patienten wurde vorwiegend aus sozialen oder familiären Gründen stationär eingewiesen. Obwohl die Fragwürdigkeit der Daten bekannt ist, werden daraus weiterhin Wirtschaftlichkeitsprognosen abgeleitet.

Datenanalysen dieser Art werden *quick and dirty* von empirisch arbeitenden Wirtschaftsinformationsdiensten für viel Geld angeboten und von Pharmafirmen als Grundlage künftiger Marktstrategien genutzt. Noch schlimmer als in anderen Ländern geht es in Deutschland zu. Dies läßt sich am Beispiel der Krebserkrankungen zeigen, die in Deutschland stetig zunehmen. Die Industrie wendet etwa 400 Millionen Mark für die Forschung auf, das sind etwa 40% des dürftigen staatlichen Unterstützungsbetrages. Dennoch gelingt es kaum, eine vernünftige Basis aufzubauen, weil in Deutschland Tausende von Ärzten an der Behandlung partizipieren, ohne dazu fachlich auch nur annähernd qualifiziert zu sein, die Krankenkassen aber, statt ihr Geld in die Forschung zu investieren, ständig beträchtliche Summen zur Aufrechterhaltung des kassenärztlichen Systems benötigen.

Unser Land ist noch nicht einmal in der Lage, eine plausible Krebsstatistik zu erstellen. Die vorhandene basiert auf dem Totenschein, bei dem – so bestätigen vielfältige Untersuchungen – bis zu 60% aller Todesursachen falsch angegeben sind. Dies liegt an der niedrigsten europäischen Quote der Sektionen von Verstorbenen und an der laxen Handhabung durch die Ärzteschaft, die die Ausstellung des Scheines auch dazu benutzt, um ihre eigenen Fehler möglichst rasch unter dem grünen Rasen zu verbuddeln. Daher sind statistisch relevante Daten für die Pharmaindustrie in Deutschland kaum erhältlich.

Die zweite Methode der Datensicherung für die Industrie bietet das selbst geschaffene System des »Verschreibungsindex für Phar-

Erhobene und ausgewiesene Merkmale von VIP (Verschreibungsindex für Pharmazeutika)

Arzt:	Gebiet, Ortsgrößenklasse, Fachgruppe, Geschlecht, Alter, Kassenzulassung
Patient:	Geschlecht, Alter, Ortsgrößenklasse, Kassenzugehörigkeit, Gebiet
Diagnose:	Diagnose, zugehöriger ICD (Internat. Code 9. Revison), akut/chronisch
Therapie:	Verordnung, Alleinverordnung, Mitverordnung, Darreichungsform, Stärke

mazeutika« (VIP), der Aussagen über das Therapieverhalten der Ärzte in Deutschland widerspiegeln soll. Ausgewiesen werden der Verordner, Verordnungen und Diagnosen. Wenn schon die Diagnosen im Todesfalle zu 60% falsch sind, dürften die »Arbeitsdiagnosen« von Ärzten, die bereits therapeutische Konsequenzen besitzen, in noch größerem Umfang Fehler implizieren. Fehlt dann den Auswertern und Nutzern dieser Statistiken die fachliche Basis, kommt nur Falsches zutage. Im Grunde genommen sind solche Mittel nur Varianten eines grob zusammengeschusterten Marketingelements.

So entdeckte das Marketing vor wenigen Jahren eine neue Krankheit: die Fettsucht, ein Milliardenmarkt. Zur Zeit arbeiten viele Unternehmen fieberhaft an der Entwicklung von Pillen, die es gestatten sollen, ohne Gewichtszunahme weiter übermäßig zu essen und zu trinken. Allein in den USA kämen nach Marktanalysen zehn Millionen Fettleibige als Käufer für solche Pillen in Frage. Dieser Gruppe, die 1990 Krankheitskosten in Höhe von 46 Milliarden Dollar verursachte, möchte man in Kürze Appetitzügler und Antikörper gegen ausgerastete Gene im Werte von zwölf Milliarden Dollar anbieten.[19] Ob die Krankenkassen demnächst für solche »Fastenkuren« noch zu zahlen imstande sein werden, muß dahingestellt bleiben. Inzwischen hat auch die deutsche Ärzteschaft erkannt, welche Chancen in der Fettsucht liegen. In medizinischen Beiträgen wird die Freßleidenschaft zur Krankheit erklärt und mit ethisch-ärztlichen Argumenten die Forderung nach neuen Richtlinien für »weitgehend notwendige Behandlungsarten« erhoben. So werden die Haltlosen auf Kosten der Allgemeinheit therapiert.

Auch die AIDS-Forschung treibt ihre seltsamen Blüten, führt aber teilweise zu wirklichen Fortschritten. Es geht um sagenhaft große Märkte, denn die Neuentwicklungen dienen ausschließlich den Kranken reicher Länder. In Deutschland gibt es viele AIDS-Forscher, die sich berufen fühlen und nur ausgewählt werden, weil sie am rechten Ort herumlungerten, ohne ein Mindestmaß an Forschungsleistung erbracht zu haben. Kaum eine therapeutische Erfindung, die weltweite Anwendung gefunden hätte, ist in Deutschland gemacht worden. Sicher Ansätze gab es viele. Aber Ergebnisse – wenn auch relativ bescheidener Art – haben nur die Forschergruppen von *Bayer* und *Hoechst* erzielt. Bei dem Produkt handelt es sich um einen Proteaseinhibitor, eine Substanz, die ein eiweißspaltendes Enzym des HI-Virus – die reverse Transcriptase – hemmt. Nach zehn Jahren Arbeit befindet sich dieses Produkt in der klinischen Erprobung und soll als Ergänzung in besonders schweren Fällen gemeinsam mit anderen antiviralen Stoffen wirksam sein. Die in Deutschland und jetzt in den USA neu entwickelte chemische Verbindung zeigte hervorragende Ergebnisse im Reagenzglas, wirkte in infizierten Zellen jedoch etwas geringer. 1996 prüfte die amerikanische Behörde (FDA) die Toxikologie der deutschen Innovation, um sie schließlich für klinische Prüfungen zuzulassen – die Anforderungen amerikanischer Behörden an neue AIDS-Mittel sind besonders hoch.

Die Produktgruppe der viralen Proteinasen besitzt eine interessante Geschichte. 1987 gelang dem jungen amerikanischen Forscher Irving Sigal, Harvardabsolvent und Mitarbeiter von *Merck*-USA, der Nachweis, daß die Aspertyl-Protease (Enzym der Aspertan-Aminosäure) am Vorgang der HI-Virus-Vermehrung maßgeblich beteiligt ist. Dr. Sigal entdeckte einen Zusammenhang zwischen der Kristallstruktur eines HI-Virus-Enzyms (Protease) und der Vermehrung des Virus. Die Beeinflussung der Struktur, der Konfiguration von Kristallen, war gleichbedeutend mit der Hemmung des Viruswachstums. Das Schwierige solcher dreidimensionaler Strukturen ist die Vielgestaltigkeit chemischer Verbindungen. Die Kristallstruktur der Aspertyl-Protease tritt mit 32 möglichen Varianten auf, von denen nur eine einzige die Eigenschaften zur HI-Virushemmung besitzt. Nach intensiven Forschungen gelang den Chemikern Manuel Navia und Brian McKeever die Erkennung der Kristallstruktur, was eine industrielle Herstellung dieses Enzyms ermöglichte. 1988 wurde Irving Sigal über Lockerbie bei dem Bombenanschlag auf ein Flugzeug der amerikanischen Gesellschaft PANAM getötet. Es gelang jedoch einem Team unter der Führung von Dr. Roy Vagelos – eines Abteilungsleiters von *Merck* – die Arbeiten von Dr. Sigal zu vollenden.[20] Drei Giganten der Branche, die Firmen *Abbott*, *Merck* und *Roche*, haben inzwischen gleich drei neue AIDS-Medikamente gleichen Wirktypus entwickelt: *Crixivan*, *Invirase* und *Norvir*.

Pharmatourismus

Selbst Außenstehende gewinnen bereits nach ersten näheren Kontakten mit der Branche den Eindruck, daß es sich bei vielen Pharmafirmen um große Reisebüros handelt, die nebenbei Geschäfte mit Arzneimitteln betreiben. Vertieft wird dieser Eindruck dadurch, daß sich der Status eines Managers nach der Häufigkeit von Dienstreisen bemißt und mit zunehmender Entfernung des Reiseziels wächst.

Flugreisen erster Klasse sind Vorstandsmitgliedern und Direktoren der Konzerne vorbehalten. Der Rest leitender Mitarbeiter wird in der Business- oder Economy Class rund um den Erdball verschickt. Gleichgültig, ob man innerhalb von drei Tagen, also zwischen Samstag und Dienstag, einmal Japan hin und zurück zu Behördenverhandlungen fliegt oder ob ein Direktor zum Abendessen bei seinen Freunden in New York weilt – alle Reisen sind wichtig und werden ausschließlich zum Wohle der Firma unternommen. Leider wird solchen dienstlichen Pflichten auch dann nachgekommen, wenn der Schreibtisch unter der Last unbearbeiteter Papierberge zusammenzubrechen droht. So büßten viele Pharmakonzerne internen Schätzungen zufolge durch nicht absolut notwendige Reiseaktivitäten in den letzten 15 Jahren jeweils mehrstellige Millionenbeträge ein.

Es gibt auch indirekte Reiseschäden in den Unternehmen. Zahllose teure klinische Prüfungen verschwanden unausgewertet im Keller, weil sie entweder gar nicht oder unvollständig von gut dotierten Vielfliegern, den klinischen Projektleitern, ausgewertet wurden. Kostenträchtige Forschungsprojekte mußten nach jahrelangen Tests erfolglos beendet und aus dem Programm genommen werden, nur weil rasende Reporter in Sachen Gesundheitsforschung keine Muße besaßen, sorgfältige Analysen und Bewertungen vorliegender Ergebnisse durchzuführen. Biometrische* Auswertungen von klinischen Studien dauern mehrere Jahre, bis sie zur Vorstellung für das Upper-Management geeignet aufbereitet werden. Millionenbeträge werden von eiligen Projektleitern zum Fenster hinausgeworfen, um am anderen Ende der Welt einen Meinungsbildner aufzusuchen, obwohl man gleichen Rat für eine Straßenbahn- oder Bahnkarte auch in Köln, Düsseldorf oder Frankfurt erhalten könnte.

---

* Biometrie ist eine spezielle Statistik in der Biologie und in der Medizin.

Besonders die elitäre Gruppe internationaler Projektleiter, weltweit zuständig für die Entwicklung neuer Produkte, verhält sich wie ein Club von Rotary-Mitgliedern der Pillenbranche. Um Zutritt zu diesen Kreisen zu bekommen, scheinen die entsprechenden Funktionäre die Bedingung erfüllen zu müssen, lediglich einmal pro Woche am Schreibtisch zu sitzen. Ein Tag genügt, um die Post durchzusehen, die Arbeit an seinen Assistenten zu delegieren, die Spesen gerade beendeter Reisen abzurechnen und die nächste Reise zu planen. Wer länger als einen Tag in seinem Büro weilt, gerät in den Verdacht, sein Projekt oder Ansehen und Vertrauen der Pharma-Sektorleitung verloren zu haben.

Ganze Industrien leben vom Pharmatourismus. Neben Hotelketten, Fluglinien und Autovermietern gehören dazu auch die klugen Beratungs- und Fortbildungsunternehmen. Diese gerissenen Unternehmen kassieren die Branche gewaltig ab. Auch hier herrscht ein Klassenbewußtsein. Tagungsorte, Redner und Kosten werden nach Firmenetagenzugehörigkeit berechnet. Es gibt Fortbildungen für »Vorstandskreise« auf Schloß Sowieso oder im Luxushotel »Wunderschön«, wo »man sich kennt, schätzt und offen austauscht« und charmante, schöne und gut gekleidete Herren mit Hang zu galanten Sprechblasen à la Rotary- oder Lyons-Club-Niveau beisammen sitzen. Für den gehobenen Standardmanager, Marketingchef, Vertriebs- und Forschungsleiter sorgen andere Institute, die sich verschiedener »vorstandsnaher Fortbilder« bedienen.

Diese Sorte Fortbildung kostet jährlich viele Millionen, denn allein die ständigen Gesetzesänderungen auf europäischer und nationaler Ebene sind Anlaß für derartige Veranstaltungen. Auf die Masse des Fußvolks schließlich sind jede Menge kleiner und kleinster Unternehmen ausgerichtet, die am Rande des großen Geldes immer wieder die gleichen Juristen, Ministerialräte und Beamte zu Meinungsäußerungen zu den Themen Sicherheit, Zulassung und zur Zukunft der Pharmaindustrie im neuen Europa animieren.

Jeder Veranstalter solcher Pharmatagungen wirbt völlig unauffällig mit seinen guten Kontakten zu Behörden, vergißt aber hinzuzufügen, daß man angetreten ist, die behördlich genehmigten Nebeneinnahmen von Beamten zu verbessern und so das Klima zwischen Industrie und Aufsichtsbehörden zu pflegen. Die nicht gerade niedrigen Aufwendungen dafür können als Kosten für Weiterbildung steuerlich abgesetzt werden.

Natürlich mischt auch die hohe Politik kräftig mit. In Vorstandskreisen treten Martin Bangemann und Günter Rexrodt auf. Das tiefer angesiedelte Management wird durch Ministerialräte oder die Stellvertreterschaft von Staatssekretären fortgebildet. Und dann gibt es noch das Treffen der Götter: Bundeskanzler Helmut Kohl gibt sich einmal im Jahr die Ehre und empfängt die Vorstandsvorsitzenden der IG-Farben-Enkel. In diesem Kreis werden die Maßstäbe für Gesetzesänderungen, Standortfragen und Subventionen des nächsten Jahres festgelegt. So zahlt es sich noch heute für das Pharmakartell aus, daß der Bundeskanzler früher einmal Referatsleiter beim Verband der Chemischen Industrie von Rheinland-Pfalz gewesen ist. Bei soviel Ehre, Prominenz und Beflissenheit: Wen wundern noch die Preisentwicklungen für Arzneimittel.

Produktsicherheit als Indikator für die Qualität des Managements

Viele nicht richtig antizipierte Risiken und Schadensfälle bei Arzneimitteln sowie teure Entwicklungen wenig sinnvoller Produkte wären vermeidbar, hätten neben den Kaufleuten aus Marketing und Vertrieb auch kompetente Mediziner eine Chance, bei Risikobeurteilungen mitentscheiden zu dürfen. Was den Mitgliedern der oberen Entscheidungsgremien hauptsächlich fehlt, ist kritischer Sachverstand. Da, wo die Betriebswirtschaft die Pillenindustrie dominiert, kommt die Moral und damit die Sicherheit zu kurz. Ob ein neues Produkt entwickelt wird, hängt ausschließlich von der Größe des Marktes, der Konkurrenzsituation und dem Verkaufspreis ab. Und das, obwohl die Pharmabranche sich drei wichtigen Dingen gegenüber verantwortlich zeigen müßte: der Krankheit, dem Kranken und dem Arzt.

Die Arzneimittelsicherheit, eine Spezialwissenschaft für Ärzte und – angeblich – auch von Apothekern, befaßt sich mit den Risiken und Nebenwirkungen eines Produktes, die beim Patienten auftreten und ihn schädigen können, obwohl das Medikament in empfohlener Form und Dosierung eingenommen wurde. Jede wirksame Arznei besitzt solche Nebenwirkungen, die in einem tolerierbaren Verhältnis zu Nutzen und Risiko stehen sollen. Die Skala der Nebenwirkungen reicht jedoch von vorübergehenden Befindlichkeitsstörungen bis zu Todesfällen. In den letzten 20 Jahren haben große Unternehmen für

Imageverluste der Branche durch »Zwischenfälle der letzten Jahre« (Minimalauswahl, siehe Kapitel 6)

- HIV-verseuchte Blutprodukte weltweit
- Ungerechtfertigter Streit der Konzerne bei Herz- und Kreislaufmedikamenten
- Streit der Industrie, Behörden, Verbraucher- und Interessenverbände um mögliche BSE-Kontamination bei Grundstoffen tierischer Herkunft für Arzneimittel
- SANDOZ-Skandal mit Heparin-Dihydergot (siehe Kapitel 4)

die Öffentlichkeit lautstark und unübersehbar innerbetriebliche Institutionen zur Verbesserung der Produktsicherheit aufgebaut. Der Umgang einer Firmenleitung mit Nebenwirkungen und Produktrisiken gilt als wichtiger Maßstab für Glaubwürdigkeit und Ehrlichkeit eines Unternehmers nach innen und außen. Geschäftsleitungen, die diese Regeln mißachten oder gegen Spielregeln der Eigenverantwortlichkeit im Umgang mit Produktschäden verstoßen, sind unglaubwürdig und bedrohen zugunsten kurzfristiger Gewinne das Leben, die Gesundheit und die Existenz vieler Menschen.

Wenn ein Management in regelmäßigen Abständen weltweit von Zwischenfall zu Zwischenfall stolpert, darf sich niemand wundern, wenn die Umsätze der Konzerne des Pharmakartells sinken. Dies gilt insbesondere für die USA, wo Verbraucherorganisationen – anders als in Europa – wirkungsvoll zum Boykott von Firmenprodukten aufrufen.

Es ist Gemeingut der Fachwelt, daß es nur selten schädigende Medikamente gibt, sondern meistens verantwortungslose Forscher, schlampige Entwicklungen durch unkritische Fachleute und ein rücksichtsloses Verkaufsmanagement. In Europa, USA und Japan zählt in fast allen Branchen nur noch die Umsatzrendite. Es hat den Anschein, daß Sicherheitsaspekte in vielen Unternehmen eine untergeordnete Rolle spielen.

Diese Tendenz mag beim defekten Kraftfahrzeug schmerzlich, beim Medikament hingegen kann sie tödlich sein. Nach dem Contergan-Skandal stand das Thema Arzneimittelsicherheit ganz oben auf der Prioritätenliste der Pharmabranche. Führende Multis gründeten vor 20 Jahren als Folge verschärfter gesetzlicher Richtlinien Institute zur Erfassung und Bewertung der Risiken und Produktschäden. Inzwischen hat das Management selbst namhafter Firmen Personal, Expertisen und finanzielle Mittel dieser Institute oder Firmenabteilungen auf ein Minimum reduziert. Die multinationalen Konzerne nutzen die Schwerfälligkeit überforderter Behörden als Freibrief, um nach dem Prinzip zu handeln: Was man nicht weiß, macht niemanden heiß.

Niemand verstößt ständig und für jedermann erkennbar gegen das Übermaß an Gesetzen und Regularien, aber existierende Freiräume werden weitgehend ausgenutzt. Kaum eine Gesundheitsbehörde ist in der Lage, alle politisch erzwungenen gesetzlichen Anforderungen auf ihre praktische Umsetzung hin zu überprüfen. Der weltweite Vertrieb von Produkten und eine international tätige Forschung und Entwicklung ermöglichen die Reduktion von Sicherheitsstandards, weil jedes Land und jede Region – und ganz besonders das neue Europa – seine eigenen Interessen vertritt. In der Regel sehen nationale Behörden den Firmen im eigenen Land selbst größere Unzulänglichkeiten nach, während sie Anbietern aus anderen Kontinenten und Regionen mit Hilfe von Sicherheitsauflagen die Handelsfreiräume eher beschneiden. Große Konzerne reagierten auf solche Beschränkungen, indem sie Firmen im Ausland kauften, vor Ort produzierten und so die dortigen Behörden für sich gewannen.

Die globale Datenerfassung und ihre internationale Vernetzung in allen Unternehmensbereichen erleichterte zusätzliche personelle Einsparungen. Auch vor sicherheitsrelevanten Abteilungen machten solche Umstrukturierungen nicht Halt. Während noch Mitte der 80er Jahre die zentrale Erfassung aller Daten von der präklinischen Forschung in der Retorte und beim Tierversuch bis zur klinischen Forschung am Menschen propagiert wurde, werden heute dezentrale Systeme favorisiert. Das ehemalige Headquarter nimmt zunehmend den Charakter schlanker Holding-Gesellschaften an. Ziel ist nicht zuletzt die Verlagerung von Verantwortung weg von den Vorständen. Besonders in Angelegenheiten von Produktsicherheit und Produkthaftung möchten die Konzernlenker unbehelligt bleiben. Das sichert neben der Freiheit und Beweglichkeit des Kapitals auch das geringste Haftungsrisiko der Vorstände.

Die Dezentralisierung hat noch weitere Vorteile für die Vorstandsmitglieder. Es gibt keine alle Arzneimittelrisiken zentral erfassenden Datenbanken mehr, und gibt es sie doch, sind sie statistisch bearbeitet, was einer sanften, für Nichtfachleute kaum erkennbaren Manipulation entspricht. Damit wird die Arbeit der Ermittlungsbehörden erschwert, die im Falle eines erneuten Arzneimittelskandals kaum den Nachweis werden führen können, daß dem verantwortlichen Management Produktgefahren schon seit Jahren bekannt sind, ohne daß es dazu beigetragen hätte, sie zu beseitigen. Auch so lassen sich Ansprüche bei der Produkthaftung minimieren.

Den besten Beweis für die Richtigkeit dieser Deutung von Umstrukturierungen bot die Aufarbeitung des AIDS-Skandals vor dem Untersuchungsausschuß des Deutschen Bundestages (siehe auch Kapitel 3). Während des gesamten Verfahrens wurde nicht ein einziger Spitzenmanager der betroffenen Firmen gehört oder gar zur Rechenschaft gezogen –auf der »Anklage«bank saß das mittlere Management.

In Deutschland gehört es noch immer zu den alltäglichen Praktiken, Meldungen aus dem Ausland nicht an die zuständige Behörde weiterzugeben. Man ignoriert einfach unbequeme Meldeverpflichtungen, denn es gibt praktisch keine Kontrolle. Und es soll noch immer hochbezahlte Sicherheitsexperten geben, zu deren wichtigsten Aufgaben es gehört, Beschwerden oder Meldungen von Verbrauchern und Ärzten mit liebenswürdigen Briefen als »nicht möglich« oder »unwahrscheinlich« abzuwehren.

Suchten Pharmafirmen noch vor wenigen Jahren verantwortungsbewußte Ärzte mit Stehvermögen und Mut zur Wahrheit, bevorzugt man jetzt für die Produktsicherheit Mediziner, die ihr Gewissen den Forderungen der Geschäftsleitungen anpassen und meisterhaft Fehler und Gefahren eigener Produkte dissimulieren. Diese verfügen über ein bestimmtes Wissen, das allemal ausreicht, die Medizin als vielseitig interpretierbare biologische Wissenschaft zu nutzen, um neue Gefahren als harmlose Ereignisse zufälliger Natur zu interpretieren. Man kann nämlich negative wie positive Aspekte eines Heilmittels so vermischen, daß ein Schadenspotential nicht ohne weiteres nachgewiesen werden kann. Nach diesem Prinzip gelingt es fast immer, eine Ausrede für die nicht so qualifizierten Behördenmitarbeiter zu finden, die diese zum Abwarten verleiten.

Die Sparmaßnahmen führen zu einem ständigen Defizit an Informationen für Anwender und Verbraucher, mit dem Effekt, daß es Jahre dauern kann, bis selbst schwere Nebenwirkungen den Behörden und Ärzten bekannt werden. Die Vertreiber hingegen können jahrelang unentdeckt ihre schädigenden Produkte absetzen und satte Gewinne erzielen.

Wohin führen die Wege der Pharmabranche?

Um das Wachstum der Gewinne zu sichern und Preisabstriche durch Behörden und Gesundheitsorganisationen abzuwehren, ist die internationale Pharmabranche seit einigen Jahren zur Offensive übergegangen. Seit Mitte der 80er Jahre haben globale Präsenz, Standardisierung von Forschung und Entwicklung und die permanente Jagd nach Profit kontinuierlich zugenommen. Aber auch die Verbraucher organisieren sich neu, um medizinische und pharmazeutische Dienstleistungen billiger als bislang angeboten einzukaufen. Während sich in den USA der Pharmamarkt seit 1994 in diese Richtung bewegt, trägt in Deutschland die Rigidität im Gesundheitssystem zur Verteuerung aller Leistungen bei.

Die Krankenkassen wollen überholte marktwirtschaftliche Methoden am Leben erhalten, daran hat auch die Aufdeckung des Abrechnungsskandals im Dezember 1997 nichts geändert. Die offizielle Ärzteschaft – als stärkster Gegner aller Reformen – denkt auch nicht daran, ihre Privilegien aufzugeben und sich einem leistungsgerechten, fallbezogenen Abrechnungssystem unterzuordnen. Und die Pharmaindustrie pflegt ihr Image einer von Verarmung und Verteufelung bedrohten Branche, obwohl deutsche Verbraucher, im Vergleich zu anderen europäischen Ländern und den USA, das Doppelte und Dreifache für Medikamente zahlen müssen.

In den USA entwickeln sich seit 1970 die *Managed Care Organisations* (MCO), in denen inzwischen 130 Millionen Amerikaner – die Hälfte der gesamten Bevölkerung – organisiert sind. Ihnen gelingt es, die Preise am Markt zu senken. 37 von 50 US-Bundesstaaten haben beschlossen, ihre staatlichen Gesundheitsprogramme *Medicare* und *Medicaide* in die MCOs einzugliedern. Mit diesen neuen Organisationen, die mit Ärzten direkt kooperieren und ihnen Festpreise zur Behandlung bestimmter Patientengruppen anbieten, arbeiten inzwischen schon 50% der Ärzte zusammen. Immerhin konnten die Preise für Medikamente so um fast 20% gesenkt werden.

In Europa kranken alle vergleichbaren Initiativen an der staatlichen Einbindung, der volkswirtschaftlichen Entwicklung und einer schwerfälligen Bürokratie. Die vor einigen Jahren begonnenen Preisdiktate führten bei den internationalen Pharmaunternehmen zur Einigung von oben, zur ungehemmten Kartellbildung durch Aufkauf lukrativer und leistungsfähiger mittelgroßer Unternehmen. Als Antwort auf Preiseinbußen schenkte die Industrie den Verbrauchern eine Flut an Generika (Nachahmerprodukten) und freiverkäuflichen Arzneien. Daneben suchte die Industrie ihr Heil in intensiver Kostenreduktion. So erwarb sie sich den Ruf des Jobkillers, während sie gleichzeitig extrem hohe Gewinne einfuhr.

Folgerichtig löste man großzügig eigene Forschungs- und Entwicklungsabteilungen auf, ersetzte sie durch kommerzielle Auftragsforschung oder Universitätsinstitute und entdeckte neue Methoden des Outplacement und Outsourcement, indem Forschungsaufgaben an externe Clinical Research Organisations (CRO) übertragen wurden. Hire und Fire, das kampagnenbezogene Einstellen und Entlassen von Personal, war das Gebot der Stunde. Ziel ist die Senkung der Personalkosten auf weniger als 25 bis 28% des Gesamtbudgets. Konsequent verlagerten die Multis die Herstellung älterer, aber noch immer lukrativer Produkte in Entwicklungs- und Schwellenländer und konzentrierten die Produktion neuer High-Tech-Stoffe auf wenige technisch hochentwickelte Länder.

Europäische, vor allem deutsche Firmen, investierten 1994 in den USA mit staatlichen Zusatzförderungen etwa 22 und 1995 fast 42 Milliarden Dollar. US-Firmen wiederum – Paradebeispiel *Dow Chemicals Inc.* – investierten im ostdeutschen Bitterfeld einige Milliarden Mark und erhielten dafür von Land und Bund Milliardensubventionen. Aber auch deutsche Konzerne wie die *BASF* kassierten Milliarden für ihr Engagement im Chemiedreieck Bitterfeld.

Auf diese Weise entstanden Deutschlands teuerste Arbeitsplätze, denn jeder einzelne mußte mit bis zu 600.000 Mark subventioniert werden, damit nur wenige tausend Menschen weiter beschäftigt werden. Das genügte den Raffkes in den Chefetagen der internationalen Chemie- und Pharmamultis nicht. Die Unternehmensstrategen wollten ihre zukünftigen hohen Investitionen für die Durchsetzung der Gentechnologie mit Zins und Zinseszins zurückerstattet bekommen. Da die öffentlichen Kassen überall leer, die Sozialbudgets überstrapaziert bzw. kaum noch vorhanden sind und auch die Zahl der Erwerbstätigen permanent fällt, mußte grundlegend etwas geändert werden. Man dachte über Konzepte nach, wie man die rund eine Milliarde Menschen in den Vereinigten Staaten von Amerika, in Europa, Japan und den reicheren Regionen Asiens zur Kasse bitten könnte, und verfiel darauf, daß die Rahmenbedingungen für Arzneimittelmärkte geändert werden müssen.

Da das nicht ganz so reibungslos geht, wie es sich die Herren vom Pharmakartell wünschen, gibt es eine Reihe von offenen Fragen, über die zwischen Politik und Pharmabranche gestritten wird:

■ Der Ausbau des Generikamarktes muß weiter vorangetrieben, die Zahl neuer Chemieprodukte verringert werden. Die Neuschöpfung von Arzneimitteln aus chemischen Verbindungen hatte sich als personell zu aufwendig und zu wenig ergiebig erwiesen.

■ Es sollen Anbietersysteme entwickelt werden, die es möglich machen, diagnostische und therapeutische Leistungen eines Unternehmens zu bündeln und im Paket anzubieten. Das stärkt die Position der Großen der Branche, die für die lukrativen Volkskrankheiten – vom Diabetes bis zu Herz-/Kreislaufleiden und Fettsucht – die ganze Produktpalette anbieten können. 65% der 100 US-Topunternehmen – zu denen auch Deutschlands größere Firmen gehören – verfügten 1996 über solche Konzepte.

■ Künftig sollen sozioökonomische Daten über den Nutzen von Medikamenten bei den Preisverhandlungen zwischen Anbietern und Gesundheitsorganisationen einen höheren Stellenwert einnehmen. Die Nutzen-Risikobewertung neuer Arzneien spielt in vielen Ländern der Erde schon länger eine große Rolle, kommt aber in Deutschland wegen des Widerstandes der Lobby über erste Anfänge nicht hinaus.

■ Die Zahl der freiverkäuflichen Produkte muß steigen, denn hier gibt es noch ein großes Potential auszuschöpfen. In vielen Ländern umfassen die *Over The Counter (OTC)* oder *Selbstmedikationsmärkte* nur 10-15% des gesamten Arzneimittelumsatzes. Die FDA bereitet in den USA seit Mitte 1995 die Freigabe der teuersten und wirkungsvollsten Medikamentengruppe zur Behandlung von Magen- und Zwölffingerdarmgeschwüren – die H1- und H2-Blocker – zum freien Verkauf ohne ärztliche Verschreibung vor. Die dortigen Krankenkassen werden so um mindestens vier Milliarden Dollar entlastet. Volkswirtschaftlich kann dies jedoch teuer werden: Der Mißbrauch von freiverkäuflichen Schmerzmitteln z.B. hat zu Tausenden von Selbstmorden und dauerhaften Nierendefekten geführt und belastet aufgrund der schweren Dauerschäden die Rentenkassen nachhaltig.

■ Erklärtes Hauptziel der Pharmalobby ist es, den Zwischenhandel zurückzudrängen, der von Großhändlern bis zur einzelnen Apotheke reicht. Deren Gewinnspanne (in Deutschland fast 35 Milliarden Mark) möchte die Pharmaindustrie durch Direktverkauf selbst einstreichen und auf eigenen Vertriebsschienen ihre Umsätze noch weiter steigern. Im Krankenhausbereich, in dem eine Direktbelieferung stattfindet, funktioniert dieses System, das allerdings das Aus der »guten alten deutschen Apotheke« bedeuten würde, schon gut.

Diese Maßnahmen dürften in Deutschland zusätzliche Umsätze für die Pharmaindustrie in Höhe von 60 Milliarden Mark ermöglichen. Alle Denkansätze entlasten die Krankenkassen nur vordergründig. Politiker und Beamte werden geschont und die Verbraucher zusätzlich zu den ohnehin hohen Versicherungsbeiträgen unangemessen belastet.

Die Gewinne der Pharmaindustrie sind schon jetzt exorbitant hoch. Insofern ist es an der Zeit, diesen Überlegungen Alternativen entgegenzusetzen und neue Wege zu gehen (siehe dazu auch das Nachwort und den Anhang). Mit sozialen Forderungen, bloßen Mahnungen und Appellen ist nichts mehr zu erreichen.

Kapitel 6
Kontrolle wäre besser

Eine verbesserte Meldepflicht von Ärzten, Kliniken und Unternehmen bringt nur dann die erforderliche Sicherheit für die deutschen Verbraucher von Arzneimitteln, wenn die Gesundheitsbehörden solche Meldungen nicht nur sammeln und auswerten würden, sondern auch konkrete Schutzmaßnahmen ergreifen und durchsetzen könnten. Der jetzige Schutz durch die Aufsicht ist unwirksam und belastet den Verbraucher durch ständige Katastrophen.

Politiker und Gesundheitsbehörden

Man stelle sich vor, Dr. jur. Gregor Gysi, Vorsitzender der Bundestagsgruppe der PDS, würde im Plenum des Deutschen Bundestages die Arbeit des *Bundesinstitutes für Arzneimittel und Medizinalprodukte* (BfArM) kritisieren und den Behördenleiter Professor Alfred Hildebrandt des systematischen Mordes und fahrlässigen Totschlages an Zehntausenden unschuldiger Menschen bezichtigen. Käme er noch auf die Idee, Hildebrandt stalinistische Methoden bei Zulassungen und Rückrufen von Arzneimitteln zu unterstellen und ihn gleichzeitig wegen der unflexiblen und standortfeindlichen Tätigkeit als Jobkiller bezeichnen, der Skandal wäre wohl perfekt – ein Skandal allerdings, bei dem Gysi den Kürzeren ziehen würde.

Geschehen ist das allerdings auch nicht in Deutschland, sondern im Senat der Vereinigten Staaten von Amerika. Vergleichbare Vorwürfe nämlich schleuderte der Sprecher der Republikaner, Newt Gingrich, im November 1995 anläßlich einer Debatte über die Clintonsche Gesundheitsreform in Richtung der amerikanischen Gesundheitsbehörde FDA und bezeichnete deren obersten Direktor David Kessler als primitiven Tyrannen. Und das, obwohl die US-Behörde weltweit die anerkannt beste staatliche Gesundheitsbehörde ist. [1]

In Sachen Arzneimittelsicherheit darf es nie einen Stillstand geben, deklamierte im Frühjahr 1995 Minister Horst Seehofer in seinem Grußwort an die *Deutsche Gesellschaft für experimentelle und klinische Pharmakologie und Toxikologie*. Die Realität sieht anders aus: Von 37.600 Arzneimitteln, die nach dem Arzneimittelgesetz seit 1988 erneut überprüft und zur Nachzulassung eingereicht werden müssen, sind bis August 1995 nur 20 zugelassen worden. 37.580 Uraltpräparate, deren Wirksamkeit und Unbedenklichkeit bei der Erstzulassung vor 1972 nicht überprüft worden waren und die z.T. ein erhebliches Schadenspotential haben, befinden sich weiter auf dem Markt. Und zum »Nie-Stillstand« gehört wohl auch, daß die frei werdenden Planstellen für Arzneimittelsicherheit bei der Berliner Bundesbehörde – obwohl ohnehin spärlich gesät – ab 1996 nicht mehr neu besetzt werden dürfen, wie von Bundesgesundheitsminister Horst Seehofer angeordnet.[2]

Diese Entwicklung ist um so gefährlicher, als auch die Pharmaindustrie selbst in ihren personell ohnehin dünn besiedelten Abteilungen für Arzneimittelsicherheit zum Sparen übergegangen ist. Viele europäische Firmen senken seit 1994 die Kosten und reduzieren das Personal für Sicherheit und klinische Forschung, insbesondere in solchen Fällen, bei denen fusioniert wurde. Intern begründet die Industrie das damit, daß Sicherheitsexperten lediglich neue Risiken für den Absatz bedeuten und unsinnige Untersuchungen veranlassen würden, die ohne Relevanz für die Umsatzrendite sind. Daher wird kräftig rationalisiert, und die Pharmasparten behalten nur die eben notwendige kritische Personalmenge als Aushängeschild. Eine gefährliche und teure Entwicklung. Welche Sicherheitsforschung kann man erwarten für minimale Budgets von 0,1% vom Umsatz? Nicht mehr und nicht weniger, als so, wie sie zum Zeitpunkt des Contergandebakels beschaffen war.

Bürokraten und Juristen

Ginge es um die Zahl von Gesetzen und Verordnungen zum Schutz der Verbraucher vor Arzneimittelschäden, stünde Deutschland auf Platz eins in der Welt. Tatsache ist, daß die deutsche Gesundheitsbürokratie ihre Funktion als Aufsichtsbehörde für Arzneien und Medizinprodukte kaum wahrnehmen kann, weil sie sich selbst den freien

Blick auf die wahren Probleme durch Berge von Papier verbaut hat und mit der Wirtschaftlichkeitsprüfung neuer Produkte völlig überfordert ist. Bedenkt man, daß jede dritte Mark für Gesundheit ausgegeben wird, wäre eine ökonomisch effektive Kontrollfunktion seitens der Beamten des Bundesamtes durchaus sinnvoll und notwendig.

Ein einschlägiges Beispiel für die Arbeitsweise der Behörde ist der Umgang mit dem 1995 zur Behandlung der Multiplen Sklerose (MS) zugelassenen Betaferon, einem sog. Interferon.* Das Berliner Amt hatte am 21. Dezember 1995 in seiner Eigenschaft als verantwortliche Prüf- und Zulassungsbehörde verkündet, daß das neue *Schering*-Präparat zur Behandlung von über 120.000 Patienten mit MS zugelassen sei und ab sofort von den Ärzten erstattungspflichtig verschrieben werden dürfe. 1996 stieg der Umsatz von Betaferon um 34 Prozent auf 533 Millionen Mark – mit weiter steigender Tendenz in 1997.

Der Markt für Produkte zur Linderung Multipler Sklerose ist riesig. Er umfaßt allein in den westlichen Industrieländern 700.000 Kranke. 1995 weigerten sich die britische und dänische Gesundheitsbehörde, das neue Interferon von *Schering* (Betaferon) zuzulassen. Begründung: Es sei zu teuer. Das Argument der britischen Behörde lautete: Wenn alle MS-Kranken Englands mit den neuen Produkten uneingeschränkt behandelt würden, verschlänge dies 10% des Jahresbudgets der gesetzlichen Krankenkassen. Eine Jahresbehandlung kostet pro Patient zwischen 20.000 und 30.000 Dollar. Die weltweite Behandlung aller MS-Patienten entspricht einem Markt von 21 Milliarden Dollar, wobei die neueren Interferone allein in den USA mit 4,1 Milliarden Dollar einen hohen Weltmarkt-Anteil haben.

---

* Interferone (IFN) sind körpereigene Eiweiße, die in den Abwehrzellen der weißen Blutkörperchen gebildet und nach einer Infektion mit Bakterien oder Viren freigesetzt werden. Es gibt mehrere solcher Interferone, die bei akuten und chronischen Entzündungen eine wichtige Rolle bei der Förderung von Abwehrkräften spielen. Ein Typ, das Beta-Interferon, besitzt günstige Effekte bei der Bekämpfung der MS. Das Haupteinsatzgebiet ist die Vermeidung von Rückfällen, denn MS verläuft in Schüben. Derzeit haben sich zur Vermeidung solcher »Schübe« drei Produkte bewährt: Interferon β 1b (Betaferon) von *Schering*, Interferon β 1a (Avonex) und das in Deutschland nicht eine so große Rolle spielende Copolymer (Copoxane). Allen gemeinsam ist die Hemmung von Entzündungsvorgängen an verschiedenen Stellen. Die Wirkungsweise ist zum Teil noch unverstanden. Beta-Interferone werden gentechnologisch hergestellt und sind ein Forschungsprodukt der Firma *Rentschler* in Ulm.

Die *Schering AG* und drei andere High-Tech-Firmen liefern sich seit Anfang 1995 einen harten Kampf um die an MS leidenden Menschen in den Hochpreisregionen USA/Kanada, Europa und Australien. Die furchtbare Krankheit bricht in den besten Lebensjahren aus und zerstört kontinuierlich die Umhüllungen von Nervengeweben, was zu Lähmungen und schweren Nervenstörungen innerer Organe und nach maximal fünfzehn Jahren zum Tode führen kann. MS gehört nach heutigem Wissensstand zu den entzündlich-immunologischen Krankheiten. Eine neue Generation von Zellabwehrstoffen, die sog. Interferone, können die Krankheit in ihrem Verlauf hemmen oder zum Stillstand bringen. Die vier Firmen *Biogen, Ares-Serono, Teva* und *Schering* – alles Hersteller geringfügig voneinander abweichender Präparate – führen einen Krieg auf dem Heilmittelmarkt. Reinheit, Sicherheit und die Nebenwirkungen ihrer Produkte sind die Argumente, die dabei ins Feld geführt werden. Nach heutigen Erkenntnissen unterscheiden sich die Produkte kaum in ihrer Wirksamkeit, mehr dagegen durch eine Vielzahl verschiedener schwerer Begleitreaktionen.[3] Und die Produkte – das trifft auf alle vier Anbieter zu – sind entschieden zu teuer.

Dieses Beispiel zeigt, daß der Entwicklung der Gentechnologie ökonomische Grenzen gesetzt sind. Es ist daher unbegreiflich, daß die Branche in einem atemberaubenden Tempo Milliarden Dollar investiert, wo doch schon seit einem Jahrzehnt einige Versicherungssysteme am Rande der Finanzierbarkeit laufender Kosten angelangt sind. Obwohl deutsche Krankenkassen trotz der Seehoferschen Gesundheitsreformen 1996 fast pleite sind und nur durch die weitere Erhöhung der Zuzahlungen vorrübergehend entlastet werden konnten, ließ die deutsche Behörde das nur im Einzelfall nützliche Produkt zu und ignorierte, daß damit Kosten in Höhe von bis zu vier Milliarden Mark verursacht werden könnten. Anders Australiens Zulassungsbehörde, die sich weigerte, die neuen Präparate freizugeben. Sie schränkte die Zulassung mit der Begründung ein, daß keine überzeugenden Ergebnisse aus der klinischen Prüfung vorlägen.

Im Spiel der Kräfte zwischen Wirtschaft und Behörden zieht das Berliner Bundesamt regelmäßig den Kürzeren. Mängel in der fachlichen Qualifikation der Mitarbeiter sind nicht zu übersehen. Der ausgeschiedene Präsident des früheren Bundesgesundheitsamtes, Professor Dieter Großklaus, mußte denn auch vor dem Aids-Untersuchungsausschuß des Bundestages einräumen, daß es schwer sei, gute und fähige Persönlichkeiten in das Amt zu integrieren.[4] Zum Erstaunen der Fachwelt räumte der Leiter der Abteilung für Arzneimittelsicherheit im BfArM, Dr. Jürgen Beckmann, im Herbst 1995 ein, sich bei verschiedenen wichtigen Entscheidungen geirrt zu haben.[5] Schwerfälligkeit und Apathie charakterisieren seit vielen Jahren die Arbeit der Behörde. Schon 1987 stellte der Pharmakritiker Ulrich Moebius fest, daß die Beamten viele Wochen und Monate benötigen, um ein von der Industrie oder einem Arzt gemeldetes Risiko – selbst wenn es sich um ein tödliches handelt – zur Kenntnis zu nehmen und darauf zu reagieren.

Eine bei den Beamten der Berliner Behörde zunehmend beliebte Methode im Umgang mit unpopulären Entscheidungen ist der Verweis auf kommende Änderungen im Rahmen der EG.

Am 11. Mai 1994 schrieb ein Inspektor der US-amerikanischen Arzneimittelaufsichtsbehörde FDA an den Vorstandsvorsitzenden eines internationalen Konzerns. Es ging um ein hochwirksames Antibiotikum, das noch während der »klinischen Prüfung« schwere Nebenwirkungen zeigte:

»Vom August 1993 an beobachtet unsere Behörde Ihre klinischen Studien unter IND-Nummer ... zu dem Produkt X. Verschiedene Mitarbeiter prüften in den zurückliegenden Monaten die Berichte und andere Daten aus verschiedenen Prüfzentren. Dieser Teil unser Prüfung gehört zum FDA-Biostudien-Programm, welches sich mit der Echtheit von Studien, die unter der Verantwortung der FDA gemacht werden, beschäftigt, und dient außerdem zur Kontrolle, ob Sie, die Hersteller, den gesetzlichen Auflagen nachkommen.

Diesen Anforderungen sind Sie nach dem Bundescode für Sicherheit nicht nachgekommen, denn:

– Sie haben es versäumt, schwerwiegende Nebenwirkungen innerhalb der vorgeschrieben Zeit von 10 Tagen an die Behörde zu melden,

– Sie haben es unterlassen, uns Protokollergänzungen zur Prüfung und Reduktion des Risikos bei entsprechenden Dosisreduzierungen zu unterbreiten,

– Ihre Durchführung der klinischen Studie läßt ein verantwortliches Monitoring (Handhaben) vermissen.

– Ihre Prüfungsunterlagen enthalten schwere Mängel.

Zusammenfassend stellt die Behörde fest, daß schwere Fehler bei der Durchführung der Studien gemacht wurden, daß bei der Aus-

Zeitabstände zwischen Vorsorgemaßnahmen des Bundesgesundheitsamtes zur Risikoabwehr und offiziellen Hinweisen aus der Literatur 1986[6]

Wirkstoff	Gesundheitl. Risiko	Erste Warnung	Zeitdifferenz
Almitin	Nervenschäden	August 1995	11 Monate
Azetylsalizylsäure	Reye Syndrom	Februar 1985	16 Monate
Captopril	Blutdruckabfall		
	Blutbildveränderung	August 1985	10 Monate
Cianidanol	Blutzellzerfall	April 1982	4 1/2 Jahre
Cinnarizin	Störung der Bewegung	Juli 1986	2 Monate

wertung und Beurteilung klinischer Prüfbögen schwere Leberschäden nicht rechtzeitig erkannt und gemeldet wurden, und außerdem eine Risikobewertung fehlt.«

Es folgt die Auflistung zahlreicher einzelner Fehler. Kurz darauf wurde die Weiterentwicklung gestoppt.

Ein solches Schreiben wird man in Deutschland vergeblich suchen. So etwas gibt es hier nicht, denn die Beamten im BfArM und in den Länderbehörden wissen nicht, was die Industrie tut. Die klinischen Prüfungen an unseren Patienten wären noch Jahre fortgesetzt und das Medikament mit – vielleicht – einigen Einschränkungen zugelassen worden. Dann wäre dieser Stoff ein bis zwei Jahre lang verkauft worden, ehe sich herausgestellt hätte, daß das Medikament schwere Nebenwirkungen hat, die schon 10- oder 20mal aufgetreten sind. Darauf hätte das Amt mit einer langwierigen Risikobewertung reagiert. Dieser wäre eine Diskussion unter den Juristen der Behörde gefolgt, und am Ende – vielleicht nach drei oder vier Jahren – hätte die Herstellerfirma dann das Produkt offiziell »mit dem Ausdruck besonderer Fürsorge für die Verbraucher und aufgrund der hohen Eigenverantwortlichkeit des Herstellers« vom Markt genommen.

Überhaupt die Behördenjuristen: Jede noch so unwesentliche öffentliche Äußerung wird juristisch überprüft und abgesegnet. Selbst toxikologische oder medizinische Aussagen unterliegen der rechtlichen Kontrolle. Die Halbwertzeit der cleveren Behördenjuristen ist gering, denn kaum hat sich einer an seinen neuen Job angepaßt, wechselt er flugs in die Kanzleien mehr oder weniger berühmter »Pharmajuristen«, die vom Dilettantismus der Behörde leben.

Inkompetenz und Aktionismus prägen das Gesicht des alten wie neuen Bundesamtes für Gesundheit, dessen mangelnde Sorgfalt ein simpler Vergleich illustriert: Zwischen 1970 und 1992 mußten in den USA, Großbritannien, Frankreich und Deutschland insgesamt 56 Me-

30 Arzneimittel, die das BGA (BfArM) – zumeist erst viele Monate nach den ersten Meldungen – vom Markt genommen hat[7]

Contergan	(Thalidomid)	Terodilin	(Micotrol)
Ticrynafen	(Selacryn)	Tyclazenil	(Leron)
Penfluridol	(Semap)	Muzolimine	(Edrul)
Zimeldin	(Normund)	Prenylamin	(Segontin)
Nomifensin	(Alival)	Moxalactam	(Latamoxef)
Nitrefazol	(Altimol)	L-Tryptophan	(Kalma)
Phentermin	(Mirapront)	Aristocholsäure	
Cianidanol	(Catergan)	Pyrrolozodin Alkaloide	
Duogynon		Anthraquinone	
Cronassial		Benoxaprofen	(Coxigon)
Carnivora		Carprofen	(Imaddyl)
Indomethacin	(Osmogit, GITS)	Indoprofen	(Flosin)
Isoxicam	(Pacyl)	Kebuzon	(Phloguron)
Pirprofen	(Rengasil)	Zomepirac	(Zomax)
Omeprazol	(Antra i.v.)	Ampicillin/Bayer	(Binotal i.v.)

dikamente vom Markt genommen werden; neun Fehlentwicklungen entfielen auf die USA, mehr als die dreifache Anzahl, nämlich 30 Medikamente auf Deutschland. Dies ist keineswegs die Folge besonderer deutscher Wachsamkeit, sondern einer unzulänglichen Prüfung bei der Zulassung. Es handelte sich durchweg um Medikamente, die beileibe nicht harmlos waren, sondern lebensbedrohliche gesundheitliche Schäden – zum Teil mit Todesfolge – verursachten. Oft erfuhr das BGA (BfArM) von solchen Schadenspotentialen erst, nachdem Pharmaverbände, Presse und Fernsehen bereits auf sie öffentlich aufmerksam gemacht hatten. Und es soll nicht nur einmal vorgekommen sein, daß der Antrag auf Widerruf einer Zulassung von den Herstellern eines Produktes und nicht von der Aufsichtsbehörde gestellt wurde.

Fehler vom Amt

Die Ursachen für das Versagen der deutschen Gesundheitsbehörden sind hausgemacht. Sie werden durch die Gesetzgebung noch verstärkt, weil an der unsinnigen Teilung der Zuständigkeit zwischen Bund und Ländern festgehalten wird. Das Berliner Amt, so die Interpretation des Deutschen Bundestages, kann verfügen und empfehlen. Ob diese Weisungen nachvollzogen, umgesetzt oder abgeschwächt umgesetzt werden, ist Sache der Länderministerien.

Bevor Fertigarzneimittel auf den Markt kommen, müssen sie gemäß § 21 Abs. 1 AMG von der Bundesbehörde im Rahmen eines festgelegten Prüfverfahrens zugelassen werden. Die Nach-Marktkontrolle hingegen unterliegt gemäß § 30 AMG und der Gefährdungshaftung nach § 84 AMG den Bezirksregierungen und Landesbehörden. Der organisatorische Rahmen dieser wichtigen Nach-Marktkontrolle ist demzufolge zweigeteilt. Bund und Länder – mit Ausnahme der Stadtstaaten –, die Regierungspräsidenten oder Bezirksregierungen teilen sich die Kontrollfunktionen. Spannungen entstehen insbesondere dadurch, daß dem Bund in erster Linie die Rechtskontrolle obliegt, die Länder aber für die Verhaltenskontrolle zuständig sind. Das hat zur Folge, daß die Bundesbehörde die Zulassung eines Arzneimittels aufheben und damit sein Inverkehrbringen rechtlich verhindern, nicht aber den Rückruf oder eine Sicherstellung noch auf dem Markt befindlicher Arzneimittel anordnen kann. Allein von den zuständigen Länderbehörden hängt es also ab, ob das rechtliche Verbot auch praktisch vollzogen wird. Dabei sind die Länderbehörden häufig nicht adäquat ausgestattet, um diesen Aufgaben gerecht zu werden.

Auch die Ärzteschaft ist an der Nach-Marktkontrolle beteiligt. Sie ist gemäß § 24 Abs. 7 Musterberufsordnung für Ärzte verpflichtet, alle Schäden, Nebenwirkungen und Risiken der ihrerseits vertraglich mit der Bundesoberbehörde verbundenen Arzneimittelkommission der Ärzteschaft mitzuteilen. Von den jährlich gemeldeten Nebenwirkungen und Risiken werden jedoch nur ganze 3% durch Apotheker und Ärzte »bemerkt und weitergeleitet«.

Das Bundesinstitut für Arzneimittel und Medizinalprodukte (BfArM) hat laut Arzneimittelgesetz den Auftrag, Risiken, die bei der Anwendung von Arzneimitteln auftreten, zentral zu erfassen und zu bewerten. Je mehr die Zahl der Berichte steigt, desto ratloser zeigen sich die Beamten und ihre Hilfsmannschaften bei der Bewältigung der Aufgaben. Statt sich hierfür um ein kompetentes Management zu bemühen, versagt die Ministerialbürokratie. Auch sie besteht vorwiegend aus Juristen, wo doch Sachverstand gefragt wäre.

Die Meldeverpflichtungen der Industrie haben sich in Deutschland durch die 1994 ergänzte 5. Novelle zum Arzneimittelgesetz erheblich verschärft. Seitdem müssen die Hersteller alle schweren und bereits bekannten Nebenwirkungen, etwa 80% sämtlicher spontan gemeldeter Begleiterscheinungen, an das Bundesgesundheitsamt melden. Statt geänderter Inzidenzen, das heißt veränderter Melde-

Meldungen über unerwünschte Nebenwirkungen an das Bundesinstitut für Arzneimittel und Medizinalprodukte[8]

Es haben gemeldet	**1993**	**1994**	**1995**	**1996**
Pharmazeutische Industrie	29.090	45.000	57.802	61.200
Ausland	15.871	25.000	41.658	48.500
Deutschland	13.219	20.000	16.144	19.500
davon Spontanberichte	3.484	6.000	6.147	
aus klinischen Studien	9.735	14.000	9.997	
Arzneimittelkommissionen Ärzteschaft	1.363	2.000	2.266	2.200
(Zahnärzte/Apotheker/Tierärzte)	417	520	502	600
Bundesinstitut, BfArM direkt von Ärzten, Hospitälern, Patienten	1.671	1.100	1.246	
Summe aller Nebenwirkungen	32.541	48.100	61. 478	68.000

frequenz bestimmter Nebenwirkungen bei gleicher Anzahl verkaufter Medikamentenpackungen, fordert das Gesetz Einzelmeldungen. Viel wichtiger wäre es jedoch, Hersteller wie Ärzte und Apotheker gesetzlich zu zwingen, die Risiken, die diese kennen, in fachlich qualitativer Form zu melden. Denn es geht darum, die höchstens 6% jener Meldungen herauszufiltern, die einer intensiven Aufmerksamkeit und Bearbeitung bedürfen.

Nur zögernd setzen die Behörden im Ausland bereits gängige Meldepraktiken hierzulande um. Dort verlangt man von den Unternehmen, daß sie alle bisher »unbekannten« Nebenwirkungen melden. Leider gilt diese Anforderung nur für neue Produkte, obwohl gerade in den »Altprodukten«, die im Stau der Nachzulassung stecken, gefährliche Potentiale unentdeckt schlummern.

Die Arzneimittelkommissionen der Ärzte und Apotheker dagegen bieten mit ihren sporadischen und oft wenig Fakten enthaltenden Berichten weder Hilfen noch Abhilfe. Beide Institutionen sind für die Arzneimittelsicherheit überflüssig.

Nach dem deutschen Arzneimittelgesetz (3. Bekanntmachung § 29, Abs.1, AMG vom 25. Mai 1996) müssen alle Verdachtsfälle schwerer Nebenwirkungen aus klinischen Prüfungen nicht mehr innerhalb von 15 Tagen an die Behörde, sondern erst nach Erfüllung der Identifikationskriterien gemeldet werden. Das bedeutet, daß die Meldung erst Jahre nach Beendigung der Studien erfolgen muß, wenn der Code gebrochen wurde, d.h. offen dargelegt wurde, welcher Patient eine Tablette mit Wirkstoff (Verum) und welcher die Pille ohne

Wirkstoff (Placebo) erhalten hatte. Nur bei schwerwiegenden Nebenwirkungen – die Entscheidung liegt beim Unternehmer – soll der Code früher geöffnet werden. 1996 einigte man sich auf einer einschlägigen Konferenz in Japan, nur diejenigen Fälle sofort an die Behörde zu melden, die außergewöhnlich schwerwiegend und bisher unbekannt waren. Würden die Verantwortlichen mehr fachliches Detailwissen und weniger juristische Mittel einsetzen, könnte sich das ganze Palaver über die Art und Weise, die Frequenz, den Zeitpunkt etc. zur Meldung von Nebenwirkungen von selbst erledigen.

Was prüft eigentlich die Kontrollbehörde?

Beim Vergleich gesetzlicher Vorschriften zur Zulassung und Durchführung von klinischen Prüfungen und ihrer späteren Nachbeobachtung zeigen sich insgesamt erhebliche Unterschiede zwischen den USA und Deutschland.

Besser funktioniert die Warnung vor wirklich gefährlichen Risiken in den USA: Die amerikanische Behörde FDA hatte eine Regelung, sich *alle Nebenwirkungen* automatisch unverzüglich melden zu lassen, 1986 wieder abgeschafft. Damals stöhnten die Mitarbeiter der Washingtoner Superbehörde jährlich über mehr als 100.000 Berichte. Das kleinere und unflexiblere deutsche Institut für Arzneimittel dagegen läßt sich gern mal überfordern. Die Pharmabranche liefert die geforderten Papiere am Fließband. Die industriellen Profis finden es nämlich großartig, daß die Aufmerksamkeit der Fachöffentlichkeit von kritischen Produkten und ihren bedrohlichen Risiken abgewendet wird.

In Deutschland vergehen zwischen der Hinterlegung (Vorlage) von Prüfungsunterlagen zur klinischen Prüfung und der Zulassung eines neuen Produktes mehrere Jahre. Das bedeutet für die Praxis, daß ein Fachbeamter der Bundesbehörde die Dokumente zwar inspizieren kann, aber nicht verantwortlich prüfen muß. Es bedeutet auch, daß keine Behörde sich jahrelang um die Durchführung der klinischen Prüfungen kümmert. Wie eine Studie des Pharmaverbandes (BPI) 1988 aufdeckte, stieg die Zahl unerledigter Zulassungs – und Änderungsanträge beim ehemaligen Bundesgesundheitsamt unter der Ägide von Rita Süssmuth als Gesundheits- und Familienministerin auf mehrere Tausend.[9] Während in Frankreich und England 1996 Anträge in acht oder zehn Monaten bearbeitet wurden, betrug in Deutschland die durchschnittliche Wartezeit 22 Monate. Während von

In Deutschland viele Gesetze, aber keine Kontrollen

	USA	Deutschland
Erstzulassung zur Prüfung **Aufsicht**	genehmigungspflichtig durch FDA: Alle Studien am Menschen, regelmäßige Hearings, Audits und Expertenmeetings	**keine behördlichen Kontrollen** **Ethikkommission der Ärztekammern,** Effektivität umstritten, Konrolle Null? **Statt Konrolle nur Vorlage von Unterlagen ohne Prüfung beim BfArM u. Regierungspräsidenten**
Aufsicht während klinischer Prüfungen	**FDA. Enge Kontrollen der US-Behörde** FDA kontrolliert jeden Abschnitt der Studie Phase I bis III	**Keine Kontrollen durch BfArM** oder Länderbehörden oder Ethikkommission, »Eigenverantwortlichlichkeit der Hersteller«
Zulassung zum Markt	**FDA** prüft bindend neue Arznei per »New Drug Application« in Sachen »Sicherheit und Wirksamkeit«	**BfArM** (nur für Deutschland) **EU** (für alle Mitgliedsstaaten und nur für neue Produkte. High-Tech.
Marktbeobachtung **Aufsicht**	Ständige Informationspflicht und Überwachung durch periodische Berichte und Sofortinformationen für ernste und lebensbedrohliche Nebenwirkungen in 3 bis 15 Tagen – Postmarketing Reporting of Adverse Drug Experience **FDA**	Schwerwiegende und unerwartete Nebenwirkungen, auch solche mit – möglichem Zusammenhang – unverzüglich, innerhalb von 3 Tagen **Länder/Regierungspräsidenten und Bundesbehörde: BfArM** = mehrere Behörden mit zu geringer Besetzung

der französischen Zulassungsbehörde vor der Markteinführung durchschnittlich 36 Rückfragen gestellt werden, von denen zwölf als schwierig gelten und nur mit großem Aufwand zu beantworten sind, sind es bei gleicher Antragstellung in der Berliner Behörde durchschnittlich 309 Rückfragen mit 76 schweren inhaltlichen Neubearbeitungen. Wen wundert es, daß unter solchen Prämissen die Industrie leicht Gründe und Argumente findet, um Deutschland als Forschungs- und Produktionsort zu verlassen. So verwies beispielsweise *Hoechst*-Vorstandsmitglied Karl-Gerhard Seifert darauf, daß dort, wo geforscht wird, gewöhnlich auch die Produktion stattfindet, und verband die Zulassungspraxis der deutschen Behörde mit der Standortfrage.[10]

Aber soweit muß es gar nicht kommen. Schon jetzt führt die Umständlichkeit der deutschen Behörde zu einer widersinnigen Vorgehensweise: Deutsche Firmen betreiben ihre europäischen Zulassungen in Großbritannien oder Frankreich, um der hiesigen Beamtenschaft zu entfliehen. In Sicherheitsfragen haben viele Firmen – vor allem verantwortungsbewußte Unternehmen – Frühwarnsysteme entwickelt, um rechtzeitig Schäden und Risiken ihrer Produkte zu entdecken.

Leider geschieht dies nur auf freiwilliger Basis, und leider sind kleinere Pharmaunternehmen keineswegs Vorbilder, obwohl sie aufgrund der geringen Anzahl von Produkten durchaus in der Lage wären, umfassende Sicherheit zu bieten. Daß Pharmamultis rücksichtsloser seien als mittelständische Hersteller, ist ein Vorurteil. Das Gegenteil findet leider häufig genug statt: Die Existenz kleiner Firmen hängt oft von ein oder zwei Medikamenten ab, der Ausfall eines Arzneimittels hätte fatale wirtschaftliche Folgen. Frühzeitig erkannte Schadenspotentiale werden nicht gemeldet – in der Hoffnung, durch »laufende klinische Prüfungen« noch eine Trendwende herbeizuführen. Man vertraut auf die Laxheit der Behörden, die die Schäden nicht entdecken können.

Im September 1997 fand ein Kolloquium der Behörde zum Thema »Beschleunigung der Zulassungsverfahren für Arzneimittel/Konzepte des BfArM nach der Neuorganisation« statt.[11] Man hofft, so der Direktor des Institutes, Professor Alfred Hildebrandt, bis 1999 auf eine Bearbeitungszeit von einem Jahr zu kommen. Die Bearbeitungszeit sank von 1994 mit 1.130 auf 615 Bearbeitungstage im Jahr 1997. Bei neuen Stoffen, die nach den Richtlinien der Europäischen Gemeinschaft bearbeitet werden müssen, beträgt die Bearbeitungszeit 210 Tage, sieht man von den mitunter zahlreichen Unterbrechungsphasen ab, die notwendig werden, wenn die Beteiligten an dem zentralen europäischen Zulassungsverfahren Fragen aufwerfen, die neue Arbeiten notwendig machen.

Die Schwachpunkte der deutschen Zulassungspraxis

■ Es finden *keine* eingehenden Prüfungen neuer Substanzen vor der Anwendung am Menschen statt. Das *Hinterlegen der Unterlagen* bei der Berliner Bundesbehörde und die formale Anmeldung beim Regierungspräsidenten reichen nicht aus, um neue Stoffe am Menschen prüfen zu können. In den Regierungspräsidien arbeiten Laien, die keine Qualifikationen aufweisen, um der Industrie als annähernd ebenbürtige Partner gegenüberzutreten.

- Die Arbeit von Ethikkommissionen ist fragwürdig. Ihre Mitglieder – meist Universitätsärzte – besitzen selten den Einblick und das Wissen von Industrieforschern. Es bestehen Zweifel an der Effizienz von Ethikkommissionen, die nur ein Kontroll- und Beratungsapparat für Ärzte und nicht der Industrie sind. Die Unabhängigkeit solcher Kommissionen wurde öffentlich in Frage gestellt.
- Eine effektive Kontrolle von Kliniken und Arztpraxen, in denen Prüfungen durchgeführt werden, ist bei uns unbekannt.
- Die Institutionalisierung eines »Sicherheitsbeauftragten« nach § 63 AMG ist widersinning, solange solche Personen abhängige Firmenangestellte sind.
- Deutsche Behörden sind im Umgang mit Firmen übervorsichtig, kontaktarm, aber zugleich sehr hoheitsvoll.

Die Praxis in den USA

Der deutsche Gesetzgeber billigt Ärzten wie Pharmaindustrie eine viel zu hohe Eigenverantwortung zu. Anders in den USA, wo der erste Prüfvorgang vor der Anwendung am Menschen, die Introduction of New Drug (IND, Vorschriften zur Einführung neuer Medikamente), sehr intensiv betrieben wird. Dem Prüfverfahren kommt bei der Zulassung ein zentraler Stellenwert zu, weil die Mitarbeiter der Behörde die gesamte Verantwortung für die Qualität der Arznei und die medizinischen Indikationen, also auch für das Anwendungsspektrum des neuen Medikaments, übernehmen. Toxikologische und pharmakokinetische Daten und Ergebnisse, die in Versuchsanordnungen an Tieren, Zellkulturen etc. ermittelt wurden, prüft die amerikanische Behörde kompetent. Beispielweise fragt sie nach schädlichen Abbauprodukten, den Metaboliten, die aus einem primär unschädlichen Arzneimittel durch Stoffwechsel gebildet werden. Oft sind solche Metaboliten – Spaltprodukte von Chemikalien – giftiger als deren Grund- oder Ausgangssubstanzen.

Auf die strenge Eingangsprüfung folgt als nächste Phase die NDA (New Drug Application). Vor dem Beginn der klinischen Prüfung und nach Beendigung der klinischen Prüfungsphase II oder III führt die FDA ein Sondergespräch mit dem Hersteller. Ist die Behörde von den Prüfungsergebnissen nicht überzeugt, zieht sie Experten zu Rate. Solche Anhörungen, die von der Tagespresse beobachtet und kritisch kommentiert werden und an denen die Zulassung eines Arzneimittels scheitern kann, finden – unter der Leitung der von der Behörde geladenen Fachärzte und Pharmakologen – öffentlich statt. Würde sich ein Beamter über die Entscheidung von Experten hinwegsetzen, müßte das FDA für jeden Schaden haften, der nachfolgend durch Therapiefehler entsteht und voraussehbar gewesen wäre.

Den Abschluß des Zulassungsverfahrens bildet eine Medikamentenprüfung durch die Product License Application (PLA, Verordnung zur Marktzulassung). Hier werden schriftlich und mündlich die Bewerbungstexte, Produktaussagen und Warnhinweise mit dem Vertreiber diskutiert und besprochen. Es kann vorkommen, daß die Behörde selbst zu diesem Zeitpunkt noch zusätzliche neue Prüfungen zur Schaffung von Sicherheitsdaten empfiehlt oder vorschreibt.

Die Globalisierung der Pharmamärkte hat der Pillenindustrie in den USA einen deutlichen Machtzuwachs gegenüber dem Staat gebracht.[12] Seit Mitte der 90er Jahre nutzte die Industrielobby ihre Chancen und stellte sich hinter die Fraktionen der Republikaner in Senat und Abgeordnetenhaus, um gegen Präsident Bill Clinton und seine Sozialgesetzgebung vorzugehen. Unverblümt forderte die starke Pharmafraktion die Abschaffung wichtiger Regularien der FDA, um die Produkte noch schneller und teurer verkaufen zu können. Selbst dem Widersacher im Präsidentenamt zahlte man Wahlhilfen: Vier große US-Konzerne spendeten 1996 mehr als drei Millionen Dollar an die Führung der Demokratischen Partei.

Inzwischen wandten sich die Senatoren Edward Kennedy und David Pyror in einem offenen Brief gegen die Machenschaften der Pharmalobby und einiger republikanischer Politiker gegen die FDA. Beide Senatoren wetterten gegen eine Gesetzesvorlage, die eindeutige Begünstigungen der Industrie bei der Produkthaftung ebenso vorsah, wie die noch schnellere Zulassung ihrer Medikamente, den Ersatz der amtlichen Prüfung von Zulassungsunterlagen der FDA durch »private, unabhängige Institute« sowie die ungeprüfte Zulassung von neuen Medikamenten, die die US-Konzerne bereits im Ausland geprüft und auf den Markt gebracht hatten.

Außerdem möchte die Lobby eine Aufhebung des Werbeverbots für ihre Produkte bei Verbrauchern und die Einführung des Vertriebs über das Internet erreichen. Bisher darf die Industrie nur bei Fachgruppen, Ärzten, Apothekern, Herstellern und Vertreibern ihrer Produkte werben. Erlangte die Vorlage Gesetzeskraft, würden den Konzernen zu Lasten der Verbraucher viele Milliarden Dollar in die Tasche gespielt werden.[13]

Seit 1993 hat die FDA eine wirtschaftlich orientierte gesundheitspolitische Abteilung eingerichtet, die sich mit Kosten-Nutzenanalysen neu einzuführender Medikamente beschäftigt. Das hat zu gesteigerten Anforderungen an bestimmte Stoffklassen geführt. Die leitenden Beamten der Food and Drug Administration sind kompetente Manager und können, falls erforderlich, direkt an Senatoren und Abgeordnetenhaus berichten. Es sind hochbezahlte, von der Industrie umworbene Fachleute, die nach wirtschaftlichen und gesundheitspolitischen Kriterien vorgehen und die in der Lage sind, ihre Entscheidungen auch öffentlich zu vertreten. Mit 9.000 Angestellten und einem Jahresetat von 1 Milliarde Dollar verfügt die FDA über hohe Einnahmen und verwaltet ein durch die Öffentlichkeit jederzeit nachvollziehbares Budget. Von jedem Dollar, den der Verbraucher ausgibt, werden 25 Cents durch die FDA kontrolliert. Rund 10% des Etats werden von den Nutzern, meist Pharmaunternehmen, aufgebracht.

Bis zur Verabschiedung erleichternder Vorschriften im Jahre 1992 dauerte die Zeit für die Zulassung neuer Produkte 27 Monate, danach 19 Monate. Bestimmte lebenswichtige Medikamente stellte man dem Verbraucher schon nach sechs Monaten zur Verfügung.[14] Trotz dieser guten Bilanz ist die FDA seit der Machtübernahme der Republikaner im Senat unter Beschuß geraten. Der erfolgreiche FDA-Manager David Kessler mußte seinen Stuhl räumen. Und auch aufgrund der harten ökonomischen Fakten gerät das System unter Druck: Wenn Staatsschulden abgebaut werden müssen, geht es auch an die Substanz der staatlichen Krankenkassen Medicaire und Medicaide.[15] Es kommt hinzu, daß in den USA die mittleren Einkommen im zurückliegenden Jahrzehnt um fast 20% gesunken sind. Experten errechneten, daß in den nächsten zehn Jahren fast 30% der amerikanischen Bevölkerung die Armutsgrenze erreichen und weitere 30% nur knapp über dem sozialen Minimum leben werden. Eine Kostenexplosion und der Kollaps des Gesundheitssystems werden unausweichliche Folge sein.

Ende 1997 forderten die europäischen Pharmaverbände ähnliche Deregulationen im Pharmamarkt, wie sie in den USA angedacht wurden. Für Deutschland hieße dies vor allem, daß die ohnehin schon schwache Bundesbehörde kaum noch Einfluß besitzen würde, um bei Zulassung ernsthafte Einwände zu erheben. Noch weiter wollen die Mitglieder forschender Firmen in Deutschland gehen. Der Vorsitzende des Verbandes der Pharmamultis, Karl-Gerhard Seifert *(Hoechst)*, forderte die Bundesregierung im Rahmen der Standortdiskussion unverblümt auf, möglichst rasch viele unangenehme Regularien zurückzunehmen. Und trotz erheblicher Umsatz- und Gewinnsteigerung scheut sich die Lobby nicht, mit weiteren Entlassungen zu drohen. Seit 1992 kassieren die Pharmamultis die Versicherten hierzulande ab, um anschließend die Gelder in anderen Ländern neu zu investieren. Durch Subventionen, Steuernachlässe und staatliche Investitionen ist die Pharmaindustrie von ihrem Weg in das globale Nirwana nicht abzubringen.

Schadensersatzpraxis

Völlig unterschiedlich gehen die Behörden in den USA und Deutschland mit offenkundig durch Medikamente verursachten Schadensfällen um. Ein Beispiel: 1993 ging es in den Vereinigten Staaten um einen Schadensersatz, den der US-Chemiegigant *Dow Chemical* für gesundheitsschädigende Silikon-Implantate bei Frauen zahlen sollte.[16] Silikonprothesen werden vorwiegend im Bereich der weiblichen Brust zum Aufbau und Ersatz natürlichen Gewebes benutzt. Die beklagte *Dow Chemical,* der zweitgrößte Chemiekonzern der USA mit einem Umsatz von 20 Milliarden Dollar und einem Gewinn von 981 Millionen Dollar im Jahre 1994, weigerte sich hartnäckig, den Betroffenen beim Schadensersatz entgegenzukommen. In den Schadensfall verwickelte Tochterunternehmen, z.B. die *Dow Corning Inc.*, hatten bereits 1994 Gläubigerschutz nach Artikel 11 des amerikanischen Konkursgesetzes beantragt, um eine Schadensbegrenzung zu verzwingen. (Das Gesetz soll die Ausplünderung eines konkursverdächtigen Unternehmens verhindern, vor allem, um Arbeitsplätze zu sichern. Die Unternehmer verpflichten sich im Gegenzug zu einem angemessenen Vergleich mit ihren Gläubigern – bzw. in diesem Fall zu einer angemessenen Schadensersatzleistung an die Opfer – und dürfen weiter bestehen.)

Im Oktober 1995 verurteilte ein Geschworenengericht in Reno, Nevada, das Mutterunternehmen zur Zahlung von 4,1 Millionen Dollar an ein klagendes Ehepaar und weiteren 10 Millionen Dollar Bußgeld an den Staat. Firmeninterne »Risk Manager« befürchteten daraufhin, daß sich der größte Teil der Betroffenen mit ihren Ansprüchen an den Mutterkonzern wenden werde. In der Urteilsverkündung befanden die Richter – entgegen zahlreichen anderslautenden Gutachten –, daß die Wissenschaftler von *Dow Chemical* sehr wohl wußten, daß dem Silikon ein schädigendes Potential anhaftet und sie es dennoch unterlassen hätten, das Produkt vor der Vermarktung gründlicher zu untersuchen. Die FDA leistete bei dieser Aktion aktive Hilfe: So erhielten die Anwälte der Betroffenen nicht nur Kopien der Zulassungsunterlagen der Silikonprothesen, sondern die Beamten erteilten auch fachlichen Rat.

In Deutschland dagegen kommt man nur per Gerichtsbeschluß an die (vollständigen?) Akten und Unterlagen, die das BfArM aufbewahrt. Aber selbst dann wäre die Beweisführung ausgesprochen schwierig und würde letztendlich an den Beteiligten des Pharmakartells scheitern. Würde sich z.B. ein Geschädigter melden und um Hilfe zur Beweisführung gegen einen Konzern bitten, wären ihm wahrscheinlich weder die Berliner noch die Behördenmitarbeiter auf Landesebene, weder Ärzte noch Apotheker behilflich gewesen, um konkretes Belastungsmaterial zusammenzustellen. Solche Vorfälle werden totgeschwiegen. Die Beamten der deutschen Gesundheitsbehörde sind zur Verschwiegenheit verpflichtet und handeln sich ein Disziplinarverfahren ein, wenn sie dabei ertappt werden, eigentlich offizielle Daten an Dritte weiterzugeben.

Aber die in den deutschen Behörden tätigen Menschen können nur so gut sein, wie ihre Vorgesetzten und die gesetzlichen Rahmenbedingungen es erlauben. In unserem Land funktioniert die politische Aufsicht nicht. Beamte im Bundesinstitut für Arzneimittel und Medizinalprodukte (BfArM) könnten, selbst wenn sie Kenntnisse über bedenkliche Medikamente besäßen, gar nicht so ohne weiteres tätig werden.

Die Pharmaindustrie verfügt über hervorragende Kanäle zum gegenwärtigen Regierungslager, die insbesondere von der kleinen, liberalen Partei errichtet und genutzt werden. Dreh- und Angelpunkt für diese Allianz ist der derzeitige Vorsitzende des Gesundheitsausschusses im Deutschen Bundestag, Dieter Thomae, FDP, den man getrost als verlängerten Arm der Anbieter im Gesundheitswesen bezeichnen kann. Zufall oder Absicht: Der liberale Koalitionspartner ist überdurchschnittich häufig in vielen Schlüsselpositionen anzutreffen. So gehören der Hauptgeschäftsführer des Bundes der Arzneimittel-Hersteller (BAH), Mark Seidschek und die Sprecherin des

Bundesverbandes der Pharmaindustrie (BPI), Uta Würfel, der FDP an. Die neue Hauptgeschäftsführerin des Verbandes Forschender Arzneimittelhersteller (VFA), Cornelia Yzer, ehemalige Staatssekretärin im Bundesministerium für Bildung und Wissenschaft, Forschung und Technologie, ist Parteimitglied der CDU.

Es ist vorstellbar, daß derartige Bindungen und Verbindungen in den letzten 20 Jahren dazu beigetragen haben, wirklich dringende Änderungen im Arzneimittelgesetz zugunsten der Verbraucher zu verhindern. Anwender von Arzneimitteln – Ärzte, Apotheker und Verbraucher – können zum Beispiel nicht über alle Produktdaten der Bundesbehörde verfügen. Auf Einzelanfragen lehnt das BfArM entweder eine Auskunft ab oder verweist auf die angeblich zuständigen Institutionen der Arzneimittelkommissionen von Ärzten und Apothekern. Diese Geschäftsstellen – personell ausgesprochen dünn besetzt und schwerfällig agierend wie Dinosaurier – wissen zwar marginal über Wirkungen und Nebenwirkungen Bescheid, verfügen selbst aber nicht über die Kerndaten der Medikamente. Wichtige Ergebnisse toxikologischer, pharmakologischer und klinischer Prüfungen werden ihnen gleichfalls vorenthalten. So können Hersteller in Deutschland Arzneimittel auf den Markt bringen, ohne daß eine einzige klinische Studie zur Wirkung und Risiken veröffentlicht wurde oder nachlesbar ist. In den USA ist eine umfassende Informationspflicht seit mehr als zwei Jahrzehnten durch den »Freedom of Information Act« gesetzlich geregelt. Jeder Bürger besitzt das Recht, sich alle verfügbaren Daten über ein medizinisches Produkt einzuholen und wenn notwendig, auch vor Gericht zum Nachweis von Herstellerfehlern zu verwenden. Innerhalb weniger Wochen stellt die Food and Drug Administration die Daten zur Verfügung.

In Deutschland gilt die Weiterleitung von »Interna« bei den Behörden als »Dienstverletzung« und Grund genug, um Beamte mit Disziplinarverfahren zur »Loyalität« zu zwingen. Das *arzneimitteltelegramm* (9/1997) kommt zu dem Schluß, daß die weltweite Diskussion, wie sich Informationsfreiheit bei Arzneimitteln gewährleisten läßt, ohne deutsche Beteiligung stattfindet. Hierzulande manipulieren Hersteller ungehemmt Informationen, sei es, daß sie Ärzten gegenüber Auskünfte zu vorhandenen Arzneimittelrisiken verweigern oder durch Unterlassungsklage über einen Verband (BPI) kritische Informationen unterdrücken bzw. gerichtlich das Erscheinen eines lange bestehenden wissenschaftlichen Jahrbuches, den *Arznei-*

verordnungs-Report 97, verbieten lassen. Daß damit die freie Meinungsäußerung zu Medikamenten mit fehlendem Nutzen und hohem Risiko verhindert wird, scheint niemanden zu stören. Kein Gericht erörtert bei einer Unterlassungsforderung oder einem Veröffentlichungsverbot von Risikodaten die Folgen für die vielleicht geschädigten oder verstorbenen Patienten.

Der Bundesverband der Arzneimittel-Hersteller (BAH) protestierte 1997 vehement gegen die Veröffentlichung einer Liste von 2.000 Arzneimitteln, deren Nachzulassungsanträge wegen unvollständiger Unterlagen respektive mangelhafter Belege der Wirksamkeit negativ beschieden wurden. Prompt verbot ein Gericht die Veröffentlichung; der Verkauf von nutzlosen und schädigenden Medikamenten indes geht weiter. Die Berufsvertretung der Apotheker verhinderte Ende 1996 »aus haftungsrechtlichen Gründen« die Auslieferung einer indikationsbezogenen Liste umstrittener Arzneimittel an ihre Mitglieder. Es handelte sich immerhin um ein Papier, das von den Wissenschaftlichen Instituten der Ortskrankenkassen erstellt und von der Kassenärztlichen Vereinigung unterstützt worden war.

Zu den neuesten Methoden der Pillenbranche gehört die unverhohlene Bekämpfung von kritischen Gutachtern und Meinungsbildnern mit allen Mitteln des Rechtsstaates. Die Methoden reichen von Unterlassungsklagen, Haftungs- und Schadenersatzdrohungen im Falle von Umsatzeinbußen in Millionenhöhe bis hin zu persönlichen Beleidigungen und der Ausgrenzung aus Fachgremien und Komissionen.

Die Probleme sind erkannt, werden seit Jahren diskutiert, und dennoch geschieht nichts. 90% aller Medikamente werden ohne Überprüfung der Wirksamkeit und Sicherheit durch das Bundesinstitut für Arzneimittel und Medizinalprodukte (BfArM) in den Apotheken verkauft. Man setzt auf die »Erfahrung« mit angeblich ungefährlichen Medikamenten, was insofern bemerkenswert ist, als in Deutschland kaum Langzeitstudien zu Produkten gemacht werden und sich außerdem niemand in der Pharmaindustrie um Spätergebnisse seiner Produkte zu kümmern braucht. Um die Pharmalobby beim Verkauf ihrer qualitativ bedenklichen Substanzen in der nächsten Zeit nicht zu behelligen, wurde mit Zustimmung der Koalitonsparteien und der SPD-Opposition durchgesetzt, daß solche unsicheren Produkte (die in der Regel von den Krankenkassen erstattet werden müssen) bis zum Jahre 2004 im Handel bleiben können. Erst dann, so die aktuelle Gesetzeslage, müssen alle Medikamente, die die Kriterien »wirksam und sicher« nicht erbracht haben, vom Markt genommen werden. Pharmakritiker Ulrich Moebius schätzte 1997 die Zahl der Arzneien, für die diese Beschreibung zutrifft, auf fast 70.000. Eine Hochrechnung der Arzneimittelkommission der Ärzteschaft geht von »nur 34.000« fragwürdigen Substanzen aus.

Die »harmlosen« Produkte

Die im folgenden genannten Beispiele sind nicht charakteristisch für das Verhalten einzelner Unternehmensleitungen, sondern systemimmanent für die gesamte Branche und ihr Umfeld. Man kann nur sorgenvoll vermuten, daß die geschilderten Probleme zu Tausenden auf unserem Arzneimittelmarkt existieren, ohne daß die Aufsichtsorgane auch nur entfernt in der Lage wären, die Medikamente zu identifizieren oder gar in Risikogruppen einzuteilen. Daher geben wir hier ein zufällig gewähltes, dennoch repräsentatives Beispiel für ein Medikament aus dem pharmazeutischen Füllhorn, für das die Regelung gilt: »In der Nachzulassung befindlich, erfüllt aber die Kriterien nicht, darf aber bis zum Jahre 2004 weiter abverkauft werden«. Es zählt zur Stoffgruppe der Anticholinergika. Diese chemischen Verbindungen hemmen bestimmte Nerven, die durch sog. Cholinverbindungen gereizt werden.

Ältere Menschen leiden häufig unter krankhaftem Harndrang. Den Mann quält die Prostata, die Frau eine Senkung ihrer weiblichen Beckenorgane. Das Ergebnis dieser alters-, vielleicht auch hormonell bedingten anatomischen Störung ist das »rund um die Uhr« plötzlich auftretende Gefühl, die Blase sofort entleeren zu müssen. Man nennt dies einen imperativen Harndrang. Betroffen sind Millionen Menschen vom 50. Lebensjahr an. Aber auch kleine Kinder leiden an diesem unwillkürlichen Urinabgang. Sie gelten als Bettnässer und stehen meist in fachärztlicher und teilweise auch psychologischer Behandlung.

Seit 1970 gibt es zur Milderung dieser Beschwerden zwei Medikamente. Nennen wir das eine Arzneimittel *Substanz A*, die von einer großen Firma, und das andere *Substanz B*, die von einem mittelständischen Unternehmen vertrieben wird. *Substanz A* wurde in den USA von der *Firma Merrell Dow* entwickelt und auch in Deutschland regulär vor fast 20 Jahren nach inzwischen nicht mehr gültigen wissenschaftlichen Ansprüchen, Regelungen und Vorgaben zugelassen. Es hat daher Anspruch auf eine zeitlich unbegrenzte Vermarktung. *Substanz B* konnte bisher weder seine »Wirksamkeit noch Sicherheit« beim BfArM nachweisen, erhielt aber 1992 den Status der »fiktiven Zulassung« und fiel somit unter die »2004-Regelung«.

Beide Arzneimittel sind sehr ähnliche chemische Verbindungen, gehören pharmakologisch zur Stoffgruppe der Anticholinergika mit krampflösenden Effekten und werden klinisch in fast identischen Indikationen angewendet. Da auch die Dosierungen nahezu gleich sind, kann man Wirkungen, Risiken und Nebenwirkungen gemeinsam bewerten. Substanz B enthält im Kern des Moleküls ein Cyclohexanyl, das im Verdacht steht, krebserregend zu wirken.

Unseren Aufsichtsbehörden sollte bekannt sein, daß es sich bei den beiden Medikamenten um Produkte handelt, die eine exzessiv hohe Nebenwirkungsrate von bis zu 60% – bezogen auf alle Anwendungen – besitzen. Mit solchen Nebeneffekten bei bestimmungsgemäßem Gebrauch würde eine neue Substanz dieser Stoffgruppe heute nur noch eine eingeschränkte Zulassung erhalten, und dies auch nur, wenn kein anderes Präparat verfügbar wäre. Unsere Behörden wissen, daß – wendete man die aktuellen Richtlinien zur Zulassung von Arzneimitteln der Europäischen Gesundheitsbehörde an – beide Produkte an der Barriere der Toxikologie scheitern würden. *Substanz A* und *Substanz B* sollen in hohen Dosierungen bei Tierversuchen krebserregend sein. Es ist also durchaus vorstellbar, daß die bei den Tierversuchen angewandten Dosierungen nach jahrelangem therapeutischen Gebrauch auch beim Menschen erreicht werden können.

Die britische Gesundheitsbehörde verfügt mit der Stoffklasse der *Substanz A* über jahrelange negative Erfahrungen. Das englische Unternehmen *Smith & Nephew* vertreibt in Großbritannien aufgrund eines 1982 mit *Marion Merrell Dow* geschlossenen Vertrages die Arzneimittelspezialität »Ditropan«. 1982 stellte Smith & Nephew für dieses Mittel einen Zulassungsantrag auf der Basis der Daten von Merrell Dow, also jener Unterlagen, die der amerikanischen Food an Drug Administration zur Erteilung der Marktfähigkeit genügt hatten. Dennoch mußte Smith & Nephew neun Jahre auf die Zulassung warten, da die britische Behörde sie wegen der Gefahr krebserregender Wirkung zunächst verweigerte. Es mußten erst jahrelang neue entlastende Befunde beigebracht und schließlich die Formel bei der Herstellung geändert werden, bis im Jahre 1991 die Verkehrsgenehmigung erfolgte. Als eine andere Firma – *Primecrown Ltd.* – die gerade zugelassene *Substanz A*, welche in Belgien produziert wurde, 1992 in England als Parellelimportware vertreiben wollte, versagte das MCA Ende 1993 die Zulassung aus Sicherheitsgründen. Das Urteil mußte wieder aufgehoben werden, weil es gegen das Abkommen 65/65 EG-Richtlinie der gegenseitigen Anerkennung verstieß. Das endgültige Urteil des Gerichtshofes der Europäischen Gemeinschaft lag am 12. November 1996 vor.

Besonders fragwürdig ist die längerfristige Anwendung der *Substanzen A* und *B* im Kindesalter. Die amerikanische Zulassungsbehörde (NDA 17-577) schrieb bei der Erteilung der Marktfähigkeit vor, daß Kleinkinder mit diesem Anticholinergikum grundsätzlich nicht behandelt werden dürfen. In Ausnahmefällen kann jedoch der verantwortliche Arzt von diesem Warnhinweis abweichen und das Medikament kurzzeitig verordnen.

Betrachtet man das aktuelle Informationsmaterial der beiden Produkte, so kann man vor Erstaunen nur den Atem anhalten. Der Lieferant der *Substanz A*, die mit der klassischen deutschen Zulassung, empfiehlt in seiner Produktinformation nur eine einzige Indikation. Diese wird exakt definiert und in ihren verschiedenen Symptomen beschrieben. Die zahlreich vorliegende Literatur bestätigt, daß diese Indikation wissenschaftlich korrekt anhand von kontrollierten Studien am Menschen geprüft worden war. Die Vertreiber von *Substanz B*, die keine offizielle Zulassung besitzt, weisen in ihrer Produktinformation fünf (!) verschiedene Indikationen aus, wohl weil sie sich breitere Vermarktungschancen versprechen. Die veröffentlichte Literatur berichtet über keine einzige doppeltblinde, placebo-kontrollierte klinische Prüfung. Alles was vom Hersteller publiziert wurde, entspricht dem Status von unkontrollierten Marketingstudien der Phase IV, »Anwendungsbeobachtungen«. Solche Studien besitzen keinen beweisenden Charakter mit Blick auf die Indikationsstellung. Man kann nur vermuten, daß dies auch der Grund für die Beamten im ehemaligen Bundesgesundheitsamt war, 1992 eine echte Marktzulassung zu verweigern.

Der Hersteller von *Substanz A* warnt in seiner Fachinformation und in einer »Roten Liste«-Anzeige wörtlich vor der Anwendung im Kleinkindalter und hält sich insofern streng an die Auflagen: Die FDA in den USA hatte die Verordnung des Produkts bei Kindern unter fünf Jahren untersagt und vorgeschrieben, diese Warnung unter dem Punkt Gegenanzeigen aufzunehmen.

Der Hersteller von *Substanz B* hingegen läßt diesen Warnhinweis einfach weg. Er empfiehlt lediglich für das Kindesalter eine niedrigere Dosierung. Durch den redseligen Außendienst der Substanz B-Firma konnte man erfahren, daß von dem Unternehmen derzeit klinische Prüfungen bei Kindern im Alter von über fünf Jahren in Deutschland, Tschechien, vor allem aber im ehemaligen Jugoslawien durchgeführt werden, obwohl der Unternehmensleitung anhand der Daten der Konkurrenz bekannt sein dürfte, daß Vorsicht im Kindesalter geboten ist. Was soll also eine solche Prüfung, wo doch längst die Vermutung besteht, das FDA hätte die Einschränkung für Kinder unter fünf Jahren ausgesprochen, weil sich in den toxischen Studien diskrete Hinweise ergeben hätten, daß die Substanzen gefährlicher sind als ihr Ruf. Langzeituntersuchungen zu diesen Substanzen jedenfalls, die ihre drei- oder zehnjährige ständige Einnahme zum Gegenstand haben, gibt es nicht, obwohl die Hersteller gerade mit Blick auf eine mögliche spätere Tumorentstehung ein Interesse an solchen Zusammenhängen haben müßten.

Eine Anfrage beim BfArM im Herbst 1997 ergab, daß offenbar nicht nur niemand zuständig ist, sondern auch kein Interesse bestand, sich mit dem Thema Tumorentwicklung durch die *Substanzen A* und *B* auseinanderzusetzen. Die Frage, ob für diese internationale Nebenwirkungsmeldungen vorliegen würden, konnte niemand beantworten. Ein leitender Beamter bemerkte nur lakonisch, daß bei einem solchen Altprodukt das Interesse sehr gering sei, eine Datenbank aufzubauen und zu pflegen. Also darf diese »harmlose Substanz« in Deutschland bis zum Jahre 2004 ohne Kontrolle abverkauft werden. Faßt man die Erfahrungen mit den beiden Substanzen aus ärztlicher Sicht zusammen, so entsteht folgendes Bild:

- Behördlich zugelassene Produkte unterliegen – wenn auch in ungenügendem Umfang – einer gewissen staatlichen Kontrolle.
- Diese gibt es offenbar nicht für nichtzugelassene Medikamente, solche also, die irgendwann unter heute nicht mehr relevanten Bedingungen eine Marktfähigkeit erlangt haben (vor 1972 oder in der ehemaligen DDR)
- Diese Nichtkontrolle läßt zu, daß Hersteller Indikationen angeben, die möglicherweise gar nicht bewiesen sind.
- Obwohl eine Behörde in einem europäischen Nachbarland restriktive Maßnahmen ergriffen hatte, erkennt die deutsche Aufsichtsbehörde keinen Handlungsbedarf.

■ Es gibt in unserem Land solche Gesetze, die es Unternehmen zumindest nicht verbieten, ihre Pharmaprodukte nach Gutdünken auszuloben und zu vertreiben, ohne daß eine gesetzliche Nachmarktkontrolle erfolgt.

■ Auch eine Kontrolle durch zwei Facharztgruppen scheint es nicht zu geben. Man setzt komplett auf »Eigenverantwortung«!

Zu welch kuriosen Mitteln bei uns Ärzte greifen müssen, um die Berliner Aufsichtsbehörde wachzurütteln, zeigt folgendes Beispiel: Neuerliche tierexperimentelle Untersuchungen haben den Verdacht einer früheren klinischen Studie erhärtet, daß das orale Anti-Diabetikum Sulfonylharnstoff bei Patienten mit Einengungen an den Herzkranzgefäßen (Koronarsklerose) zu akuten Durchblutungsstörungen mit Todesfolge führen kann. Seit 1995 warnte Professor Michael Berger, Diabetologe der Universität Düsseldorf, in seinem Lehrbuch über den »Diabetes mellitus« (Zuckerkrankheit) vor der kritiklosen Anwendung der Sulfonylharnstoffe bei älteren Menschen. Kürzlich publizierte schwedische Studien erhärteten den Befund, daß Patienten mit einem Diabetes und Koronarsklerose, die nach einem Herzinfarkt wegen ihrer Zuckerkrankheit im Wechsel mit dem Sulfonylharnstoff oder Insulin behandelt wurden, in der Insulingruppe in 29% der Fälle eine geringere Sterblichkeit aufwiesen.

In einem öffentlichen Brief forderte Professor Berger im August 1997 das Bundesinstitut für Arzneimittel auf, diesen für mindestens 50% der vier Millionen Typ-II-Diabetiker in Deutschland relevanten Sachverhalt zu überprüfen, entsprechende Untersuchungen zu veranlassen und bis zu deren Abschluß sicherzustellen, daß eine entsprechende Warnung in die Produktinformationen aufgenommen wird. Die Reaktion des Amtes erfolgte im Dezember des gleichen Jahres.

In einem langatmigen Schreiben, das in gekürzter Fassung im *Arzneimittelbrief* vom 31.12.1997 veröffentlicht wurde, versucht die Behörde, die Sorgen seriöser Ärzte mit statistischen Argumenten – eine heute durchaus verbreitete Methode, mit der man selbst klar umrissene Ergebnisse »ad absurdum« führen kann – zu zerstreuen. Sie flüchtet sich am Ende hinter noch nicht beendete Versuche, die zu späteren Zeitpunkten Klärungen bringen sollen. Die Behördenmitarbeiter kämpfen mit folgenden Argumenten darum, daß die Produkte der Vertreiberfirmen am Markt bleiben dürfen: »Wir erachten es gegenwärtig für sinnvoll, die Ergebnisse der prospektiven Studie der University Group Diabetes Program (UGPD) abzuwarten, die für das nächste Jahr angekündigt sind. Beim jetzigen, wenig gefestigten Kenntnisstand zu dem diskutierten Sachverhalt halten wir regulatorische Entscheidungen zu den oralen Antidiabetika, vor allem zu den Sulfonylharnstoffen, für nicht ausreichend begründet.«

Mit dieser Argumentation verstößt die Bundesbehörde faktisch gegen das geltende Recht des Arzneimittelgesetzes, in dem vom alleinigen Verdacht als genügende Voraussetzung die Rede ist, um Auflagen und Einschränkungen unverzüglich durchzusetzen. Wenigstens ein Warnhinweis wäre angebracht gewesen, denn nun werden erst einmal Jahre vergehen, bis irgendein »schlüssiger Beweis« vorliegen wird. Außerdem gewinnt man den Eindruck, daß die Behörde nicht bedenkt, daß das Problem bereits seit Jahren bekannt ist und schon insofern genügend Anlaß bestünde, das Mittel in seiner Verwendung einzuschränken – kostet es doch möglicherweise Jahr für Jahr ungezählte Menschenleben.

Arzneimittelsicherheit für den Verbraucher

»Zu Risiken und Nebenwirkungen fragen Sie ihren Arzt oder Apotheker.« Dieser Standardsatz, vom Gesetzgeber als juristisches Feigenblatt zur Irreführung der Bevölkerung und zum Schutze der Produkthaftung für Unternehmer eingeführt, soll dem Normalverbraucher Sicherheit suggerieren. Ebensogut kann man ihn weglassen. Denn wie sicher man sein kann, zeigen die immer wieder bekannt werdenden Skandale und Skandälchen und, schlimmer noch, die unzähligen unbekannten Risiken und Zwischenfälle in Kliniken und Arztpraxen. Ob es sich um den Diätpillenskandal von 1995[17] oder den laxen Umgang deutscher Behörden mit toxikologisch bedenklichen Verbindungen in Arzneien und Nahrungsmitteln handelt, überall stößt man auf Mängel der Produktsicherheit und eine geradezu frevelhafte behördliche Duldung schädlicher Substanzen.

Die Gesetze enthalten wunderschöne Vorgaben und Regelungen, nur in der Praxis wird von jenen Forderungen kaum etwas umgesetzt. Und die meisten Ärzte denken selten oder überhaupt nicht daran, sich die von ihnen verschriebenen Produkte im Hinblick auf Risiken und Begleitwirkungen anzusehen. Viele Mediziner kennen nur dann Risiken eines Medikaments sehr genau, wenn sie es selbst einnehmen oder einem Familienmitglied aushändigen. Woher soll ein Arzt, der wöchentlich mehrere unterschiedliche Präparate verordnet, auch nur annähernd alle Risiken kennen? Die Warnungen in den Beipackzetteln sind juristisch abgefaßte Risikoabwehrmaßnahmen. Mit den kaum lesbaren oder nur ungenau beschriebenen Begleitwirkungen können selbst Fachärzte nur ungenügend umgehen.

Nur im Ausnahmefall gelingt es Geschädigten, dem Hersteller nachzuweisen, daß jener das Risiko kannte, es der Behörde aber nicht zur Kenntnis gebracht oder es unterlassen hatte, davor zu warnen. Umgekehrt kann dem Verbraucher oft nachgewiesen werden, daß er von den Empfehlungen zur Einnahme des Medikamentes abgewichen war. In der Regel geht der geschädigte Verbraucher bei Schadensersatzforderungen leer aus. Gegen ihn steht eine gut organisierte Phalanx von Gutachtern und eine überforderte Gerichtsbarkeit. So kommt es, daß Straftaten besonders im Zusammenhang mit der Produkthaftung meist ungesühnt bleiben.

Wie sorglos Behörden und Industrie bei der Risikobewertung miteinander umgehen, zeigt die Verwendung von Zuckerersatzstoffen bei Schlankheitsdiäten. Ganze Industrien leben von der Behauptung, daß Zuckerersatzstoffe unbedenklich für die Gesundheit sind. So gilt der Süßstoff Aspartam (Canderel u.a.) als harmlos, obwohl er jüngsten Berichten der Fachpresse zufolge für den bislang nicht erklärbaren starken Anstieg von Hirntumoren mitverantwortlich gemacht wird. Man muß abwarten, ob sich dieser Verdacht bestätigt, denn in den Industrienationen Deutschland, England und den USA nehmen seit den 70er Jahren Hirntumoren zu. In den USA hat sich deren Zahl auf 9 pro einer Million Einwohner verdreifacht. Der zu Beginn der 80er Jahre eingeführte Süßstoff Aspartam wurde in den 90er Jahren erstmals als Auslöser von Hirntumoren verdächtigt; bereits im Tierversuch fiel Aspartam auf, weil sich unter Fütterung mit dem Süßstoff bei 4% der Ratten dosisabhängige Hirntumoren entwickelten. In Kontrollversuchen blieben die Tumoren aus. Inzwischen ist bekannt, daß nitrosiertes Aspartam das Erbgut schädigt.[18]

Andere Zuckerersatzstoffe wie Saccharin und Cyclomat sind ebenfalls nicht unbedenklich, und ihre Verwendung in Arznei- und Nahrungsmitteln ist in vielen Ländern verboten. Die chemischen Verbindungen gehen auf den Grundstoff Cyclohexan zurück, andere Varianten sind Cyclohexanol und Cyclohexanon. In den USA wurde ihre Beimischung bei Nahrungs- und Heilmitteln schon vor einem Jahrzehnt verboten, weil diese Stoffklasse im Verdacht steht, genverändernd und krebsinduzierend zu wirken und männliche Samenzellen zu zerstören. Cyclohexanhaltige Süßstoffe werden in Deutschland in Großmärkten angeboten, wo es weder Warnhinweise noch einen Arzt oder Apotheker gibt.

Das Bundesgesundheitsamt läßt seit 20 Jahren zu, daß 26 verschiedene Pharmafirmen den Wirkstoff Ambroxol unter 108 verschiedenen Zubereitungen als schleimlösendes Anti-Hustenmittel verkaufen.[19] Ambroxol ist identisch mit Cyclohexanol. Ärzte verordnen diese gentoxische Substanz besonders Säuglingen und Kleinkindern, ohne sich Gedanken über den Wirkstoff zu machen. Kinder reagieren aufgrund ihrer Biologie viel empfindlicher auf krebserregende Stoffe als Erwachsene. Die Ärzte und Apotheker verlassen sich auf die Behörde, was offensichtlich ein Fehler ist. Während Ambroxol aufgrund der toxischen Eigenschaften in den USA nicht zugelassen wurde, hält die Berliner Bundesbehörde hingegen die umstrittene Stoffklasse für unbedenklich, weil in Tierversuchen experimentell überprüft wurde, daß nur extrem hohe Dosen bösartiges Wachstum von Tumoren erzeugten. Klinische Langzeit- oder Spätuntersuchungen an Menschen existieren nicht.

Horrorszenario: Was Ärzte über Medikamente wissen

Viele Ärzte erhalten das Wissen über die von ihnen verordneten Medikamente von Pharmavertretern. Jene lernen das Vokabular für ihre Argumentation bei den Präsentationen in der Praxis und den Apotheken auswendig. Pharmareferenten sind bedauernswerte Menschen, die in ihren Berufen als Lehrer, Physiker, Genetiker, Chemiker und vielen anderen akademischen Ausbildungen keine Arbeit erhalten haben. Besonders im östlichen Teil unseres Landes stehen ungezählte Akademiker zur Verfügung, nach denen die Industrie nur beiläufig greifen muß, um sich zu bedienen. Die Arbeitslosigkeit macht's möglich.

In Schnellkursen trainiert, erfahren die künftigen Vertreter alles Wissenswerte über Marketing, Pharmakologie und Rhetorik. Und allem Anschein nach reichen solche staatlich verordneten Einführungsveranstaltungen, um die Ärzteschaft fachlich zu beraten. Da Mediziner keine Zeit zu haben scheinen, um sich detailliert zu informieren, greifen sie bei neuen und unbekannten Medikamenten zur *Roten Liste*, dem Kurz-Kompendium für eilige Leser, um im Schnellgang ihre Wissenslücken zu schließen. So kommt es immer wieder vor, daß Ärzte nicht nur fahrlässig, sondern völlig unwissend Kombinationen von Medikamenten verordnen, die mehr schaden als nützen. Vor allem alte Menschen leiden unter solchem Pillenchaos. 10% aller Neuaufnahmen in Krankenhäusern stehen im Zusammenhang mit schweren Nebenwirkungen von Arzneimitteln (s. S. 176f.).

1995 überprüfte eine Forschergruppe in den USA die Effektivität von Pharmareferenten. In vielen amerikanischen Kliniken ist es üblich, daß Firmenvertreter Ärzte und Apotheker zum Lunch in die Kantine einladen, um dort die Präparate beim Pausensnack vorzustellen. Bei dreizehn Lunchmeetings wurden 106 Präparate präsentiert und kommentiert. Die Untersuchung ergab, daß zwölf Informationen über Produkte unrichtig waren und nur dazu dienten, die Wirkungen des eigenen Medikamentes zu beschönigen. Alle fünfzehn Angaben zu Konkurrenzprodukten waren richtig, aber negativ dargestellt.[20]

Amerikanisches Vorbild: Wettbewerb oder der unsichtbare Krieg

Der »Verband der forschenden Arzneimittelhersteller« (VFA) verfolgt seit 1996 unter dem Deckmantel von »Selbsthilfegruppen« simple Tricks, um mit Hilfe von Patientengruppen – meist chronisch Kranken – Einfluß auf die Verschreibungs- und Verordnungspraxis von Ärzten zu erhalten. Bis Ende 1997 fanden vier sog. Round-Table-Gespräche statt, die das Ziel hatten, die Patientenvertreter zu stärken, damit sie in der Öffentlichkeit Druck auf Ärzte und Krankenkassen ausüben sollen. Die Methode ist nicht neu und in den USA üblich, um Zulassungsbehörden und Politiker bei der Einführung neuer Medikamente oder bei der Durchsetzung bisher unbekannter Therapien zum Handeln zu zwingen. Dabei werden alle Mittel der Medien genutzt, um die Öffentlichkeit aufzurütteln und Unterstützung zu erhalten.

In Deutschland geht es um die Folgen der Seehoferschen Gesundheitsreform. Einzelne gesetzliche Krankenkassen wie die AOK Hessen, Berlin und Brandenburg haben zur Ausgabenbegrenzung die Koppelung von Arzthonoraren und Arzneimittelbudget vorgeschlagen und auch schon praktiziert. Jede Deckelung führt zum Nachdenken und vielleicht auch zur Sparsamkeit. Dies war weder den Ärzten noch der Pillenbranche recht. So argumentierte Horst Freisler, Vorstandsvorsitzender des VFA, vor 90 Patientenvertretern: »Die neuen Versorgungsformen, die das zweite Neuordnungsgesetz vorsieht, bieten für unser Gesundheitssystem mehr Chancen als Risiken, wenn sie im Interesse der Patienten ausgestattet werden. Eine alleinige Koppelung von Honoraren und Arzneimitteln, wie dies die Bonusverträge der Kassen vorsehen, führt in eine Sackgasse. Innovative Arzneimittel verbessern die Lebensqualität von chronisch Kranken spürbar. An qualitativ hochwertigen Arzneimitteln darf nicht gespart werden (der augenblickliche Jahresumsatz beträgt ›nur‹ 1,5 Milliarden Mark – P.E.). Wir forschenden Arzneimittelhersteller stehen für Innovationen. Wir stehen für Forschung und Fortschritt, und insofern stehen wir neuen Versorgungsformen aufgeschlossen gegenüber. Für die Patienten muß es doch ein unerträglicher Gedanke sein, daß ihnen hochwirksame Mittel verwehrt werden können, und daß der Arzt ein um so größeres Honorar erhält, je mehr er beim Patienten spart.«

Mit markigen Sätzen wie »Eine ausschließliche Koppelung von Honorar und Arzneimittelausgaben ist gesundheitspolitisch kontraproduktiv und beeinträchtigt das für den Behandlungserfolg notwendige Vertrauensverhältnis zwischen Arzt und Patient« versucht die Pharmaindustrie, die von ihr hofierte Ärzteschaft zu umarmen und in jene Richtung zu treiben, die eine Beibehaltung des aktuellen Zustandes bewirkt. Die Ärzteschaft fordert öffentlich, daß die Krankenkassen ihren Versicherten offerieren sollen, welche Verträge sie mit den Ärzten abgeschlossen haben, welche Leistungen finanziert und welche Einsparkriterien angesetzt werden. Damit kann der Arzt die Krankenkassen für den »Qualitätsverlust« verantwortlich machen, wenn Patienten unzufrieden reagieren. Die Vertreter der Patientengruppen kündigten an, ihren Mitgliedern einen Wechsel der Krankenkasse vorzuschlagen. Daß am Ende der normale Versicherte diesen Zirkus bezahlen muß, dürfte unzweifelhaft sein.

Der Sozialstaat ist keine Almosen-, sondern eine knallharte Wirtschaftsangelegenheit. Jede fünfte Mark unseres Bruttosozialprodukts geht in die Rentenversorgung, jede dritte Mark wird für soziale und gesundheitliche Bedürfnisse ausgegeben. Bei den kassenärztlichen Honorar-Einnahmen handelt es sich um Summen in Höhe von 41 Milliarden Mark. Die Kosten der gesetzlichen Krankenkassen für Ärzte (ambulanter Bereich) kletterten zwischen 1995 und 1996 um 38%, die für die Krankenhäuser (stationärer Bereich) im gleichen Zeitraum

Leistungsausgaben der Gesetzlichen Krankenkassen 1996

	Alte Bundesländer		Neue Bundesländer	
	Mrd. DM	Anteil	Mrd. DM	Anteil
Krankenhaus	64,6	32,9%	13,6	34,0%
Ärzte	33,6	17,1%	5,7	14,2%
Apotheken	26,8	13,6%	6,7	16,7%
Zahnärzte	19,0	9,7%	4,0	10,1%
Gesamte Leistungsausgaben	196,3 (100%)		40,0 (100%)	

um 60%. Keine andere Branche außer der Pharmaindustrie und den Ärzten kann solche Steigerungen aufweisen. Und sie fordern immer mehr. Wenn im Gesundheitsmarkt lautstark von Ethik, Moral, Therapieauftrag und selbstlosem Handeln die Rede ist, handelt es sich in Wirklichkeit meist um Geld, Umsatz und Gewinn.

Verschreibungswut oder Dummheit?

Welche Folgen die von Wissen unbeschwerte ärztliche Berufsauffassung haben kann, zeigt das Beispiel des jedermann bekannten Aspirin®. Seit hundert Jahren verbraucht die Weltbevölkerung immer mehr Aspirin, inzwischen liegt der Verbrauch in Größenordnungen von 70 Tonnen. Der Wirkstoff wird unter vielen Namen verkauft und ist im Vergleich zu seinen Konkurrenten bisher unerreicht harmlos und hoch wirksam. Der Apotheker Felix Hoffmann synthetisierte 1897 das Aspirin in reiner Form, um, so berichtet die Geschichte, seinem Vater ein wirksames Mittel gegen Gelenkschmerzen geben zu können. Es gibt zahlreiche Krankheiten und ebensoviele Indikationen, bei dem das Aspirin wahre Wunder vollbringt. Die wenigen Nebenwirkungen sind, gemessen an milliardenfacher Anwendung pro Jahr, verschwindend gering.

Vor 20 Jahren entdeckten englische Forscher, daß Aspirin die Blutgerinnung hemmt. Weltweit nehmen Millionen Menschen täglich Aspirin in kleinen Mengen zur Gerinnungshemmung, um dadurch zur Vermeidung der gefährlichen Komplikationen von Bluthochdruck, Herz- oder Hirninfarkten beizutragen. In die Entwicklung von Mitteln zur Prophylaxe und Therapie von Organinfarkten mit lebensbedrohlichem Charakter investiert die Industrie Milliarden Dollar, denn

Die vier Wirkprinzipien von Aspirin

Wirkprinzip 1: *Streptokinase*, ein Enzymprodukt aus Bakterien zur Auflösung von Blutgerinnseln. *Urokinase*, ein Eiweiß, spaltet ähnlich der Streptokinase den Blutklebestoff, das Fibrin, und löst auf diese Weise Gerinnsel auf. *Activase* oder *Alteplase*, gentechnologisches Produkt aus menschlichen Tumorzellen (DNS). **Schwer steuerbar.**
Wirkprinzip 2: *Heparin/Liquemin*, ein Mucopolysaccharid aus Blutegelspeichel, zur Prophylaxe neugebildeter Blutpfropfen, Thrombosen und Embolien. **Leicht steuerbar durch Gegenmittel.**
Wirkprinzip 3: *Aspirin*, die Acetylsalicylsäure, verhindert die Neubildung von Thromben. **Bei normaler Anwendung gut steuerbar.**
Wirkprinzip 4: *Coumarine*, Wirkstoff stammt aus Futterklee, greift über das Vitamin K in die Blutgerinnung ein. Langfristige Wirkung. **Schwer steuerbar.**

hier bietet sich ein riesiger Markt. Auch das erste gentechnologische Produkt war ein Medikament zur Auflösung geronnener Blutbestandteile. Da diese Substanzen Thrombosen auflösen können, nennt man sie Thrombolytika (griech. »lysis« = Auflösung), und die Ärzte setzen sie in der Behandlung akuter Blutgefäßverschlüsse ein. Inzwischen gibt es eine Reihe von Wirkprinzipien, die alle recht effektiv, aber nicht gänzlich frei von bestimmten Gefahren sind. Lange Zeit haben sich die Wissenschaftler der Industrie mit den Ärzten darüber gestritten, welches Medikament das beste sei. Übriggeblieben sind vier wirkungsvolle Prinzipien, die alle wegen ihrer lebensrettenden Wirkung zu den Notfallmedikamenten zählen.

Gelangt Aspirin in falsche ärztliche Hände, kann es für den Patienten lebensgefährlich werden. Mehrere Großstudien an vielen tausend Patienten haben sich mit einer qualitativen wie quantitativen Abstimmung der vier Produktgruppen beschäftigt, um eine optimale Behandlung Kranker herauszufinden. Es erwies sich als falsch und lebensgefährlich, die Produkte im Glauben »viel hilft viel« miteinander zu kombinieren. Schon Anfang der 80er Jahre merkte man, wie verhängnisvoll es wäre, mehr als zwei Wirkprinzipien gleichzeitig zu geben. Seit Jahren hatten Wissenschaftler davor gewarnt, mehrere gerinnungshemmende Präparate gleichzeitig zu verordnen, besonders, wenn es sich um schwer steuerbare handelt, die in ihrer Wirkung nicht rasch zu neutralisieren sind und zu lebensbedrohlichen Komplikationen führen können. Inzwischen hat man gelernt, einen kurzfristigen mit einem länger wirksamen Gerinnungshemmer zu kombinieren. Man fand heraus, daß das akut und schnell wirksame Bakterienprodukt (Streptokinase) am besten mit Aspirin *oder* dem Heparin kombinierbar ist. Umgekehrt aber erhöhten sich bei der Anwendung von mehr als zwei Gerinnungshemmern die Risiken überproportional. Einer geringen Besserung (0,5%) bei durch Thrombose verschlossenen Herzkranzgefäßen nach der Behandlung mit zwei Präparaten, stand eine ebenso hohe Komplikationsrate gegenüber. Andere Studien ergaben, daß die gleichzeitige Verabreichung zweier Medikamente keine besseren Heil- und Überlebenschancen im Vergleich zur Monotherapie besaß.

Erst 1995 wurde eine grundlegende Studie zur Frage der Mehrfachtherapie bei infarktgefährdeten Patienten unter dem Namen GUSTO-I-Studie der Amerikanischen Gesellschaft für Herzkrankheiten veröffentlicht.[21] Die höchste Sterblichkeit und die größte Zahl an Hirnblutungen in diesem klinisch umfangreichen Test wies die Dreierkombination mit kurzfristig wirkenden Blutgerinnungshemmern auf. Damit wurde vorerst bestätigt, daß es unzulässig ist, mit mehr als zwei Medikamenten zu arbeiten, wobei viele Kliniken seit zehn Jahren in der akuten Phase nie mehr als ein einziges Medikament erfolgreich anwendeten – auch wegen der Erkenntnis, daß ein Mehr und Doppelt die Ergebnisse nur um wenige Prozentpunkte verbesserte.

Leider gibt es bei uns Ärzte, die sich über alle therapeutischen Grenzen und Erfahrungen hinwegsetzen, und es hat den Anschein, daß Patienten vorsätzlich oder grob fahrlässig irreparabel geschädigt werden. Obgleich Behörden und Universitätsangehörige Kenntnisse von solchen Behandlungen haben, fühlt sich niemand verpflichtet, gegen derartige medizinische Delikte zu protestieren, wie der nachfolgende Fallbericht zeigt. Er sollte zum Nachdenken, aber auch zum politischen Handeln anregen.

Eine 60 Jahre alte Frau wurde mit einer »Zivilisationskrankheit«, resultierend aus einer koronaren Gefäßkrankheit (Herzgefäßarteriosklerose), Bluthochdruck, zwei Herzklappenschäden, Körperschlagaderfehlleistung und einem dialysepflichtigen Nierenschaden in eine Universitätsklinik eingeliefert.[22] Sie hatte am 15. Oktober 1992 einen akuten Herzhinterwandinfarkt erlitten. Auf dem Weg in die Klinik erhielt sie vom Notarzt im Rettungswagen intravenös eine hohe Dosis Heparin, einen natürlichen Gerinnungshemmer. Unmittelbar nach der Aufnahme in die Klinik spritzte man der Schwerkranken ein weiteres Auflösungsprodukt, Streptokinase in der vorgeschriebenen Dosierung, und 1 Ampulle mit 500 mg Acetylsalicylsäure.

Damit war die kranke Frau irreparabel übertherapiert. Trotz eines niedrigen Blutdruckes von 80/50 mm Hg blutete sie fatal aus dem Magen. Die Intensivmaßnahmen umfaßten Plasmaexpander, Rote

Tod auf Krankenschein[23]

Amtl. Nummer	Indikation	Art der Mittel	Nebenwirkungen	Ausgang
BGA 922055225	Angina pectoris, Herzklappenfehler, Rhythmusstörungen	Heparin Marcumar Aspirin 100 und ASS Tabletten	Hirnblutung/ Blutgerinnungsstörung	Lähmung Schlaganfall
BGA 92205746	Herzinfarkt	Heparin (Hochdosis) Marcumar Tbl Aspirin 100	Blutungen: Arterienproduktion 5-6 Blutkonserven Operation: Naht	Hohes HIV-Risiko Operation (unnötig)
BGA 91204973	Allg. Gefäßverkalkung/Infarkte	Marcumar Aspirin Heparin	Massive Blutung im Bauchraum 10 Blutkonserven	Hohes HIV-Risiko Operation
BGA 92205810	Infarkt, Herzgefäßeinengung/Bluthochdruck, Angina pectoris	Heparin Marcumar Aspirin u. noch 14 andere Medikamente	Nierenblutung, Harnstau Nierenversagen	Unbekanntes Schicksal
BGA 93206156	Herzinfarkt, Nierenversagen Dialyse Herzklappenfehler Hochdruck	Aspisol/Aspirin Heparin Streptase	Blutdruckabfall, Blutung, Verblutung, Herz-Kreislaufversagen	Tod
BGA 93205873	Herzinfarkt	Stretase Aspirin, Heparin	Blutung im Bauchraum, Nierenversagen, Bauchwandblutung	überlebt?

Blutkörperchen, Herzschrittmacher, Katecholamine,* künstliche Beatmung und Reanimationsversuche. Dennoch starb die Patientin an der Überdosierung massiv wirksamer Gerinnungsarzneien.

Diesen rigorosen Umgang mit Medikamenten, die nicht bestimmungsgemäß angewendet wurden und in dieser Kombination auch nicht klinisch geprüft worden waren, scheinen weder die zuständige Ethikkommission noch der Staatsanwalt überprüft zu haben. Und obwohl das nicht der einzige Fall war, fühlte sich weder die Arznei-

* Kreislaufwirksame Hormone (Adrenalin, Noradrenalin, Dopamin u.a.)

mittelkommission noch das Bundesgesundheitsamt, weder der ärztliche Direktor noch die Klinikleitung veranlaßt, dagegen einzuschreiten. Der kontaktierte Arzt in der Bundesgesundheitsbehörde meinte lediglich lakonisch, daß solche Zwischenfälle öfters vorkämen, er aber nichts dagegen tun könne. Dieser und andere Berichte stammen von einer universitären Meldestelle, die mit Geldern des Bundesverbands der Pharmazeutischen Industrie (BPI) gefördert wurde. Es ist makaber, feststellen zu müssen, daß Hunderttausende von Mark dafür aufgewendet wurden, um die Leichen und die Geschädigten zu registrieren, ohne daß daraus erkennbare Konsequenzen gezogen wurden.

Hat in diesem Fall die Universitätsklinik, ohne die eigene Ethikkommission zu informieren, ein neues, bislang ungeprüftes Verfahren angewendet, oder haben junge Ärzte unkontrolliert ihr mangelhaftes Wissen an der armen Frau ausprobiert? Die Frage muß offen bleiben. Daß Aufsichtsgremien wie die Arzneimittelkommission der Ärzteschaft und das Bundesgesundheitsamt von dem Fall wußten und im nachhinein nicht einschritten, sollte alle Verantwortlichen aufschrecken. In der Regel erkennen selbst Hausärzte die fatalen Umtriebe ihrer Kollegen, verschließen aber aus Angst vor Repressionen durch die zuständige Ärztekammer beide Augen. Es geht dabei zu nach dem Motto, lieber einen Patienten aus der Kartei entfernen, als die Zuneigung der kassenärztlichen Vereinigung verlieren. Und das Bundesgesundheitsamt bearbeitet ungerührt, registriert und heftet ab.

Neben solchen universitären Fehlbehandlungen gibt es auch die Fälle des netten harmlosen Doktors, des Hausarztes von nebenan, dem haarsträubende Dinge unterlaufen und von dem niemand Rechenschaft über seine Handlungen fordert. Der folgende Fall, der ebenfalls von den offiziellen Institutionen bearbeitet wurde, ist ein typisches Beispiel für die Problematik ärztlicher Verantwortung und Haftung nach falscher medikamentöser Therapie.[24] Ein älterer Patient mußte wegen einer hochgradigen Einengung der Körperschlagader operiert werden. Man entfernte den kranken Teil des großen Blutgefäßes und ersetzte ihn durch eine Prothese. Da solche Gefäßeinengungen selten einzeln, sondern serienmäßig in den Adern auftreten, rief die neue anatomische Situation durch die Prothese weitere Durchblutungsstörungen in anderen Organen hervor. Der Patient war zwar problemlos chirurgisch versorgt worden, doch wegen einer Minderung der Durchblutung mit Sauerstoffmangel in den Nieren dauerten seine Beschwerden an. Die Folgen chronischer Mangeldurchblutung der Nieren sind heftigste Schmerzen, weil dadurch eine chronische Entzündung des Harnorgans entsteht. Es kam zum Schrumpfungsprozeß der Nieren, verbunden mit erheblichen Beschwerden. Der Patient nahm, um schmerzfrei zu bleiben, ständig Medikamente ein. Sein Hausarzt verordnete ihm ein Schmerzmittel mit einem hohen nierenschädigenden Potential. Nachdem der leidende Mann dieses Mittel fast ein Jahr eingenommen hatte, brach seine bis dahin noch intakte Nierenfunktion völlig zusammen. Durch eine Krankenhausbehandlung wurde der akute Schaden behoben, das schädigende Schmerzmittel durch eines ersetzt, das die Nieren nicht schädigt.

Auch hier erkannten Behördenmitarbeiter und Ärzte der Arzneimittelkommission keinen Handlungsbedarf. Im Endeffekt wird dem Kranken die Verantwortung aufgebürdet, die finanzielle Last übernimmt die Solidargemeinschaft. Unser Kassensystem kennt keinen Rückgriff auf den Arzt, obwohl Jahr für Jahr einige hundert Millionen Mark gespart werden könnten. Ärzte besitzen ihre Haftpflichtversicherungen offenbar nur zum Schein.

Alle Versuche, die Ärzte gesetzlich zur Meldung von Nebenwirkungen zu verpflichten, sind bisher am Widerstand der offiziellen Ärztevertreter gescheitert – wohl weil sonst der laxe Umgang mit Medikamenten oder gar der Mißbrauch mit Pharmaka allzu offensichtlich würde. Jährlich melden mehr als 240.000 an Patienten tätige Ärzte nur 2.000 bis 2.500 Nebenwirkungen. Obwohl Arzneiverordnungen millionenfach ausgestellt werden und Nebenwirkungen tausendfach auftreten, erkennen nur 0,2% der Ärzte solche überhaupt.

Vor diesem Hintergrund solch geringer Sensibilität seitens der Ärzte im alltäglichen Umgang mit Medikamenten erscheinen die nachfolgenden Forderungen[25] eines Experten für Arzneimittelsicherheit der Ärztekammer Nordrhein-Westfalen als ausgesprochen wohlklingend, harmonisch und in dieser Form wohl eher unangebracht:

- Im Interesse der Arzneimittelsicherheit sollte eine dezentralisierte Erfassung von Nebenwirkungen erwogen werden.
- Neutrale Informationen zu und intensivierte Erfassung von Arzneimittelrisiken sind von der pharmazeutischen Industrie zu fordern,
- Verstärkte Unterstützung bestehender Strukturen zur Erfassung von Risiken ist eine Aufgabe ärztlicher Organisationen.
- Überwachung von Qualität und Mißbrauch von Arzneimitteln so-

wie verstärkte Zusammenarbeit mit dem Arzt ist auch eine Aufgabe der Apotheker.

■ Die verstärkte Aufklärung der Bevölkerung über rationale Anwendung von Arzneimitteln kann die Sicherheit verbessern.

Die offizielle Ärzteschaft »fordert« seit mehr als 20 Jahren Änderungen, ist aber selbst nicht bereit, aus der eigenverantwortlichen Meldung der Ärzte eine bindende Verpflichtung zu machen. Man gewinnt den Eindruck, daß solche Vertreter keine Ahnung von der Praxis haben und auch nicht haben können, denn ihnen fehlt die praktische Erfahrung in den dunklen Ecken der Pharmawelt.

Therapieschäden durch Medikamente – die neue Volkskrankheit

Andere Länder haben das Problem medikamentöser Schäden durch mangelhafte Aufsicht im ärztlichen Bereich längst erkannt. So veröffentlichte eine britisch-amerikanische Forschergruppe Ende 1995 die Ergebnisse einer Studie über falsch verabreichte Arzneien: In einer amerikanischen Klinik lag die Höhe der Verordnungsfehler bei 6,9%, in dem englischen Krankenhaus bei 3%. Häufigster Fehler war eine unkorrekte Dosierung und die Verabreichung nicht verordneter Medikamente. Weitere Fehler traten dadurch auf, daß Medikamente, obwohl sie abgesetzt oder auf andere umgesetzt worden waren, weitergegeben wurden.[26]

In Staaten, in denen eine Ökonomie des Gesundheitswesens betrieben wird, sind Begriffe wie »Therapie- und Behandlungsschäden« längst bekannt, definiert und in ihrem Schadenspotential berechnet. Für Deutschland gibt es derartige Schätzungen und Hochrechnungen nicht, weshalb wir hier die Zahlen für die Vereinigten Staaten heranziehen: In den USA verursachen Krankheits- und Todesfolgen nach falscher oder inadäquater Medikamenteneinnahme Schäden in Höhe von 100 Milliarden Dollar im Jahr. Damit wird dieser Faktor zur zweitwichtigsten Krankheitsursache, wobei die indirekten, kaum meßbaren Kosten die direkten übersteigen. Allein der »nicht empfohlene« Gebrauch von Arzneien verursacht volkswirtschaftliche Schäden in Höhe von 17 bis 25 Milliarden Dollar.

Solide Wirtschaftsrechnungen belegen, daß die Gesamtkosten für vermeidbare arzneimittelbedingte Krankheiten und Todesfälle, ein-

Vergleich direkter Krankheitskosten (USA)[27]

Krankheit	Kosten Mrd US-$
Herz-Kreislauferkrankungen	117,0
Arzneimittelbedingte Krankheiten und Todesfälle	76,6
Fettsucht	45,8
Zuckerkrankheit (Diabetes)	45,2
nichtinsulinbedürftiger Diabetes	15,5

schließlich aller Folgekosten, jährlich zwischen 138 bis 182 Milliarden Dollar betragen. Um der großen volkswirtschaftlichen und gesundheitspolitischen Bedeutung dieses Komplexes gerecht zu werden, wurden Kommissionen eingesetzt, die diese Zahlen wissenschaftlich erhärten sollten. Man errechnete, daß jährlich durch mittel- und unmittelbare Arzneimittelfehler fast 200.000 Menschen sterben. Akute und langfristige Krankenhauseinweisungen zur Behebung von Notfallsituationen und Spätschäden erfolgten bei bis zu 27% der betroffenen Patienten, was 1992 einer Fallzahl von 3,5 bis neun Millionen entsprach. Schadensersatzleistungen sind aus jenen Gründen sehr hoch und für die Beteiligten finanziell deutlich spürbar. Die Situation wird in den USA seit 1960 konkret erfaßt und öffentlich diskutiert. Der finanzielle Beitrag, den dagegen die verantwortlichen Ärzte, Apotheker und die Pharmaindustrie in Deutschland zur Abhilfe dieser Problematik leisten, ist gleich Null.

Und auch der finanzielle Beitrag der milliardenschweren Pharmaindustrie zur Verbesserung der Arzneimittelsicherheit ist gering. Er macht bei großen Konzernen nur einen minimalen Bruchteil vom Umsatz aus. Kleine und mittlere Unternehmen investieren in die Arzneimittelsicherheit ebenfalls wenig. Kleinere Firmen, die wegen eines Produktschadens in die Presse kommen, büßen mitunter ihre Existenz ein. Große Firmen schreiben das Produkt kurzerhand ab, auch wenn sie dadurch 20 oder 30 Millionen Mark Umsatzeinbußen haben.

Seelenruhig sieht die Pillenindustrie zu, wie Menschen zu Schaden kommen, denn durch den Verkauf von Gegenmitteln zur Behandlung der Produktschäden wird anschließend gleich noch einmal gut verdient. Legt man die Berechnungen amerikanischer Patientenschutzverbände zugrunde und vergleicht sie mit den spärlichen deutschen Zahlen, dürfte das strapazierte Sozialsystem mit Schäden solcher Art jährlich in Höhe von 30 bis 40 Milliarden Mark belastet werden.

Das schizophrene Verhältnis von Arzt und Pharmaindustrie

Die deutsche Pharmabranche entwickelte sich nach dem 2. Weltkrieg zum weltweit führenden Wirtschaftszweig, galt sie doch noch bis 1995 als die Nummer eins und wurde gelegentlich auch »Weltapotheke« genannt. Von einer an ärztliche Weisungen gebundenen Branche entwickelten sich ihre großen Firmen zu einer internationalen Industrie, die eigenen Interessen folgt. Vielen Ärzten fiel es schwer, den Bedeutungswandel im gegenseitigen Rollenspiel nachzuempfinden, was zu einem permanenten Unbehagen zwischen Pharmaindustrie und Ärzteschaft beitrug. Noch vor wenigen Jahren hielt sich die Führungsliga der Ärzteschaft auf Distanz zur Pillenbranche. Dafür gab es damals gute Gründe, denn die Ärzteschaft war gebildet und finanziell unabhängig. Ärzte, die in der Pharmaindustrie tätig sind, wurden – und werden noch immer – als verkrachte medizinische Karrieren betrachtet. Erfolgreich verhindern die Vertreter der Weiterbildungsausschüsse der Ärztekammern die Schaffung eines Facharztes in der Pharmaindustrie. Eine Verbesserung des rauhen Klimas begann, nachdem der Bonner Professor für Innere Medizin, der Internist und Pharmakologe Paul Martini, erkannt hatte, welche unerschöpflichen finanziellen Kräfte und Möglichkeiten die Pillenfirmen auch für die Ärzteschaft bereithalten können. Jahrelang ergoß sich über weite Teile der Medizinerschaft ein wahrer Geldregen.

Die Repräsentanten der Industrie verhielten sich im Umgang mit Ärzten äußerst geschickt. Man stellte die gemeinsamen Interessen klinischer Forschung und der Wissenschaftlichkeit in den Vordergrund. Große Konzerne, aber auch mittelständische Unternehmen, holten sich Universitäts-Chefärzte in ihre Aufsichtsräte oder schufen Beiräte, in denen die klugen Ordinarien ihr Scherflein zur Umsetzung pharmazeutisch-gewinnträchtiger Träume beitragen sollten. Beliebt bei solchen Besetzungen waren auch Forscher, die den Leitern von Behörden nahestanden.

Bis heute werden nahezu alle medizinischen Fortbildungen, Kongresse und Tagungen von der Industrie finanziell unterstützt. Die hohen Deckungsbeiträge der Pillenbranche ermöglichen dies. Außerdem werden Aufwendungen für Forschung – und was läßt sich nicht als solche darstellen – vom Fiskus günstiger besteuert. Dafür beteiligen sich die Ärzte an klinischen Prüfungen für die Industrie. Mancher Arzt setzt seinen Namen unter den Text sog. wissenschaftlicher Beiträge, ohne viel dafür getan zu haben, und kassiert. Geht es um elitäre Adressen – Universitäten oder große Stadtkliniken –, gibt es von der Industrie selbst für die hirnrissigsten Projekte finanzielle Unterstützung. *Der Spiegel* berichtete in Heft 4/1997 über Vorgänge am Mainzer Universitätsklinikum und stellte dar, welche lukrativen Geschäfte dort mit psychiatrischen Kranken getätigt wurden. Die von der Pharmaindustrie finanzierten Arzneimittelprüfungen sind insgesamt ein lohnendes Geschäft für deutsche Hospitäler und Ärzte. Die Medikamentenhersteller gaben 1995 rund 4,5 Milliarden Mark für Pharmaforschung aus, etwa 1,5 Milliarden davon gingen in die klinische Erprobung von Medikamenten. Die Zahl der klinischen Studien pro Jahr wird zwischen 6.000 und 8.000 angegeben, weit mehr als 100.000 Patienten dürften davon betroffen sein.

Klinische Prüfungen sind wichtig und notwendig. Man muß jedoch fordern, daß solche Untersuchungen offen und nicht – wie bisher – als Geheimkommandos behandelt werden. Vor allem aber sollte eine strikte Kostenerstattung an die Krankenkassen oder die Krankenhausträger eingeführt werden. Bisher kassieren vielfach Ärzte für Leistungen, die sie nicht mit eigenen Geräten und von ihnen angestellten und bezahlten Personen durchführen, ohne diese Einkünfte an Berechtigte oder Dritte weiterzuleiten.

Das äußerst lukrative Miteinander erhielt einen Dämpfer, als die Finanzämter Anfang der 80er Jahre steuerlich Absetzbares stark einschränkten, vor allem Kongresse in Kombination mit Urlaub. Dennoch besteht das Pharmakartell weiter, denn jene unheilige Allianz aus Pharmabranche, Ärzteschaft und Gesundheitsbehörde bildet ein Bermudadreieck für ständige Risiken und Verbraucherschäden. Eine neue Variante besteht darin, daß ärztliche Fachgruppen zu strategischen Studien für angeblich neue Indikationen mißbraucht werden. Hersteller mit Therapie-Optimierungsstudien können die Lücken bei der Arzneimittelzulassung durch die Behörde umgehen und viel Geld für eine aufwendige Entwicklung sparen (*arznei-telegramm* 12/97). Fachgesellschaften wie der Landesverband Bremen der Deutschen Krebsgesellschaft dienen dabei als Garant der Seriosität.

Besondere Übereinstimmung zwischen Ärzten, Apothekern, Wissenschaftlern, Behörden und Industrie gewährleisten die »Sachverständigen-Kommissionen« beim Zulassungs- und Nachzulassungsgeschäft. Kritische Argumente werden in solchen Ausschüssen, wo es etwa um die »Verschreibungspflicht« oder das »Stufenplanverfahren« geht, selten berücksichtigt, auch wenn sie noch so gut begründet sind. Meist einigt man sich in Form von Kompromissen, die in der Regel zu Lasten der Verbraucher gehen. Die Statistik ist das Hilfsmittel Nummer eins beim Herunterbügeln unbequemer Wahrheiten.

Im übrigen ist die »Hängepartie« der Nachzulassung von 37.000 Arzneimitteln auf unserem Markt auch ein »Verdienst« der Kommissionen im BFArM und nicht allein das Verschulden nachlässiger Beamter. Alle offenen Beurteilungen, die man trotz ständigen Aktionismus nicht erledigt hat, führen dazu, daß Medikamente und Heilmittel ohne nachgewiesene Wirksamkeit und Sicherheit bis zum Jahre 2004 oder – ginge es nach den Wünschen der Industrie – gar bis zum St. Nimmerleinstag weiterverkauft werden dürfen. Man sieht, das ganze Getue hat System.

Internationale Konzerne vermeiden es, wichtige Arzneien – wie gentechnologische Neuentwicklungen – in den entscheidenden klinischen Phasen in Deutschland zu prüfen. Der Grund: Die akribische Arbeitsweise, wesentliche Voraussetzung für die Good Clinical Practice (GCP) internationaler Studien, wurde von den deutschen Ärzten viele Jahre boykottiert. Sie verdienen ihr Geld im Rahmen der täglichen Routinearbeit schneller und leichter und lehnen es daher ab, umständliche und zeitraubende Protokolle auszufüllen, wie sie etwa die US-amerikanische FDA fordert.

In vielen Krankenhäusern herrscht zudem ein für klinische Prüfungen ungutes Klima. Kollegenneid, politisch besetzte Krankenhausverwaltungen und die vielen Auflagen im Tarifrecht hindern selbst gutwillige Doktoren, größere Studien durchzuführen. Inzwischen hat sich die Situation etwas gewandelt: Klinische Prüfungen schaffen Arbeitsplätze. Und so entdeckten die Bonner Ministerien für Wirtschaft, Wissenschaft und Gesundheit einen Nachholbedarf, um die Löcher in den Etats von Wissenschaft und Gesundheitsforschung zu stopfen: »Drittmittel« – besonders von der Pharmaindustrie – werden jetzt gern gesehen.

Aber es stehen nur noch im geringeren Umfang finanzielle Mittel zur Verfügung – eben weil die großen Konzerne ihre Forschungsaktivitäten längst ins Ausland verlegt haben. Da selbst mittelständische Firmen ihre neuen Produkte – nicht zuletzt wegen des Arbeitsstils der Bundesgesundheitsbehörde – in englischsprachigen Ländern prüfen lassen, werden die Zulassungen ebenfalls ins Ausland verlegt.

In Deutschland führt man statt wissenschaftlicher sehr gern marketingorientierte Studien durch: Post-marketing-Studien. Diese klinischen Tests bilden eine besondere Art von »Wissenschaft«, denn sie werden zum Teil von den Krankenkassen bezahlt und tragen den simplen Namen Anwendungsbeobachtungen. Mit steigender Zahl der Ärzte haben sich die Kosten für Arzneimittel verdreifacht, obwohl die Bevökerung trotz Wiedervereinigung nur um 25% zugenommen hat. In den letzten 20 Jahren stiegen die Ausgaben der gesetzlichen Krankenkassen auf diesem Sektor um 100%. Die Industrie spart mit diesen Marketingstudien viel Geld, denn die Versicherten zahlen zur Erkundung von Wirkungen und Nebenwirkungen nun selbst. Tausende von Kranken werden »geprüft«, und den Ärzten wird das Produkt auf eine Weise in die Köpfe gehämmert, daß sich ihr Verschreibungsverhalten ändert.

Das Prinzip ist einfach: Die Krankenkassen zahlen für das Medikament und die Pharmafirmen für die Ärzte. Die Studienergebnisse werden von keiner Stelle kontrolliert, so daß die meisten Fragebögen nur unzureichend oder fehlerhaft ausgefüllt werden. Neben der Pharmaindustrie gewinnt vor allem ein besonderer Typus geschäftstüchtiger Ärzte in diesem System: An den meisten Universitätskliniken werden klinische Prüfungen von Ärzten durchgeführt, die über Jahre Personal und Material der Kliniken kostenlos nutzten, von ihren Honoraren jedoch nichts abgeben und ihre fast mundtoten Assistenzärzte dafür ungefragt beschäftigen. Der derzeitige Stellenmangel hat diese chronisch deutsche Krankheit noch erheblich verschlimmert – ein Zustand, der von mir bereits 1995 prognostiziert wurde.[28]

Forschungsbetrug

Spektakuläre Betrugsfälle in der Forschung sind – so suggeriert man der Öffentlichkeit – noch immer die Ausnahme. Weniger spektakuläre dagegen wohl die Regel. Ein Paradebeispiel für unsaubere Forschung ist der Fall der Arbeitsgruppe von Friedhelm Hermann am Max-Delbrück-Centrum in Berlin. Es handelt sich um Grundlagenforschung über Botenstoffe bei Tumoren, die Aktivierung bestimmter Abwehrzellen und das Verhindern der Chemoresistenz von Tumoren. Die Deutsche Forschungsgemeinschaft und die Deutsche Krebshilfe hatten die Forschungen mit größeren Budgets unterstützt. Die angeblich eigenen Ergebnisse wurden in international renommierten wissenschaftlichen Zeitschriften veröffentlicht. Seit dem Mai

1997 beschäftigten sich Untersuchungskommissionen mit dem Vorwurf, die beteiligten Forscher Professor Hermann und Marion Brach hätten die Forschungsmittel mit falschen Angaben – also unter irregulären Voraussetzungen – beantragt. Die dem Forschungsprojekt zugrunde liegenden Ideen stammen »von einem holländischen Forscher«, so der Vorwurf in der »Berliner Zeitung«. Dessen Antrag auf Fördermittel hätten Hermann und Brach vor einigen Jahren für eine Stiftung begutachtet und die Arbeit des Kollegen umgehend für einen eigenen Forschungsantrag bei der Thyssen-Stiftung verwertet. Frau Brach räumte ein, mit Wissen und Billigung ihres damaligen Vorgesetzten gehandelt zu haben, Hermann enthielt sich jeder Meinungsäußerung und wurde im Juni 1997 seines Amtes enthoben.

Zwei weitere »Regel«fälle von Forschungsbetrug zeigen die beiden folgenden Affären, die niemand kennt und die keinen Menschen aufzuregen scheinen – schon gar nicht die zuständigen Kultusminister oder Gesundheitsministerien.

Fall 1: Es gibt begnadete Einzelkämpfer unter den Ärzten, die auf legale und illegale Weise Geld von der Industrie erhalten. An einer Urologischen Universitätsklinik machte ein junger Assistenzarzt das Geschäft seines Lebens. Als Physiologe ausgebildet, wechselte er zur Facharztausbildung für Urologie in die Klinik und betrieb nebenbei ein »Forschungsinstitut« im Keller, ohne daß (angeblich) weder sein Chef noch die Klinikverwaltung davon etwas wußten. Der junge Doktor erhielt von nachweislich zwei Firmen mehrstellige Millionenbeträge, um neben der klinischen Ausbildung hochspezialisierte Zellforschung im Rahmen von Produktentwicklungen zu betreiben. Zeitlich gesehen ist es ein Ding der Unmöglichkeit, alle Aufgaben zu koordinieren, ohne deutliche Mängel und Fehler zu begehen. Ob solcher Fehler zur Rede gestellt, bestätigte der Forscher, daß die Messungen von technischen Hilfskräften ausgeführt wurden.

Der junge Doktor verbrauchte innerhalb von 18 Monaten fast eine Million DM an »Laborbedarf«. Für Mitarbeitergehälter wurden im gleichen Zeitraum 688.000 Mark aufgewendet und zusätzlich 200.000 Mark als persönliches Honorar verbucht. Offenbar ein Dorado für Technische Assistenten, Doktoranden und unbeaufsichtigte Assistenzärzte. Der Urologe in der Weiterbildung beruhigte seine Geldgeber mit Zwischenberichten und selbsterstellten Rechnungen. Im Sommer 1996 fiel dem neuen Forschungsleiter der einen Firma auf, daß die wissenschaftlichen Berichte keine Tabellen, Meßwerte, statistischen Berechnungen, sondern nur wunderschöne Aussagen enthielten.

Mißtrauisch geworden, forderte der Wirtschafts- und Steuerexperte der Firma Arbeits- und Rechnungsunterlagen an, die im arroganten Ton verweigert wurden. Die Drohung, vor Gericht zu gehen, brachte den Eklat zutage. Das zweite Unternehmen – auf die Praktiken angesprochen – fühlte sich nach Aussagen seines Geschäftsführers nicht betrogen oder mit falschen Daten gefüttert. Vermutlich ist die Angst vor Entdeckung der eigenen Dummheit größer als der Drang, einem Betrug ein Ende zu setzen. Vielleicht aber stehen die wunderschönen Ergebnisse des Jungforschers schon in den Hochglanzbroschüren des Werbematerials der Firma, die mit den Angaben ihre »geprüften Arzneien« verkauft.

Der junge Mann arbeitete illegal, dennoch wurde die Sache vertuscht. Die Universitätsverwaltung »sah sich außerstande einzugreifen«, weil ein Assistenzarzt – ohne Wissen der Verwaltung und des Klinikdirektors – »Verträge privater Natur« abgeschlossen habe, für die die Verwaltung nicht haftet«. Einmalig in Deutschland, denn der Arzt war ja während der normalen Dienstzeit tätig und beschäftigte als nachgeordneter Angestellter oder »Beamter auf Widerruf« Personal, welches möglicherweise exorbitante Nebenverdienste einstrich und diese nicht an die Verwaltung abführte, wozu es nach den Regeln des öffentlichen Dienstrechts verpflichtet gewesen wäre. Man »verwarnte« den jungen Doktor, das war's.

Derartige Vorfälle interessieren anscheinend weder die einschlägige Universitätsverwaltung noch die Standesvertretungen des Bundeslandes noch die Fakultäten und schon gar nicht den Rektor der Hochschule. Dieser Form von »Selbstreinigung« einer Universität stand der Geschäftsführer der einen Firma machtlos gegenüber, denn er hatte tatsächlich in gutem Glauben einen Pauschalvertrag abgeschlossen und auf den Einzelnachweis der Ausgaben verzichtet.

Daß aber ein »Forscher« sich weigert, seine Unterlagen vorzulegen, läßt nichts Gutes ahnen. Die Sponsorfirma lenkte natürlich ein, verzichtete auf exakte Daten und zog die Klageandrohung zurück. Das Geld stammte von den Krankenkassen, denn die Firma verdient an Medikamenten. Warum lenkte die Pillenfirma ein? Sie fürchtete die Rache des Professors und Chefs des jungen »Forschers«, der bis heute weiterarbeitet und Studenten unterrichtet. Sein Chef aber, der sich über den Undank der Firmenleitung schriftlich ausließ, stieß anläßlich eines gemeinsamen Klärungsgespräches Drohungen aus und versprach, da er Vorsitzender in Fachgesellschaften sei, Repressionen auszuüben. Ein Einzelfall?

Fall 2: Ein Professor an einer Universität in den neuen Bundesländern ließ sich von einem mittelständischen Pharmaunternehmen fast 400.000 Mark für gemeinsame Forschungsvorhaben zahlen, ohne auch nur im Ansatz den Versuch gemacht zu haben, die »großartigen Planungen« in die Praxis umzusetzen. Zunächst baute das Unternehmen für den Professor und seinen Mitarbeiterstab ein neues Laboratorium. Gleichzeitig wurde fast ein Jahr lang über Absichten und Pläne zur Inangriffnahme der Messungen an neuen chemischen Verbindungen diskutiert. Heraus kam nichts. Am Ende verzichtete die Universität – vertreten durch den Kanzler – großzügig darauf, auf dem Klagewege die Zahlung der restlichen 700.000 Mark für den bis 1999 laufenden Vertrag zu erzwingen. Der mittelständische Unternehmer schrieb im Herbst 1997 das Geld ab und gab seinerseits jeglichen Widerstand auf. Der Grund: Auch hier zog das Argument, daß Professoren in der Lage sind, mit Beinahewahrheiten auf medizinischen Kongressen selbst ein gutes Arzneimittel so zu verunglimpfen, daß es später kein Hausarzt mehr verordnen möchte.

Vermutlich ereignen sich in Deutschland Jahr für Jahr solche »Schadensfälle« zuhauf, so daß sich die Verantwortlichen daran gewöhnt haben. Beide Vorfälle beschreiben aber auch die grenzenlose Unfähigkeit von Pharmamanagern und Firmeninhabern in kleineren Unternehmen, mit der ihnen übertragenen Verantwortung korrekt umzugehen. Dahinter steht nicht selten ein miserables soziales Klima. Man stellt Mitarbeiter ein und feuert sie, wenn sie anderer Meinung sind. Man bezahlt keine Überstunden, öffnet dienstliche und private Post, schleust sich in den Personalcomputer ein, um zu sehen, was die Kollegen so arbeiten oder man klaut Mitarbeitern ein Patent, auch wenn es nachweislich nicht während der »Dienstzeit« entdeckt wurde. Der niemandem verantwortliche Chef hält die Gehälter der Mitarbeiterinnen und Mitarbeiter auf niedrigem Niveau und fordert sie auf, froh zu sein, überhaupt arbeiten zu dürfen.

Ethikkommissionen

Ethik und Moral, sagte Baruch Spinoza im 17. Jahrhundert, sind die Mittel der Schwachen, um sich gegenüber den Starken ihr Recht zu verschaffen. Jetzt ist es anders. Eine unheilige Allianz in der Gesetzgebung vom Gesundheitswesen schuf Ethikkommissionen, um die Schwachen zugunsten der Starken zu mißbrauchen.

Anläßlich der 46. Ordentlichen Hauptversammlung der Max-Planck-Gesellschaft 1995 in Potsdam wies ihr Präsident Hans Zacher auf die Möglichkeit hin, daß die Ethik als Rechtsersatz mißbraucht werden könnte. Immer wenn der Gesetzgeber bei schwebender Normenentwicklung nicht weiterwisse, setzt er Ethikkommissionen ein.[29] Die ersten »Ethikkommissionen« – Juristen, Moraltheologe und einige medizinische Ordinarien – bildeten sich spontan, als um 1970 die ersten Nieren- und Lebertransplantationen aus dem Vorstadium der Forschung zu klinischen Routineverfahren avancierten und vom fürsorglichen Staat weit und breit nichts zu sehen war. Mittlerweile schreibt der Gesetzgeber solche Kommissionen – nach § 40 Abs. 1 Arzneimittelgesetz – vor. Das deutsche Vorgehen erhält auf europäischer Seite durch den Vorsitzenden des Ausschusses für Gesundheit und Umweltschutz, Ken Collins, und einige andere Ländervertreter Verstärkung.

Viele Experten der Industrie und Forschungseinrichtungen haben erhebliche Bedenken an der Funktion und Aufrichtigkeit von Ethikkommissionen. Der größte Widerstand dagegen kommt überraschenderweise aus der Ärzteschaft. Obwohl sie potentiell zu den wirtschaftlichen Nutznießern dieser Regelung zählen, fürchten einige honorige Vertreter neben der Verantwortung auch den direkten Konflikt mit der Industrie, die natürlich schon wieder die Standortfrage gestellt hat.[30]

Dabei hat die Industrie, realistisch betrachtet, kaum eine ernsthafte Kontrolle zu befürchten. Vielmehr scheint sich der Staat aus seiner Verantwortlichkeit stehlen zu wollen. Mit dem Wissen und der Professionalität der Industrie können diese ethischen Gremien überhaupt nicht mithalten. Nur für den Fall, daß die Ethikkommissionen wider Erwarten doch scharfe Eingangskontrollen für Medikamente, die zur Prüfung am Menschen vorgesehen sind, aufbauen sollten, wird schon heute in Industriekreisen unverhohlen darüber diskutiert, wie teuer es werden könnte, Ethik und Moral käuflich zu erwerben.

Kapitel 7
Isoliert und ignoriert: Der Stufenplanbeauftragte

Das Arzneimittelgesetz (AMG) forderte vom Januar 1988 an die Einsetzung einer verantwortlichen Person zur Risikobewertung (§ 63a AMG), die sich aktiv um die Sammlung, Bewertung und Meldung von Arzneimittelrisiken kümmert. Dieser sog. *Stufenplanbeauftragte* soll im Betrieb eines pharmazeutischen Unternehmers völlige Handlungsfreiheit besitzen. Ihm müssen, falls Risiken und eingetretene Schäden bekannt geworden sind, alle Hilfen seitens des Unternehmers zuteil werden, um diese Zwischenfälle zu melden, die Gefahren zu minimieren oder abzustellen. Selbstverständlich müssen selbst im Verdachtsfall alle nationalen und/oder internationalen Behörden – BfArM, Ärztekammer, die Weltgesundheitsorganisation usw. – unverzüglich informiert werden.

Voraussetzung für eine Tätigkeit als Stufenplanbeauftragter sind ein abgeschlossenes Hochschulstudium der Human-, Veterinärmedizin oder Pharmazie sowie mindestens zweijährige Berufserfahrung. Vernachlässigt der Beauftragte seine Pflicht, obwohl ihm erhebliche Risiken und schwere Nebenwirkungen gemeldet werden, drohen ihm Ordnungsstrafen. Bei kleineren Vergehen kann Bußgeld erlassen werden, bei schwereren Versäumnissen gilt das Strafrecht.

Die Einsetzung eines innerbetrieblichen Kontrolleurs entsprang der Einsicht des Gesetzgebers, daß die Bundes- und Länderbehörden ihrer Aufsichtspflicht bei der Umsetzung des Arzneimittelgesetzes in den Pillenfirmen nur schwer oder gar nicht nachkommen konnten. In der Regel begnügten sich die Behördenmitarbeiter denn auch damit, ein sogenanntes Stufenplanverfahren (Stufe I: Daten sammeln und bewerten; Stufe II: Einleitung von Maßnahmen, um ein Risiko zu beseitigen) immer erst dann einzuberufen, wenn Risiken schon lange bekannt waren. Zahlreiche Desaster vom Contergan bis zum AIDS-Skandal, wo das große behördliche Nachdenken acht Jahre währte, bestätigten, daß es schwierig ist, eine auf Gewinn bedachte Industrie zu kontrollieren. Mit dem Stufenplanbeauftragten meinte man endlich einen betrieblichen Verantwortlichen zu haben, der für die Nachlässigkeit »seines« Unternehmens zur Rechenschaft gezogen werden kann, denn schließlich ist er es, der als verlängerter Arm der Beamtenschaft innerbetrieblich für Gesetz und Ordnung zu sorgen hat.

Man machte diese Rechnung jedoch ohne den Wirt. Noch nie gab es eine effektive Kontrolle durch von dem zu Kontrollierenden existentiell abhängige Menschen. Daß solche Funktionsträger zum Scheitern verurteilt sind, wurde schon 1987 während der Diskussion zur 3. Novelle des AMG geäußert. Die damalige Bundesministerin für Gesundheit und Familie, Rita Süssmuth, unterzeichnete die Gesetzesänderung, als handele es sich bei der Pharmaindustrie um einen karitativen christlichen Verein.

Gesetzliche Qualifikation – eine Farce

Die fachlichen Anforderungen an einen Stufenplanbeauftragten sind erfahrungsgemäß hoch. Um dieser Aufgabe gerecht zu werden, reicht die im Gesetz vorgeschriebene Qualifikation nicht aus. Selbst erfahrene und wissenschaftlich orientierte Ärzte, die über eine mehrjährige klinische Erfahrung in einem Krankenhaus verfügen, sind nicht ohne weiteres in der Lage, eine solche Tätigkeit als Risikoexperte für Medikamente auszuüben, wenn sie nicht wenigstens über längere Industrieerfahrung bei europäischen oder global agierenden Unternehmen verfügen.

Die meisten schweren und lebensbedrohlichen Arzneimittelprobleme, die zum Beispiel durch Herz- und Kreislaufmittel, Diuretika, Lipidsenker,* Antidiabetika oder Antibiotika entstehen, und die es aufzuspüren und zu identifizieren gilt, spielen sich vorwiegend im Bereich der operativen und Intensivmedizin ab. In diesen Disziplinen herrscht als Folge des täglichen Umganges mit Schwerstkranken erzwungenermaßen (insbesondere in Notfällen) eine therapeutische

* Diuretika = Harntreibende Arzneien; Lipidsenker = Senker von Blutfetten.

Kritiklosigkeit, die sich darin ausdrückt, daß eine Vielzahl von Arzneimitteln und Behandlungsformen – oft unter dem Zwang, helfen zu müssen – durchprobiert wird. Wissenschaftlich vornehm wird das als »Polypragmasie« bezeichnet. Besonders schwerkranken oder schwerverletzten Patienten werden höchste Dosierungen mehrerer simultan gegebener Arzneien zugemutet, und kumulierende Effekte, Nebenwirkungen oder toxische Reaktionen werden durch andere vitale Maßnahmen wie künstliche Beatmung, Blutwäschen mit Hilfe von Dialysegeräten oder Wiederholungsoperationen noch überdeckt. Keiner der verantwortlichen Therapeuten weiß auch nur annähernd, was sich chemisch oder biochemisch im Organismus eines so behandelten Kranken abspielt. Das sorglose Zusammenkippen von verschiedenen Heilmitteln entspricht, wie die praktizierte Arzneimitteltherapie in fast allen Bereichen der Medizin lehrt, einem Crashtest auf zellulärer Ebene.

Trotz der großen praktischen Bedeutung dieses Themas gibt es keine weitreichenden Lehrbücher über die Interaktionen verschiedener, gleichzeitig gegebener Medikamente. Eine gefährliche Wissenslükke. Hinzu kommt, daß die Arzneimitteltherapie quantitativ wie qualitativ zunehmend unkontrollierbar geworden ist. Addieren sich zu schweren allgemeinen Komplikationen noch interaktive Medikamentenreaktionen, ist der Ausgang derartig kritischer Zustände für den Arzt nicht mehr abzusehen. Mangels Informationen wird alles dem Zufall überlassen.

Zu viele Apotheker und Veterinärmediziner

Vor dem Hintergrund derart komplexer Anforderungen dürften Apotheker und Tiermediziner wenig geeignet sein, diese Kontrollfunktionen verantwortlich zu erfüllen. Nur ein guter Humanmediziner kann relevante Krankheiten oder schwierige postoperative Komplikationen erkennen und interpretieren. Aber obwohl Apotheker und Tierärzte normalerweise nicht einmal in der Lage sind, einfache Zusammenhänge von Arzneimittelrisiken zu erkennen, sie richtig zu deuten oder in Risikoklassen einzuordnen, werden sie per Gesetz für die Funktionen eines Stufenplanbeauftragten vorgesehen. Die meisten Apotheker, selbst wenn sie jahrelang in einem pharmazeutischen Unternehmen tätig waren, haben Mühe, die ihnen gemeldeten Symptome von Nebenwirkungen in den internationalen Codeschlüssel einzuordnen. Diese Arbeiten sind aber wichtig, denn sie bilden die Voraussetzung, um zum Beispiel den Verpflichtungen der Weltgesundheitsorganisation (WHO) zur Erfassung von Nebenwirkungen oder toxikologischen Problemen gerecht zu werden. Das geschieht mittels internationalem Datentransfer, der sich zur Vereinfachung des Verständnisses von medizinischen Begriffen auf bestimmte Schlüsselzahlen für jede Krankheit stützt. Eine solche internationale Fachsprache für Medikamente und Krankheiten war dringend notwendig, weil es viele medizinische Schulen auf der Welt gibt, die für die Beschreibung gleicher Krankheiten oder Symptome voneinander abweichende Namen benutzen.

Selbst eine scheinbar so nebensächliche Aufgabe wie die Klassifizierung von Leiden und Beschwerden kann für nicht speziell ausgebildete Ärzte und erst recht für Apotheker oder Tierärzte schwer lösbar sein. Der Industrie kommt das nicht ungelegen: Fachfremdheit und oberflächliches Agieren von Laien fördert materiellen Gewinn. Denn durch Fehlklassifizierungen entstehen behördliche Fehleinschätzungen von Produktrisiken, was sich wiederum positiv auf den Umsatz auswirkt. Unqualifizierte Meldungen sind schwerer einzustufen als präzise Diagnosen. Dadurch werden die Meldungen von Risiken, ihre Interpretation und Einstufung sowie daraus resultierende Konsequenzen um Jahre (maximal 12 Jahre) vor sich hergeschoben und Fristen ins Unendliche verlängert.

Mit der Schaffung des Stufenplanbeauftragten verfolgten Gesetzgeber und Industrielobby im Rahmen einer geschickten Interessenpolitik ganz bestimmte Ziele. Das fängt mit einer Arbeitsbeschaffungsmaßnahme für die weit über den tatsächlichen Bedarf hinaus gestiegene Zahl der Apotheker an. Promovierte und approbierte Apotheker arbeiten in allen Sozial- und Gesundheitseinrichtungen, Landesbehörden und Bundesministerien. Selbst vor der Position eines Betriebsleiters in Pharmaunternehmen machten die gesetzlichen Stellenbeschreiber für Apotheker nicht halt. So wird aufgefangen, was der Beruf des Apothekers, bedingt durch die industrielle Entwicklung, an Bedeutung verloren hat.

Der Pillenbranche eröffnet die Besetzung des Postens eines Stufenplanbeauftragten durch Nichtärzte einen ungeheuren Vorteil, denn wenn die Kontrolleure nur geringes fachliches Wissen haben, verschafft das den Unternehmen Zeit, um Waren trotz erheblicher Risiken über lange Zeiträume weiter zu verkaufen. Die Folgen für die Arzneimittelsicherheit sind allerdings fatal. Apotheker und Veterinäre sammeln erfahrungsgemäß akribisch Tausende unwichtiger Meldungen für die Behörden, wo ebenfalls viele Apotheker und neuerdings auch jüngere, unerfahrene Mediziner tätig sind. Auf diese Weise werden Wachsamkeit und Kompetenz demonstriert, während gleichzeitig schwere Risiken jahrelang unentdeckt bleiben – eine gefährliche Sicherheit.

Es fehlen Pharmakologen

Selbst bei einem ambulant betreuten Kranken sind interaktive Heilmittelschäden kaum zu analysieren. Im Durchschnitt erhalten ältere, in Arztpraxen behandelte Patienten pro Tag zwei bis vier verschiedene Präparate gleichzeitig. Bedarf der Kranke einer stationären Behandlung, läßt sich die Zahl der verabreichten Arzneimittel mühelos auf acht bis zwanzig pro Tag steigern.

In den wenigsten Kliniken gibt es erfahrene Pharmakologen, die zum Wohle und Schutz der Patienten vor dieser kritiklosen Therapie warnen könnten. Pharmakologische Experten könnten die jährlich 6.000 bis 8.000 durch Medikamente geschädigten Schwerkranken vor noch größeren Schäden bewahren und dem Gesundheitssystem so mehrere Milliarden Mark ersparen.[1] Die direkten und indirekten Kosten für arzneimittelbedingte Therapieschäden dürften allein in Deutschland, legt man amerikanische Erfahrungen zugrunde, mehr als 45 Milliarden Mark jährlich betragen. Trotzdem verhindern offizielle Ärzteschaft und Krankenhausträger die Etablierung eines pharmakologischen Arztes am Krankenbett. Besonders die offizielle Ärzteschaft verteidigt mit allen Mitteln überkommene Strukturen, verwechselt Therapiefreiheit mit Inkompetenz und kassiert dafür auch noch von den Krankenkassen beachtliche Honorare.

In vielen europäischen Ländern und den USA gehören solche Zustände längst der Vergangenheit an. Weltweit arbeiten klinische Pharmakologen in Krankenanstalten bei der Betreuung Schwerkranker mit anderen Spezialärzten zusammen. Unter dem vermeintlichen Kostendruck von Gesundheitsreformen und anderer Sparmaßnahmen unterbleiben bei uns derartige vorsorgliche Strukturänderungen. Den großen wirtschaftlichen Nutzen eines Spezialarztes für Pharmakologie verkennend, jammert die Gesellschaft hierzulande über Sparmaßnahmen im Gesundheitsbereich, gönnt sich aber gleichzeitig den Massenverbrauch von Arzneien. Ausschließlicher Gewinner dieses anachronistischen Zustands ist die Pharmabranche. Die Pillenindustrie haftet ja bekanntlich nicht für volkswirtschaftliche Schäden durch falschen oder mißbräuchlichen Gebrauch ihrer Produkte. Und so stützt sich das gesamte System zur Gewährleistung der Sicherheit bei Arzneimitteln auf »Lobesversicherungsgesellschaften auf Gegenseitigkeit«, um einen Ausspruch von Kurt Tucholsky über die Literaturkritik zu zitieren.

Isolierte Stellung im Betrieb

Ein gewissenhafter Stufenplanbeauftragter bleibt infolge seines recht speziellen Aufgabenbereiches selbst in großen internationalen Pharmafirmen mit qualifizierten Forschungsabteilungen auf sich allein gestellt. Sobald bei firmeneigenen Produkten bedrohliche Gesundheitsstörungen oder bislang unbekannte Risiken auftreten, gerät er in Isolation. Hilfen hat der Sicherheitsbeauftragte nicht zu erwarten, denn keiner der sonst sehr aktiven Manager denkt daran, seinen Namen in Zusammenhang mit einem Produktrisiko oder einem sich abzeichnenden Arzneimittelskandal zu bringen. Nur mit monate-, mitunter jahrelanger Verzögerung werden längst bekannte Risiken in die Produktbeschreibungen aufgenommen. Der jahrelange Umgang mit Arzneimittelrisiken lehrt, daß nur selten Unternehmen ein Bedürfnis besitzen, Gefahren, Fehler oder Risiken direkt dem Stufenplanbeauftragten mitzuteilen. Obwohl dieses Wissen notwendig wäre, um vorsorglich und schadensbegrenzend eingreifen zu können, bildet die Sicherheitsabteilung das Schlußlicht jeder Informationskette. Oft erfährt ein Stufenplanbeauftragter mehr zufällig als gewollt von schweren Schäden in toxikologischen Produktstudien.

Was kann der Beauftragte für Sicherheitsfragen in solchen Situationen unternehmen? Gar nichts. Käme er zu Wort, würden ihn liebenswürdige Vorgesetzte auf einer rasch einberufenen Sitzung freundlich zu beruhigen versuchen, unterstützt von Fachleuten, die eifrig den Schaden relativieren, minimieren oder interpretieren, so daß sich zuletzt der Stufenplanbeauftragte auch noch schämt, den erlauchten Kreis überhaupt bemüht zu haben. Solche Sitzungen enden meist damit, daß der schädigende Befund durch eine eigenwillige Abwägung von Nutzen und Risiko relativiert wird. Vom Sicherheitsbeauftragten erwartet man loyales Verhalten, was bedeutet, klaglos zu schweigen. Meister im wissenschaftlichen Meinungswandel sind die Toxikologen, die stets gut interpretierbare, aber schwer überprüfbare Entlastungsargumente für eingetretene Schäden an den geprüften Tiermodellen liefern.

Zu einer eigenen Größe in den Pharmaunternehmen sind zudem die Vertriebsmanager aufgestiegen. Sie sind es, die Trends und neue Produktlinien bestimmen. Sie kaufen Produkte anderer Pharmafirmen ein und vertreiben diese unter eigenem Firmenlogo mit anderen Inhalts- und Wirkstoffen, ohne den Sachverstand ihrer Sicherheitsexperten zu nutzen. Beim Erwerb von Fremdarzneien hält der Vertrieb es nicht einmal innerbetrieblich für notwendig, inhaltlich alle geänderten Stoffe zu deklarieren. Erst wenn Zwischenfälle bei Verbrauchern zu Anfragen von Apothekern und Ärzten führen, sind die Verantwortlichen im Marketing bereit, die neue Zusammensetzung des unbekannten Wundermittels den eigenen Kollegen der Arzneimittelsicherheit bekanntzugeben. Mitunter geht es noch undurchsichtiger zu, und man hat den Eindruck, daß unter dem Druck, das große Geld zu machen, die minimalsten Anforderungen an die Sicherheit verloren gehen. Treten dann jedoch Probleme auf, die in der Öffentlichkeit diskutiert werden könnten, sind die Stufenplanbeauftragten gefragt, die Wogen mit scheinheiligen Argumenten zu glätten. Und kommt es wie beim AIDS-Skandal sogar zu einer Anhörung vor dem Untersuchungsausschuß des Bundestages, werden dort nur die Stufenplanbeauftragten und untergeordneten Manager befragt, während die verantwortlichen Bosse und Vorstände noch nicht einmal namentlich erwähnt werden.

Leben mit der Gefahr

Psychologen prägten den Begriff der »erlernten Sorglosigkeit« für das Verhalten von Menschen, die permanent mit Gefahren leben und umgehen müssen und dabei den Bezug zur Realität verloren haben. In diesen Zustand, so der Diplompsychologe Stefan Schulz-Hardt, verfallen Menschen, die sich über einen längeren Zeitraum riskant verhalten haben, ohne daß für sie negative Konsequenzen eintraten oder sie persönlich haften mußten.[2] Die Betroffenen nehmen zwar noch ein allgemeines Risiko wahr, glauben aber nicht, daß ihnen persönlich etwas passieren kann. Dieses Phänomen wird durch bestimmte Bedingungen aus dem Umfeld verstärkt. Auf die Pharmabranche trifft das im besonderen Ausmaß zu.

■ *Komplexe und abstrakte Gefahren bei den eigenen Produkten werden vernachlässigt.* Das Sicherheitsmanagement hat für jede noch so lebensbedrohliche Nebenwirkung eigener Produkte eine medizinisch plausible Erklärung. In Bedrängnis geraten, erfindet man sich einen irgendwie glaubhaften, wenn auch nur theoretisch begründbaren Schädigungsmechanismus. Stets können andere Faktoren zitiert werden, die dem eigentlichen Schaden mitursächlich vorausgehen. Man glaubt nicht, was man sieht, sondern erkennt nur noch das, was man glaubt.

■ *Je geringer der Aufwand für riskantes Verhalten ist, um so eher lassen sich die Menschen darauf ein.* Die Firmenleitungen erwarten von ihrem Stufenplanbeauftragten eine loyale Haltung, das heißt, daß er nichts unversucht lassen soll, um Ausreden für die Ursachen von Risiken bereitzustellen. Niemand überprüft seine Darlegungen und Begründungen. Für die eigenen Produkte negative Faktoren werden unerwähnt gelassen.

■ *Die positiven Folgen einer Verschleierung von Risiken und Nebenwirkungen stellen sich umgehend ein, die negativen Auswirkungen sind dagegen erst in der Zukunft oder nie zu spüren.* Besonderes Lob und Anerkennung erfährt der Stufenplanbeauftragte von seiner Firmenleitung dann, wenn er ein von den Gesundheitsbehörden aufgerufenes Stufenplanverfahren ohne Auflagen und Gegenanzeigen über die Hürden bringt. Selbst harmlose Risiken, die im Kompromißverfahren mit den Behörden ausgehandelt werden, gelten als Siege. Besonders gefeiert und belohnt werden Mitarbeiter, die trotz gesetzlicher Verpflichtungen zum Beispiel internationale Meldeverpflichtungen umgehen und längst im Ausland bekannte Nebenwirkungen der deutschen Fachöffentlichkeit vorenthalten.

Der ständige Umgang mit Gefahren führt dazu, daß man den Einsatz von Prüfmechanismen vernachlässigt. Das Ersetzen staatlicher Kontrollen durch die Eigenverantwortung des Unternehmers ist ein wirtschaftspolitischer Irrweg. Ein Experte, der ständig mit Gefahren umgeht, wird für Risiken unsensibel. Wenn die eigenen Produkte firmenintern geprüft werden, erscheinen sie leicht in allzu positivem Licht, und nicht wenige Verantwortliche verfallen, blind für die Gefahren, in einen wahren Begeisterungstaumel. Gar nicht so selten halten sich Sicherheitsbeauftragte für omnipotent und entwickeln eine berufstypische Arrroganz. Sie laufen Gefahr, einem permanenten Zustand des Überoptimismus zu verfallen, und erkennen Schädigungspotentiale nur noch bei anderen.

Profit vor Sicherheit

Meldet ein Stufenplanbeauftragter öfter, als es als annehmbar empfunden wird, auch harmlosere Nebenwirkungen bei den firmeneigenen Produkten an die Behörden oder spürt er gar neue Risiken auf, gerät er zwangsläufig in Konflikt mit dem firmeneigenen Marketing und Vertrieb. Die Kaufleute eines Unternehmens wünschen sich verständlicherweise, daß nur die bereits bekannten und ungefährlichen Nebenwirkungen an die Behörden weitergeleitet werden, so daß Verkauf und Werbung ungestört weiterlaufen können. Im übrigen soll der Stufenplanbeauftragte lediglich unauffällig anwesend sein, lautlos und behutsam seinen Pflichten nachkommen und gefällige Reden über die heilsamen und völlig harmlosen Arzneien seines Betriebes führen.

Am liebsten würde man diese Person ohnehin einsparen. Beifall erhält der Sicherheitsbeauftragte nur, wenn er Konkurrenzprodukte als kritisch einstuft und für bedenklich hält. Diese Fremdprodukte sind ohne Zweifel allesamt Elixiere des Teufels und sollten umgehend vom Markt genommen werden. So verkommt der Stufenplanbeauftragte zum Erfüllungsgehilfen seiner Geschäftsleitung. Bemüht er sich, seine Tätigkeit im Sinne des Gesetzes durchzuführen, wird er zwangsläufig zum Fremdkörper innerhalb einer umsatz- und gewinnorientierten Firma. Der seelische Konflikt solcher Personen ist daher vorprogrammiert.

Politisch wie wirtschaftlich sinnvoll wäre der Einsatz unabhängiger staatlicher Kontrolleure in Betrieben ab einem zu definierenden Umsatz. Von der Industrie nur indirekt finanziert, wären solche Kontrolleure frei von betrieblichen Bindungen und in der Lage, ihren gesetzlichen Auftrag durchzuführen. Lehnt man jedoch die staatliche Einmischung ab und will das bestehende System beibehalten, müßte gesetzlich gesichert sein, daß Stufenplanbeauftragte Geschäftsleitungen und Vorständen direkt berichten und unterstellt sind, so daß wenigstens die persönliche Verantwortung und Haftung des Topmanagements gewährleistet ist.

Es gibt genügend Beispiele von Firmen, die Produkte trotz eines hohen Risikos für die Gesundheit wissentlich auf den Markt brachten und später versuchten, den Erkenntnisstand zu manipulieren. Andere stellten auch dann den Vertrieb der schädlichen Produkte nicht ein, als die Schadenspotentiale erkennbar auf der Hand lagen. Manches Unternehmen blieb untätig, als es darum ging, zeitgerecht einen Rückruf oder eine dringende Warnung zu starten, um eine Weiterung von Schäden zu vermeiden.

Für diese Art von Profitstreben steht auch die unglaubliche Geschichte des Psychopharmakons Alival® der *Hoechst AG*, die sich um 1986 abspielte. Die Affäre um das Medikament, welches schwere Gesundheitsstörungen und sogar Todesfälle als Folge einer Immunsuppression verursachte, führte zu einem Jahre währenden Kampf mit Behörden, Geschädigten und der Öffentlichkeit. Dabei ging es um Einschränkungen der Indikationen und um entsprechende Warnhinweise. Der WDR Köln, der mit einem Fernsehbeitrag auf dieses Problem aufmerksam gemacht hatte, wurde jahrelang vor die Gerichte gezerrt. Diese Handlungsweise hat dem Ansehen der Weltfirma *Hoechst* sehr geschadet. Ende 1997 endete ein Schadensersatzprozeß zwischen einem Opfer und *Hoechst*. Der Konzern erwies sich plötzlich als kooperativ und großzügig. Man fragt sich, weshalb er dies nicht schon Jahre früher sein konnte.

Ebenfalls hierher gehört die unglaubliche Abwehrschlacht der *Schering AG*, die wegen Nebenwirkungen – vor allem wegen lebensbedrohlicher Thrombosen und Embolien – der Hormonpille *Femovan* bei den meist jungen Verbraucherinnen in Verruf geriet und erst aufgrund starken öffentlichen Druckes die uneingeschränkte Vermarktung reduzierte. Als in England 1995 die Frage anstand, ob derartige Mittel freiverkäuflich sein sollten, suchten Reporter des englischen Senders BBC in Deutschland nach Opfern der Antibabypille, um die britischen Frauen vor einem unkritischen Umgang mit diesen Präparaten zu warnen. Im Oktober 1995 veröffentlichten Epidemiologen eine Studie über zehn Antibaby-Pillen, die zeigte, daß junge Frauen damit ein doppelt so hohes Thromboserisiko eingingen wie bei der Verwendung alternativer Verhütungsmethoden oder anderer Medikamente.[3] Die britische Gesundheitsbehörde, die die Risiken der Pillen veröffentlichte, kam zu dem Ergebnis, daß das Nutzen-Risiko-

Verhältnis nicht gestört sei, denn ungewollte Schwangerschaften und Folgen der Abtreibungen seien weit folgenschwerer. Abgesehen davon verlor die Industrie letztlich ihren Kampf um die Indikation in Deutschland nicht, denn nach einem im November 1997 ergangenen Urteil des Berliner Verwaltungsgerichts dürfen die Mittel weiter verordnet und uneingeschränkt verkauft werden. Damit sind im Gegensatz zu England und Norwegen deutsche junge Frauen ungeschützt.

Es ist das große Verdienst von Dr. Ulrich Moebius, daß er mit seinen Mitarbeitern die Arzneimittelsicherheit in Deutschland auf einem internationalem Standard betreibt. Er wird – wen wundert es – seit vielen Jahren verleumdet und bekämpft, anstelle von den Ärztekammern und Verbänden finanziell und moralisch untertützt zu werden. Ulrich Moebius war es auch, der die unverständliche Praxis seitens unserer Justiz im Umgang mit Arzneimitteln schonungslos kritisierte. In einem Artikel im *arznei-telegramm* vom Januar 1998 faßte er diese unbegreifliche Situation wie folgt zusammen: »Die Urteilspraxis des Verwaltungsgerichts kehrt die rechtlichen Grundsätze des Contergan-Einstellungsbeschlusses um, nach denen die Gesundheit des Patienten das höhere Rechtsgut ist, dem sich die finanziellen Interessen der Hersteller unterzuordnen haben. Sie verhindert Maßnahmen zur Risikoabwehr, wenn nach der Zulassung neue Erkenntnisse Handeln erfordern. Den hierzu erforderlichen ›begründeten Verdacht‹ auf Schädigung interpretiert das Gericht in seiner Maximalvariante, nämlich als ›Darlegungs- und Beweislast‹ für das BfArM im Sinne eines Kausalitätsnachweises für die Schädigung. Andererseits akzeptiert es zur Entlastung der Hersteller zum Teil abstruse Hypothesen, die mangels Daten nicht widerlegt werden können. Mit dieser Rechtsprechung wird es dem BfArM effektiv unmöglich gemacht, nach der Zulassung noch Schutzmaßnahmen durchzusetzen.«

Das Jahr 1994 brachte den von *Schering* weltweit verbreiteten Hormonpillen *Diane 35* und *Androcur* wegen Leberkrebswachstums im Tierversuch negative Schlagzeilen der internationalen Presse ein. Das Bundesinstitut für Arzneimittel und Medizinalprodukte (BfArM) hat inzwischen verfügt, daß dieses Mittel nur noch bei schwerer Akne (Pickelsucht) und in bestimmten Stadien des Haarausfalls bei Frauen verordnet werden darf. Aus dem großen Marktrenner wurde ein Mittel der letzten Wahl.[4] Die Umsatzverluste für *Schering* waren beachtlich, die Aktienkurse gaben deutlich nach. Die Erholung des Aktienkurses stand damals übrigens auf schwachen Füßen, denn Mitte 1995 hatte das neue, viel gepriesene Anti-Multiple-Sklerose-Produkt *Bioferon* – welches gerade die kritischen Hürden der US-Behörden übersprungen hatte – gezeigt, daß es im Gegensatz zum öffentlich verkündeten Anspruch auf hohe Wirksamkeit die medizinischen Erwartungen nur teilweise erfüllte. Man hatte auf einen riesigen Markt spekuliert, den sich *Schering* inzwischen mit vier anderen Konkurrenten teilen muß. Im Herbst des gleichen Jahres mußte darüber hinaus der Vertrieb des Röntgenkontrastmittels *Isovist 280* eingestellt werden. Im Gesamtergebnis für 1995 rutschte *Schering* 20% unter die Erträge von 1994. Anfang 1996 half die europäische Zulassung des *Betaferons* für MS-Kranke dem Kurs wieder auf die Beine. Das Beispiel zeigt, wie empfindlich der Kapitalmarkt reagiert und wie riskant es auch für den wirtschaftlichen Erfolg ist, wenn das Management Sicherheitsprobleme außer acht läßt und sich auf Wissen schlank strukturierter Risikoabteilungen stützt.

Zuletzt war eine Tochter der *BASF*, die *Knoll AG*, davon betroffen. Im Mai 1997 wurde bekannt, daß die amerikanische Niederlassung der *Knoll AG* mit einer Schadensersatzklage von mehr als acht Milliarden Dollar rechnen muß, weil Mitarbeiter eines zugekauften Unternehmens die Ergebnisse einer Studie zurückgehalten haben sollen, die die Nichtüberlegenheit eines Medikaments zur Behandlung von Schilddrüsenerkrankungen zeigte. Den Vorwürfen zufolge soll das Unternehmen – Hersteller und Vertreiber eines solchen Produkts, mit dem Knoll Marktführer ist – die Studie deshalb zurückgehalten haben, um dem eigenen Umsatz nicht zu schaden. Seit Bekanntwerden dieser Klage im Mai 1997 haben die Aktienkurse des Konzerns nachgegeben. Inzwischen scheint der Streit durch einen Vergleich der Parteien beigelegt zu sein.

Anders als in deutschen Firmen weiß man in vielen Ländern schon lange, daß ein Produktskandal immer möglich ist und daß die öffentliche Meinung bei solchen Arzneimittelskandalen derart konsequent umschlagen kann, daß der betroffene Pharmahersteller mit dem Boykott seiner Produkte rechnen muß. Daher sind internationale Pharmaunternehmen – anders als deutsche – besonders auf ihr Image in der Öffentlichkeit bedacht und gehen mit den Risiken offen und pragmatisch um, denn der saubere Klang des Firmennamens ist die Basis für das Einkaufsverhalten der Kundschaft. Durch die Internationalisierung der großen Konzerne kann auch das deutsche Management bestimmt dazulernen. Besonders in den USA rufen Verbraucherverbände zum Boykott der Waren jener Unternehmen auf, die durch Skandale und ruppigen Umgang mit Verbrauchern und Patienten aufgefallen sind. So standen 1994 und 1995 deutsche Unternehmen anläßlich eines Prozesses um Ansprüche der amerikanischen Nazi-Opfer in der Kritik, bis sich die Bundesregierung bereiterklärte, gemeinsam mit drei großen Konzernen Schadensersatz zu leisten. 1997 verzichtete *Hoechst* offiziell auf alle Rechte an dem Anti-Schwangerschaftsmittel RU 486 (Mifepristone) einer französischen Tochterfirma. Vorstandsvorsitzender Jürgen Dormann gab – durch Kirchen und Verbände unter Druck geraten – alle Rechte an den französischen Entdecker und Patentinhaber zurück.

Welche zentrale Rolle Sicherheitsaspekte für den Erfolg oder Mißerfolg einer aggressiven Expansionsstrategie spielen, zeigt ein weiteres Beispiel der Frankfurter *Hoechst AG*. Eine im Oktober 1993 von *Hoechst* erworbene US-Tochter, die *Copley Pharmaceutical* aus Canton, Massachussetts, startete kurz nach der Akquirierung eine Rückrufaktion für das bakteriell verunreinigte Asthmamittel Albuterol und geriet gnadenlos in die Schlagzeilen der amerikanischen Presse. Das *Wall Street Journal* berichtete von mehr als 2.000 Schadensersatzklagen. Nach Angaben der Zeitung sollen etwa 40 Menschen an den Folgen der Einnahme des Medikamentes gestorben sein.[6] Natürlich wehren Vertreter der Firma *Copley* die Behauptungen als unbegründet ab. Kurze Zeit nach diesem Eklat mußte *Copley* ein weiteres Mittel, das Brompheril, vom Markt nehmen. Die *Hoechst AG* verlor innerhalb weniger Monate durch den Sturz des Aktienkurses von *Copley* fast 400 Millionen Dollar: Bei einem Aktienkurs Ende 1993 von rund 51 Dollar hatte *Hoechst* 580 Millionen Dollar für die Firma gezahlt; im März 1995 war der Kurs auf etwa 15 Dollar gefallen. Nur mühsam erreichte die Aktie an der Nasdaq-Börse im August 1995 den Wert von 18,75 Dollar, denn zum gleichen Zeitpunkt wurde bekannt, daß *Copley* in einem außergerichtlichen Vergleich etwa 150 Millionen Dollar für Geschädigte aufbringen mußte. Dieser Flop unter der Führung des damaligen Vorstandsvorsitzenden Professor Hilger galt in Insiderkreisen als vermeidbar, hätte die Konzernleitung ihre Fachleute bei der Firmenbewertung anläßlich des Kaufs des Unternehmens stärker eingebunden. Der Deal ließ den Aktienkurs des Hoechst-Papiers Ende 1994 an der deutschen Börse tief fallen und bescherte *Hoechst* vorübergehend einen bescheidenen dritten Platz im Ranking der deutschen Großchemie.

1995 zog das Papier dank des Zukaufes von *Merrell Dow Pharmaceutical* dann wieder an, die Bemühungen des *Hoechst*-Vorstands schienen von Erfolg gekrönt: Für sage und schreibe 7,1 Milliarden Dollar erwarb der Konzern etwa 70% der Aktien der Pharmatochter von *Dow Chemical*. Allerdings übersahen die großen Bosse, daß diese Firma nicht nur eine Unmenge veralteter Produkte im Programm hatte, sondern auch solche, bei denen mit erheblichen Schadensersatzforderungen zu rechnen war. *Merrell Dow* vertrieb seit Anfang der 60er Jahre ein hormonähnliches Produkt, das Clomiphen Citrat, unter dem Namen Dyneric® weltweit als Ovarienstimulator zur Behandlung unfruchtbarer Frauen mit Kinderwunsch. Im Vergleich zu den bis dahin üblichen, aus dem Urin schwangerer Tiere gewonnenen Hormonen – den Gonadotropinen – war die neue Substanz ärmer an Nebenwirkungen und erreichte bei niedriger Dosierung bessere Erfolge bei der Auslösung weiblicher Fruchtbarkeit. Chemisch glich die Substanz aber den Stilbenen (Stilböstrole), die Vaginalkarzinome verursachen können. Junge Frauen – Töchter, deren Mütter viele Jahre zuvor mit diesen Hormonpräparaten behandelt worden waren – entwickelten später, nach 15 bis 20 Jahren, einen Scheidenkrebs. Die Mütter selbst blieben tumorfrei. In Deutschland wurden Jahr für Jahr etwa 100.000 Frauen mit dem Produkt behandelt, wobei die Nebenwirkungen im Gegensatz zu den USA keine wichtige Rolle zu spielen schienen.[6] Erst 1994 hatte das *arznei-telegram* gewarnt:

> *»Eine Metaanalyse von 12 Studien läßt ein erhöhtes Risiko von Eierstockkrebs für Frauen erkennen, deren Unfruchtbarkeit medikamentös behandelt wurde. Elf von knapp 4.000 Frauen, die innerhalb von zehn Jahren in Seattle, USA, wegen Infertilität untersucht und in einer Studie erfaßt wurden, erkrankten an Ovarialkarzinomen und anderen Tumoren. Neun von ihnen hatten Clomiphen Citrat eingenommen«. (arznei-telegramm* 11, 1994)

Deutsche Gynäkologen und Pathologen, die bis 1995 diese bösartigen Entartungen nicht als Spätfolge des Clomiphen erkannten, ordneten sie wohl als schicksalhaft ein. Obwohl *Marion Merrell Dow* seit vielen Jahren um bestehende Risiken wußte und in den USA auch großzügig darüber informierte, fielen die Informationen für deutsche Ärzte und Verbraucher vergleichsweise spartanisch aus.

Kapitel 8
BSE – Risiko in ungezählten Pharma-Produkten?

1980 erreichten Europa aus den USA die ersten Meldungen über Aids. Damals beteuerten deutsche Politiker und Ärzte, daß es sich um ein rein amerikanisches Problem, besonders der Ballungsräume von Los Angeles und San Francisco, handele. Weltweit begannen die Forscher, nach der berühmten Stecknadel im Heuhaufen zu suchen. Man ahnte, die unbekannte Ursache könnte ein Virus sein.

Seit 1989 forscht man intensiver denn je nach dem Erregerprinzip systematischer Hirnzerstörungen bei Menschen und Tieren, der BSE-Seuche und anderen mit ihnen verwandten Krankheiten. Wieder betonen deutsche Fleischhändler, Verbandsobere und Politiker ungeniert, es sei ein vorwiegend britisches Problem. Wieder suchen die Forscher in einem riesigen Heuhaufen nach einer unbekannten Stecknadel. Verblendete Menschheit. Innerhalb von 20 Jahren hat sich die Dummheit der Wissenschaftler um keinen Deut vermindert.

Zur Geschichte von BSE[1]

Schafs- und Ziegenwahnsinn gab es in England bereits um 1786. Immer wieder flackerte diese Tierkrankheit regional isoliert oder in einzelnen Herden auf, hinterließ jedoch kaum bleibende Spuren. Der Name *Scrapie* geht auf den Schmerz- und Juckreiz kranker Tiere zurück. Außerdem zeigten befallene Schafe Störungen in der Koordination von Bewegungsabläufen. Weil sie schwankten und einen trabenden Gang hatten, bezeichnete man dieses Phänomen auch als *Traberkrankheit*. Erste Epidemien bei Schafen und Ziegen beobachtete man 1936. Außerdem erfaßte die Seuche Elche, Großohrhirsche und

Nerze, alles Tiere, die sich unter der Obhut von Menschen befanden. Es soll auch bei Katzen eine ähnliche Hirnkrankheit gegeben haben.

Nach dem 2. Weltkrieg wollte man in England die Tierherden durch Impfung mit durch Formaldehyd abgetötetem Material infizierter Schafe vor der Seuche schützen. Die Folgen waren verheerend. Durch diese vermeintlichen Schutzmaßnahmen starben 1948 mindestens 1.500 Schafe. Erst die noch immer nicht überwundene Epidemie, die seit 1986 in England grassiert, lenkte die Aufmerksamkeit der Öffentlichkeit auf diese ebenso seltsame wie seltene Erkrankung.

Es fiel schon vor Jahren auf, daß die Zeitabstände zwischen den Neuerkrankungen degenerativer progressiver Hirnkrankheiten immer kürzer wurden. Zwei Ereignisse weckten das Interesse der Humanpathologen. Die Ärzte Vincent Zigas, im Dienste des australischen Gesundheitsdienstes, und D. Carleton Gajdusek, vom Nationalen Institut für Gesundheit (NIH) in Bethesda, Maryland, USA, beschrieben 1957 eine eigentümliche Krankheit *Kuru*, die bei den Eingeborenen im Hochland Papua-Neuguinea auftrat.[2] *Kuru* heißt in der Sprache der Eingeborenen lachender Tod und geht wie beim Tier mit dem Verlust von koordinierenden Bewegungen einher. Die infizierten Menschen torkelten und grimassierten und verfielen wenige Zeit später, kurz bevor der Tod eintrat, in geistige Umnachtung. Man fand bald darauf die Ursachen heraus. Bei Stammesritualien verspeisten weibliche Stammesangehörige und Kinder die Gehirne Verstorbener und erkrankten. Männliche Angehörige der Familien, die sich mit Drogen und Alkohol begnügten, blieben gesund. Einige Jahre später häuften sich Meldungen über eine seltene humane Form der bovinen* Hirnschwammkrankheit.

Erschrocken stellte die medizinische Fachwelt vor 20 Jahren fest, daß offenbar auch Übertragungen durch ärztliche Maßnahmen möglich waren. Besonders hart wurden jene Frauen getroffen, die wegen eines unerfüllten Kinderwunsches Wachstumshormone tierischen Ursprungs zu sich nahmen, um ihre Fruchtbarkeit zu erhöhen. Großbritannien und Australien waren besonders betroffen, und als diese Infektionsmöglichkeit publik wurde, kam es zu tumultähnlichen Demonstrationen.

Französische Mediziner sollen Mitte der 80er Jahre Kindern wissentlich Hormonpräparate verabreicht haben, die die unheilbare

---

* bovin (lat) = zum Rind gehörend.

Übertragung von Spongiöser Enzephalopathie durch ärztliche Maßnahmen[3]

Infektionsart	Infektionsweg	Inkubationszeit	Symptome
Operations-Instrumente			
Neurochirurgie	Injektion in das	22 (18-28) Monate	Gedächtnis-
Stereotakt. Op	Gehirn	18 (16-20) Monate	zerfall, Demenz
Gewebeübertragungen			
Hornhaut (Auge)	Auge	18 Monate	Gedächtnis-
Harte Hirnhaut	Gehirnhäute	54 Monate	zerfall, Demenz
		bis zu 10 Jahren	
Gewebeextrakte			
Wachstumshorme	Blutweg		
USA		12 (4-30) Jahre	Koordinations-
UK		17 (10-30) Jahre	störungen,
Frankreich		10 (7-17) Jahre	Gangstörungen:
weibl. Hormone		5 (4-6) Jahre	Schwanken,
		13 (13-18) Jahre	Schwindel

Creutzfeld-Jakob-Krankheit (CJK) auslösen. 40 von 100 infizierten Kindern sind Berichten zufolge daran gestorben. Wenn das stimmt, wäre es der zweite große Gesundheitsskandal in Frankreich nach 1985, als 1.200 Bluter durch verseuchte Blutkonserven mit AIDS infiziert wurden. Die Vorwürfe richteten sich insbesondere gegen die zentrale Arzneimittelvergabe der Krankenhäuser von Paris, die die Hormone in den Jahren 1985 und 1986 vertrieben. Nach Darstellung des Nachrichtenmagazins *L'Express* hatte die Expertengruppe »France-Hypophyse« im Mai 1985 ausdrücklich vor einer möglichen CJK-Übertragung gewarnt. Dennoch wurde das umstrittene Hormon noch fast ein Jahr bis zum Februar 1986 weitervertrieben, weil die zentrale Arzneimittelvergabe einen Verlust in Höhe von 1,5 Millionen Mark vermeiden wollte. Weltweit sind bis 1996 insgesamt 90 CJK-Fälle bekannt geworden, wobei mehr als die Hälfte auf die Fälle in Frankreich entfällt (*Frankfurter Rundschau* vom 10.1.1997)

In Deutschland werden Prionen-Krankheiten häufig durch Ärzte nicht erkannt und nicht diagnostiziert, Autopsien Verstorbener, die die letzte Sicherheit gäben, werden immer seltener vorgenommen. Vom Bundesgesundheitsamt wurden seit 1970 nur 97 Fälle registriert, eine Zahl, die weder ein BSE-Risiko beweist, noch ein solches ausschließen kann. Mitarbeiter der Berliner Behörde rechnen jedoch mit mehr Erkrankungen, besonders bei der Creutzfeld-Jakobschen Krankheit (CJK).[4] Daß in Deutschland diese Unsicherheit bei epidemiologischen Aussagen besteht, ist auch eine Folge der Verkennung oder fehlerhaften Interpretation selbst typischer Befunde von relativ ungeübten, nicht auf Gehirnerkrankungen spezialisierten Pathologen. Geradezu typisch sind zwei Fälle jüngerer Kranker, bei denen die Wissenschaftler im Bundesinstitut für Arzneimittel und Medizinalprodukte (BfArM) eine Ansteckung mittels infizierter künstlicher lyophilisierter harter Hirnhaut »vermuten«, die man bei Schädeloperationen benötigt.

1997 warnte eine Expertenkommission der US-Behörde FDA, daß die Gelatine, die in Nahrungsmitteln und Pharmaka Anwendung findet, nicht mehr als »unbedingt sicher mit Blick auf BSE« gelten darf. 1991 hatte die Europäische Behörde Richtlinien zu diesem Thema erstellt und Gelatine, Talg und andere Komponenten aus Rindern für sicher erklärt. Man muß wissen, daß Gelatine in Pillen, Kapseln, Gelatinekapseln, Impfstoffen, Liposomen, medizinischen Antikörpern und anderen bioaktiven Proteinen und Peptiden verwendet wird. 16 Fälle einer besonderen Form der Creutzfeld-Jakobschen Krankheit – die sich von »spontanen« Fällen deutlich unterscheiden – werden auf solche Materialien zurückgeführt. 15 dieser Fälle traten im Vereinigten Königreich England auf und ein Fall in Frankreich.

Im März 1996 wurde Europa durch neue Fakten zu der Seuche wachgerüttelt. Selbst hart gesottene britische Politiker konnten die Gefahr nicht mehr kleinreden und gaben zu, daß die Infektionen eine neue Dimension erreicht hätten. Erschrocken registrierten die verantwortlichen Experten, daß auch Kinder und Jugendliche erkrankten, die Leiden anders verliefen und abweichende Symptome von bisher bekannten Krankheitszeichen aufwiesen. Am auffälligsten war, daß die Krankheit nicht mehr nur im Greisenalter, sondern auch bei Jugendlichen und jüngeren Erwachsenen auftrat.

Deutschlands Öffentlichkeit befindet sich seit dem Frühjahr 1996 im BSE-Fieber, und viele Menschen sorgen sich um die Folgen des Fleischverzehrs kranker Tiere. Der Fleischverbrauch sank 1997 von 64 auf 60 kg pro Kopf der Bevölkerung. Im Februar 1998 berichteten die Medien über eine bisher unbekannte und der Öffentlichkeit vorenthaltene britische Studie, die beweisen soll, daß das Risiko, sich durch Fleisch zu infizieren, viel größer sei als bisher angenommen. Man warnte vor T-Bone-Steaks und anderem bislang als nicht BSE-kontaminiert geltendem Rindfleisch.

Die bekannten menschlichen Gehirnkrankheiten, die auf Prione oder andere unbekannte Erreger, Proviren, zurückgeführt werden

Krankheit	Symptome	Quelle	Verbreitung	Zeit zwischen Ausbruch und Tod
Kuru	Verlust der Bewegungs-koordination gefolgt von Demenz, Geistesschwäche	Infektion: ritueller Kannibalismus: nach 1958 keine Neuerkrankung	Hochland Papua-Neuguinea, seit 1975 rund 2.600 Fälle bekannt	drei Monate bis ein Jahr
Creutzfeld-Jakob-Krankheit (CJK)	Geistes-schwäche mit Verlust der Bewegungs-koordination	unbekannt 1.) 10 bis 15% durch Vererbung kranker Gene	erbliche Form: 100 betroffene Familienfälle	zwischen einem Monat und mehr als 10 Jahren. In der Regel 1 Jahr
NEU: CJK-ähnliche Krankheiten		2.) 1 Fall auf 1 Mio. Menschen 3.) ärztliche Behandlung	Europa	1-10 Jahre
Gerstmann-Sträussler-Scheinker-Syndrom	Verlust der Bewegungs-koordination Demenz	ererbte Genkrankheit	etwa 50 betroffene Verwandt-schaftskreise	2-6 Jahre
Tödliche familiäre Insomnie (Unruhe)	Schlafstörung vegetative Nervenstörung Demenz	ererbte Genkrankheit	neun betroffene Verwandt-schaftskreise	typisch 1 Jahr

Was weiß man von den Ursachen?

Der wissenschaftliche Streit über die Art des Erregers verlagerte sich schon vor Jahren von der Virus- auf die Prionentheorie (Protein-Eiweißtheorie). Man ist sich einig darüber, daß erkrankte Menschen bei Ausbruch des Leidens einen untypischen, immunologisch fremden Eiweißkörper im Nervensystem bilden. Dieses Eiweiß besitzt die Eigenschaft, sich wie Stärke zu färben, weshalb die Forscher ihm den Namen *Amyloid* (amyloid = stärkeähnlich) gaben. Ebenso besteht Konsens darüber, daß alle diese Erkrankungen zusätzlich zum Amyloid bestimmte Narbenstränge, im Nervengewebe als *Fibrillen* (Fäden) angeordnet, besitzen. Im englischen Sprachgebrauch nennt man dieses Phänomen kurz *SAF*, Scrapie Associated Fibrills. Diese

Fibrillen bestehen aus einer Zucker-Eiweißmischung, den *Glykoproteinen.*[5]

1972 begann der amerikanische Arzt Dr. Stanley B. Prusiner, sich für die Krankheit zu interessieren. Als Neurologe betreute Prusiner einen Patienten an der entsprechenden Abteilung der Medizinischen Hochschule von San Francisco, der an der Creutzfeld-Jakob-Krankheit verstarb. Dr. Prusiner startete seine Forschung ohne fremde Hilfe mit einfachen Mitteln. Er verband seine ersten Untersuchungen mit der Hypothese, daß die kontinuierlich fortschreitende Erkrankung durch langsam wirkende Viren hervorgerufen wird. Stanley Prusiner erhielt für seine Forschungen, vor allem aber für seine nicht unumstrittene, dennoch geniale Idee zur Krankheitsentstehung mittels Prionen, 1997 den Nobelpreis für Medizin. Bis zum Tage der Preisverleihung mißgönnten Kritiker und Neider dem Laureaten den Erfolg, denn sie hielten die neue Möglichkeit einer Erkrankung durch Strukturänderungen im Proteinmolekül für glatte Scharlatanerie. Trotz aller Vorbehalte sprechen viele Befunde und Argumente jedoch für die Annahme, daß bei diesem Krankheitskomplex – gleich ob es sich um eine virale oder nichtvirale Ursache handelt – ein neues, bisher unbekanntes Pathogenitätsprinzip (Krankheitsentwicklung) aufgedeckt wurde, das die Medizin in Kürze tiefgreifend bereichern und verändern könnte. Allein für diesen neuen Ansatz verdiente der Entdecker seine hohe Anerkennung.

Vor einigen Jahren zeigten sich zwei englische Ärzte überrascht, als sie Scrapie-Hirnextrakte mit UV-Licht sowie kurzwelligen ionisierenden Strahlen behandelten und herausfanden, daß dieses in der Regel sichere virusabtötende Verfahren keinen Erfolg zeigte. Trotz radiogener Sterilisation blieb das bestrahlte Gehirn kranker Versuchstiere ansteckend. Nach acht Jahren intensiver Arbeit isolierten Prusiner und seine Kollegen aus einem experimentell infizierten Hamster infektiöses Material, welches aus reinem Eiweiß bestand. Man nannte das Eiweiß *Prion*, ein Kürzel aus Primary Protein.[6] In diesem Extrakt fand man keine Nukleinsäuren, also weder DNA noch RNA, was bedeutet, daß das *Prion* auf untypische Art in den Zellen gebildet worden war. Normalerweise enthalten natürliche Eiweißkörper Spuren von DNA oder RNA. Reste von Nukleinsäuren beweisen die gengebundene Bildung der Proteine, weil diese bei ihrer Neuschaffung die notwendige Energie aus DNA und RNA beziehen. Diese Erkenntnisse implizieren verschiedene Möglichkeiten für den ungewöhnlichen Befund. Entweder benötigt die Umbildung vom kranken zum gesunden Prion so wenig Energie, daß man sie nicht messen kann, oder es handelt sich um einen Vorgang, der ohne zusätzliche Energie abläuft, oder die Zelle verfügt über neue, andere, bisher nicht bekannte Möglichkeiten zur Energieerzeugung.

Man gab dem Prion-Protein, welches nur aus einem einzigen Protein bestand, den gentechnischen Fachnamen *PrP.* Um die Herkunft dieses Proteins im genetischen Code zu ergründen, begann man vielerorts mit der Entschlüsselung des Rätsels seiner unbekannten Herkunft. Schrittweise spaltete man das Eiweiß auf und verglich die Struktur mit ähnlichen Proteinstrukturen, deren Gene man schon kannte. Die inzwischen zu einer beachtlichen Gruppe angewachsenen Prione stellten sich als lipophile, fettlösliche Proteine heraus, die in Genen an festen und bekannten Plätzen gebildet werden. Normalerweise findet man Priongene auf dem kurzen Arm des Gens 20. Sein konstantes Vorkommen in Zellen von Fliegen oder Menschen und seine offensichtlich wichtige Rolle beim Zellproteinaufbau haben ihm den Namen »*Haushüter-Gen*« eingetragen, ein Hinweis auf seine grundsätzliche Bedeutung.

Die Größe des Prions vom Schafswahnsinn (Scrapie), beträgt 27–30 kD,* es ist damit kleiner als ein kleines Virus. Im übrigen ist die Prion-Gen-Lokalisation für alle Insekten, Vögel und Säugetiere die gleiche, was für Wichtigkeit und eine systematische und konstante Eiweißbildung spricht. Das Protein wird während des ganzen Lebens eines Individuums sowohl in den Nervenzellen als auch in den Stützzellen des Nervensystems gebildet.

Warum und auf welche Weise ein gesundes PrPc zu einem kranken Prion PrPp wird, ist unbekannt. Äußere Unterschiede im Aufbau konnte man nicht finden. Es wird vermutet, daß der Schritt vom gesunden zum kranken Eiweiß erst nach Vollendung der Proteinbildung vollzogen wird. Diese Veränderung vom gesunden zum kranken Gen soll sich im sogenannten Golgi-Apparat der Zelle sowie im endoplasmatischen Retikulum – beide Strukturen gehören zur Energiefabrik der Zellen – abspielen, ohne daß ein deutlicher Energieumsatz nachgewiesen werden konnte.

---

* kD = Kilo Dalton, Maßeinheit für molekulare Strukturen.

Inaktivierungsmethoden von BSE (Scrapie)

Verfahren	**Erfolge**
Temperatur/Denaturierung	
Sterilisation (nicht biologische Strukturen)	
121°C für 1 Stunde unter Druck	infektiös
100°C für 1 Stunde unter Druck	infektiös
80°C für 1 Stunde unter Druck	infektiös
Chemikalien	
1 normale Natronlauge	infektiös
Phenolbehandlung	infektiös
0,5% Natrium-Chlorsäure	infektiös
1% Propoilacton	infektiös
(häufige kommerzielle Eiweiß-Reinigungsmethode)	
1 molare Kalium oder Natrium-Schwefel-Cyanid	steril/zeitweise
Äther Extraktion	infektiös

Aufgrund der Analyse des Aufbaus und der Reihenfolge der Aminosäuren, der Grundbausteine des Proteins, konnte man nun nach Genen suchen, die diesen gleichen Aufbau zeigten. So fand man, daß die Gene in Zellen von Menschen, Hamstern und Mäusen identisch sind. Große Überraschung machte sich breit, als man herausfand, daß das gleiche Prion in zwei verschiedenen strukturellen Formen auftrat. Damit war den Forschern klar, daß das zum Beispiel den Schafswahnsinn Scrapie verursachende Prion (PrP-Sc) lediglich eine Abart des normalen Prion (PrPc) gesunder Zellen war. Während man die gesunde Form des Prion mit eiweißspaltenden Enzymen aufspalten konnte, gelang dies bei der kranken Form nicht. Wieder entstand ein Verdacht, daß der BSE-Erreger und seine ihm gleichenden Seuchenkeime dadurch besonders widerstandsfähig sein müssen. Dieser Verdacht bestätigte sich leider allzu rasch.

Die Inaktivierungsmethoden lassen Schlimmes ahnen. Mit den herkömmlichen Verfahren lassen sich kontaminierte biologische Präparate nicht Prionen-frei machen. Wenn also von der Industrie unterstützte und geförderte Wissenschaftler behaupten, man könnte biologische Produkte so verdünnen, daß keine Keime (Erreger) mehr nachweisbar sind, ist dies nicht richtig. Auch bei hohen Verdünnungsgraden befinden sich noch immer genügend Keime in den Lösungen, um Menschen zu infizieren. Der Grad der Abreicherung hängt von der Ausgangskonzentration und der absoluten Menge von Erregern ab.

1988 wies ein Mitarbeiter von Stanley Prusiner die Vererbbarkeit der Anlagen menschlicher Prionenkrankheiten nach. Genanalysen eines an der Creutzfeld-Jakob-Krankheit leidenden Patienten ließen erkennen, daß ein einziges von insgesamt 750 Basenpaaren ausgetauscht war. Diese Basen bilden die Buchstaben des genetischen Alphabetes. Ihre Abfolge innerhalb des DNA-Moleküls legt in verschlüsselter Form die Sequenz für das zu produzierende Protein fest, wobei je drei Basen ein Codewort – ein Codon – für eine Aminosäure bilden. Im Falle der Prionenkrankheit bestätigte sich eine Veränderung, die Mutation, auf dem 102. Basentrio. Statt der Aminosäure Leucin fand man die untypisch lokalisierte Aminosäure Prolin.

Inzwischen hofft man, mit neuen Techniken der Gentherapie die erblichen Prionenkrankheiten nicht nur nachzuweisen, sondern auch zu heilen. In Tierexperimenten gelang es bereits, kranke gegen gesunde Gene auszutauschen. Ebenso haben japanische Forscher durch Gentransfer vom Menschen auf Mäuse zeigen können, daß das Krankheitsprinzip Prion quer durch die verschiedenen Arten übertragbar ist.

Als engagierte Wissenschaftler der Vermehrung der Prione näher kommen wollten, stellten sie fest, daß auch dieser Mechanismus untypisch verläuft. Normalerweise vollzieht sich die Proteinneubildung nur mit Hilfe von Nukleinsäuren (DNA, RNA), die die Energie und die Matrize liefern. Jetzt beobachteten die Wissenschaftler, daß ein zum BSE-Prion verändertes gesundes Prion aus normalen Eiweißmolekülen immer dann spontan eine kranke Form bildete, wenn beide nur genügend nahe beisammen waren.

Lange suchte man nach den Ursachen. Endlich fand man heraus, daß die krankhafte Veränderung aus einer andersgearteten Fältelung des Prionkörpers, des Eiweißfadens, besteht. Beim kranken Prionprotein ist, im Gegensatz zum gesunden, ein Ende des sonst als Knäuel auftretenden Eiweißkörpers fadenförmig gestreckt. Das Prionprotein des Kranken gibt seine dreidimensionale Struktur auf.

Weshalb und wodurch der Vorgang der Vermehrung von BSE-Prionen Zellen schädigen kann, ist unerforscht. Typisch für solche geschädigten Zellen bei kranken Tieren und Menschen sind Zusammenballungen vieler kleiner Prionenfragmente, die dazu neigen, größere Flecken zu bilden, die den Namen Plaques tragen. Bei mikroskopischer Betrachtung gleichen diese Flecken den Veränderungen bei der Alzheimerschen Krankheit, was zur Bildung blühender wissenschaftlicher Phantasien führte und gleichermaßen Befürworter wie Widersacher derartiger Rückschlüsse aktivierte.

Das Gehirn reagiert offenbar auf viele voneinander abweichende Schadensmechanismen mit einer einzigen typischen Gewebeänderung. Solche weitgehend spezifischen Reaktionen eines Organs auf viele sehr unterschiedliche Schäden sind in der Humanpathologie nicht selten. Leberschädigende Viren und Gifte zum Beispiel münden in eine chronische Entzündung, mit späterer Narbenbildung und Krebswachstum. Die Lunge beantwortet Sauerstoffmangel wie Sauerstoffvergiftungen mit massiven Flüssigkeits- und Eiweißeinlagerungen im Bindegewebe, wodurch die Lunge ihre Transportfähigkeit für die Atmung verliert.

Fatal und frustrierend war die Erkenntnis, daß eine Überproduktion von BSE-Prionen auch Muskelsubstanz zerstört. Man geht davon aus, daß die Veränderungen – Infektionen? – sich längs von Nervenbahnen ausbreiten, die eine Verbindung von Gehirn und Muskeln herstellen. Alle Befunde legen den Verdacht nahe, daß es noch andere, bisher unbekannte Krankheiten gibt, die durch solche Prione verursacht werden könnten. Im weitesten Sinn zählen einige Fachleute neben der Alzheimerschen Krankheit auch den Parkinsonismus (Schüttellähmung), die amyotrophe Lateralsklerose (Rückenmarkszerstörung) und den Gedächtnisverlust (Demenz) zu diesen speziellen Erkrankungen.

Der deutsche Virologe Heinz Diringer, Professor am Berliner Robert-Koch-Institut, vertritt seit Jahren die Auffassung, daß alle Veränderungen durch Prione Folgen einer Virusinfektion sind. Alle an diesem akademischen Streit beteiligten Forscher sind sich über die hier geschilderten krankhaften Zustände grundsätzlich einig, divergieren nur über den ersten Schritt. Ungeklärt bleibt bei beiden Theorien die Frage, wie und weshalb die Punktmutation im Gen 20 entsteht. Beide Theorien bleiben uns eine Antwort auf die Frage schuldig, in welcher Weise sich Prione vermehren können.

Leider fand auch Heinz Diringer bis jetzt keinen Virus, und er verficht seine Theorie mit analogen Vergleichen, ohne sie experimentell belegen zu können. Im August 1995 machte ein Beitrag der amerikanischen Nationalakademie der Wissenschaften darauf aufmerksam, daß es Forschern der Yale-Universität in New Haven, Connecticut, gelungen sei, die typischen Prionenproteine aufzulösen und dadurch infektiöse Viruspartikel freizusetzen.[7] Löst man Prione in starken

Laugen, bleiben im Rückstand Nukleinsäure-Protein-Komplexe zurück, die auf einen viralen Ursprung hindeuten. Diese Partikel gehören mit einem Durchmesser von 30 Nanometern (ein Nanometer entspricht einem millionstel Millimeter) zu den kleinsten Virusarten, die man bisher gefunden hat.

Weder der Virus-Protein-Anteil noch das isolierte Prion-Protein waren getrennt infektiös. Die spongiforme Encephalopathie konnte bei Hamstern nur mit dem gesamten Komplex, Virus plus intaktem Prion, hervorgerufen werden. Bestätigten sich diese Befunde, könnte man eine gezielte Antikörperforschung betreiben. Fände man spezielle Antikörper, würden Tierhalter und Ärzte in die Lage versetzt, kontaminierte, infizierte kranke Tiere und Menschen zu identifizieren. Bisher jedoch gerät die Wissenschaft mit dem Prion-Protein an den Horizont ihrer Erkenntnisse.

Ende 1997 berichtete Stanley Prusiner, daß es ihm gelungen sei, das Gen für das bovine Prion-Protein ins Erbgut einer Maus zu schleusen. Das Eiweiß ist das Zielmolekül des Erregers der bovinen spongiformen Enzephalopathie (BSE). Nach Genänderung entwickelten die Tiere innerhalb von 200 Tagen die klinischen und hirnorganischen Zeichen der Erkrankung. Prusiner glaubt – so ein Artikel in der führenden amerikanischen Wissenschaftszeitschrift *Proc Natl Acad Sci*, Heft 94, 1997 –, daß die transgenen Tiere (Tiere mit künstlich geändertem Genom) zum Nachweis des BSE-Erregers in tierischem Eiweiß und Gelantine genutzt werden könnten. Möglicherweise würde ein solcher Test auch die Probleme bei der Überwachung von Tierherden lösen.

Was geschieht derzeit zur Verbesserung der Sicherheit?

Folgt man der Rechtsprechung, die 1971 im Contergan-Einstellungsbeschluß festgelegt wurde, darf eine Unbestimmtheit zwischen anfänglichem Verdacht und dessen endgültiger wissenschaftlicher Bestätigung nicht zu Lasten der Anwender gehen. Die Gesundheit der Patienten ist das höchste Rechtsgut, und Herstellerinteressen am ungehinderten Verkauf ihrer Produkte gelten als nachrangig. Handelt der Hersteller nicht eigenverantwortlich, muß das Bundesgesundheitsamt einschreiten und den Vertrieb des Produkts bis zur Abklärung des Verdachtes unterbinden.

Unterzieht man die aktuellen Maßnahmen zur BSE-Sicherheit medizinischer Produkte und Heilmittel in Deutschland einer kritischen Analyse, erfüllen lediglich die Vorschriften zur Sterilisation von Gerätschaften die geforderten Normen. Sie bestehen aus Metallen oder widerstandsfähigen Kunststoffen, sind hoch erhitzbar und garantieren so eine absolute Freiheit von Viren, Proteinen und anderen unbekannten biologischen Verunreinigungen. Alle anderen Produkte – insbesondere biologische Arzneimittel, Xenotransplantate (Organe und Gewebe von Tieren), menschliche Organtransplantate und Organteile, Blut- und Plasmaprodukte – gelten als nur bedingt BSE-sicher, da es bislang weder direkte noch indirekte Methoden zum Nachweis für die Erreger degenerativer Hirnkrankheiten gibt. Niemand kann ausschließen, daß es neben der nach Monaten und wenigen Jahren erkennbaren akuten Verlaufsform von Scrapie oder der Scrapie ähnlichen Krankheiten auch chronische Krankheiten mit einer mehr als zwanzigjährigen Latenz gibt.

Angesichts eines weltweiten und unkontrollierbaren Handels mit Tieren entspricht die Forderung nach BSE-freien Tierbeständen reinem Wunschdenken. Im Mai 1996 platzte eine neue Bombe im BSE-Krieg. Amerikanische und isländische Forscher entdeckten, daß die Traberkrankheit von Schafen durch Milben, die aus dem Heu an Scrapie erkrankter Tiere isoliert wurden, zu Extrakten verarbeitet, in 10 von 71 mit dem Milbenextrakt geimpften Versuchsmäusen, eine tödliche Hirnkrankheit hervorriefen.[8]

Dieser Befund könnte erklären, weshalb nach dem Zusammentreffen von gesunden und kranken Tieren die Erreger auf bislang nicht infizierte Tiere übergriffen. Und er wäre zudem die einfachste Erklärung für das bisher umstrittene Überspringen vom Tier auf den Menschen. Ungeklärt hingegen ist insbesondere die Rolle der Anabolika und Wachstumshormone in der Tierhaltung und ihre Bedeutung für den Ausbruch und die Beschleunigung der Infektiosität unbekannter Erreger.

Die Berliner Gesundheitswächter (BfArM) haben in jahrelanger Arbeit eine komplizierte und gleichermaßen naive Formel zum Nachweis der Abreicherung von Proviren und ähnlichen pathogenen Prinzipien entwickelt.[9] Nach diesem fragwürdigen Punktesystem dürfen die Firmen ihre Produkte selbst einordnen und bewerten. Die Einstufungsformel mußte im März 1996 erneut verschärft werden, weil viele Hersteller unkritisch damit umgingen.

Punktesystem zur Einordnung BSE-haltiger Produkte

- Herkunft und Haltung der Tiere (Land, Fütterung)
- Art des verwendeten Materials (Organe, Gewebe, Körperflüssigkeiten)
- Verfahren zur Abreicherung oder Inaktivierung potentiell vorhandener Erreger (das Magnesiumstearat, Lactat und ähnliche Biomaterialien werden für 30 Minuten bei 3 bar Druck und 163°C behandelt. Tests gibt es nicht.)
- Menge des zur Herstellung einer Tagesdosis eingesetzten Ausgangsmaterials
- Anzahl der Tagesdosen in 0,1g bei innerer und 1,0g bei äußerer Anwendung
- Applikationsart: Tablette, Salbe, Injektion: Vene oder Rückenmarkhüllen

Die Problematik dieses Punktesystems besteht darin, daß es sich um ein eher theoretisches Konstrukt handelt, das weitgehend aus der Literatur gewonnen wurde. In der Praxis bestehen jedoch kaum Zweifel, daß unter bestimmten Umständen kleinste virale Mengen ausreichen, um eine Infektion auszulösen. Dies hängt von der individuellen Akzeptanz des Menschen, der »Pathogenität (Giftigkeit) des Erregers« und der Immunitätslage (körperliche Abwehr) eines Menschen ab.

Das politische Problem

Der große Kreis degenerativer Hirnkrankheiten, zu denen BSE-Rinderwahnsinn, Creutzfeld-Jakobsche Erkrankung (CJD) und verschiedene Sonderformen gehören, erfreut sich seit 1989 einer unangenehmen Popularität. Gäbe es einen Preis für das Verdrängungsthema des Jahres (ähnlich wie das »Wort des Jahres«) bei Politikern, BSE wäre der Sieger. Kaum hat sich die Öffentlichkeit daran gewöhnt, daß unterschiedliche Tierarten in dem einen Land erkrankten und abgeschlachtet werden mußten, kommt die Meldung, daß ganz andere Tierherden aus ganz anderen Ländern ebenfalls erkrankt sind und notgeschlachtet werden mußten.

Vor allem deutsche Politiker und Verbandspräsidenten rühmten jahrelang die »Reinheit ihrer Tierbestände«, bis die Presseagentur *dpa* am 14. Januar 1994 meldete, daß in Deutschland – trotz aller Gründlichkeit und Akkuratesse – das erste importierte Rind aufgetaucht ist, welches am Rinderwahnsinn erkrankt war. 1996 kam es zum europaweiten Eklat, als Großbritannien seinen bisherigen Standpunkt zur BSE-Seuche änderte. Der britische Gesundheitsminister Stephen Dorrel gab am 20. März 1996 zu, daß er nicht mehr ausschließen könne, daß BSE und die Creutzfeld-Jakobsche Krankheit gewisse Parallelen und Gemeinsamkeiten aufwiesen. Daher könne auch nicht ausgeschlossen werden, daß der unbekannte Erreger diese sich gleichenden Leiden hervorrufen kann. Im August 1996 berichtete eine britische Forschergruppe über die Möglichkeit der placentaren Übertragbarkeit des BSE-Erregers von der Kuh auf das Kalb.

Der Stand der medizinischen Wissenschaften befindet sich bei der spongiösen Rinderhirnentzündung und ähnlichen Krankheiten des Gehirns dort, wo die Erforschung des HIV-Problems 1980 begonnen hatte. Die Pharmaindustrie, die aus betroffenen Tieren massenhaft Rohmaterialien für die Herstellung von Medikamenten gewinnt, reagierte 1989 unmittelbar auf die Anfrage, ob ihre Produkte nicht auch BSE-infektiös seien, stereotyp mit dem klassischen Satz »kann nicht sein«. Selbst Hersteller von Produkten, die zum Beispiel Gelatine aus Innereien und Wirbelsäulenknochen von Rindern beziehen, diese mit physikalischen Methoden gewinnen und durch mehrere chemische Lösungs- und Verdünnungsstufen säubern, verdünnen und trennen, sind überzeugt, auf der sicheren Seite zu sein. Eine hundertprozentige Sterilisierung solcher Endprodukte ist jedoch nicht möglich, denn selbst eine 20minütige Hitzebehandlung mit einem Druck von 3 bar gilt nach jüngsten Mitteilungen des »Wissenschaftlichen Veterinärausschusses« der Europakommission als nicht sicher.

Trotz aller Mahnungen ist es in verschiedenen Ländern Europas noch immer erlaubt, Materialien aus gefährdeten Tieren zu gewinnen und zu verkaufen, die allenfalls unzureichend mit biologisch verträglichen Temperaturen bis 70°C behandelt werden können. Solche niedrigen Temperaturen töten zwar lebende Bakterien, niemals aber Sporenbakterien, Viren oder gar Proviren (Viroide) ab.

Der europäische Veterinärausschuß ist sich nicht mehr sicher, ob in den Mitgliedsstaaten, die keine Fälle von Traberkrankheit (Scrapie) bei einheimischen Schafen gemeldet haben (darunter auch im Vereinigten Königreich), diese nicht doch in den Schafbeständen vorkommen können. Daher empfiehlt der Ausschuß, spezifiziertes Risikomaterial – definiert als Gehirn, Rückenmark und Augen von über zwölf Monate alten Rindern, Schafen und Ziegen, sowie die Milz von über sechs Monate alten Schafen und Ziegen – aus der Nahrungsmittel- und Futterkette zu entfernen. Außerdem sollen Tiermaterialien wie Gehirn, Augen, Rückenmark, Mandeln, Thymusdrüse, Milz und Dünndarm von Rindern, sowie daraus gewonnene Proteinerzeugnisse von über sechs Monate alten Rindern, die aus Ländern mit hohen BSE-Risiken stammen, nicht mehr international gehandelt werden.[10]

Besonders mißtrauisch bei diesem europäischen Kuhhandel mit der Gesundheit sind die Vertreter der amerikanischen Pharmaindustrie, wobei es wie immer vor allem um um handfeste wirtschaftliche Interessen geht. Die meisten Medikamente enthalten – als Produktionshilfsstoffe von Pillen, Dragees, Tabletten und als Hilfsstoffe von in Venen, Muskeln und Haut injektablen Medikamenten – Gelatine, Talg, Wollwachs und Rinderklauenöl. Diese gelten jedoch nur als sicher, wenn

- seit 1990 keine im Herkunftsland geborenen Rinder an BSE erkrankt sind und
- in den letzten fünf Jahren Scrapie nicht häufiger als in Einzelfällen aufgetreten ist und
- wenn Gelatine, Wollwachs, Talg und Rinderklauenöl im Verlauf der Herstellung mindestens für 20 Minuten bei 133 °C unter gespanntem Dampf autoklaviert,*
- oder für mindestens 1 Stunde bei 20°C mit 1 Normaler Natronlauge
- oder mindestens 1 Stunde und bei 20°C mit einer unterchlorigen Salzsäure behandelt worden sind.

Nachdem der Europäische Veterinärausschuß seine neuen Richtlinien (Empfehlungen) ausgesprochen hatte, begann auf Länderebene der gewohnte »Kuhhandel« der Verbände und Behörden. So empfahl die englische Zulassungsbehörde vom Stichtag (1. Januar 1998) an, die Produkte nach Erfüllung der Bedingungen der Sterilisation zu verkaufen, unterstrich aber ausdrücklich, daß eine Rückrufaktion nicht notwendig sei. In der Praxis wird das darauf hinauslaufen, daß durch die spezifischen Auflagen die Preise für die Rohmaterialien aus den Tierbeständen nach dem Stichtag erheblich ansteigen werden. Daher wird die Zulieferindustrie darum bemüht sein, bis zum besagten Termin möglichst viel »alte, unbehandelte Ware« abzusetzen. So nehmen die Verbraucher noch Jahre später Medikamente ein, die offiziell schon lange verboten sind.

Ein ähnliches Vorgehen gab es schon einmal. Als zum 1. Oktober 1985 der Vertrieb mit nicht hitzevorbehandeltem Plasma wegen der

---

* Autoclave = Gerät zum Sterilisieren durch Hitze und Druck

Aids-Viren untersagt wurde, unterließen es die Landesbehörden, eine Rückrufaktion unter ihrer Aufsicht durchzuführen. Die bis zu diesem Tage massenhaft »preiswert abgesetzte Ware« konnte – so vermuteten damals Fachleute – noch bis weit in das Jahr 1986 hinein ungehindert abverkauft werden. Das kostete viele Menschen das Leben, denn die Medikamente enthielten das tödliche Virus. Bei BSE vergehen jedoch im Unterschied zum HI-Virus zwischen Infektion oder Ansteckung viele Jahre. Es wird sich aber nach zehn Jahren Inkubationszeit kaum ein Mensch daran erinnern, wann er welches Medikament eingenommen hatte.

Im Frühjahr 1997 wurde aus England gemeldet, daß neue Varianten der Creutzfeld-Jakobschen Krankheit bei Konsumenten von Rindfleisch aufgetreten sind. Betroffen sind nunmehr auch Menschen unter 50 Jahren und Jugendliche. Anstatt jedoch die Sicherheitsvorkehrungen zu erhöhen und konsequent alle verdächtigen Produkte aus dem Markt zu nehmen, läßt man es hierzulande dabei bewenden, Unmengen von Papier zu produzieren und sich damit zu beruhigen, daß zwei britische Organisationen 40 neue Forschungsprojekte mit 24 Millionen Mark unterstützen wollen.

Und wenn Einschränkungen angedacht werden, melden sich zu allererst die Verbände der Pharmaindustrie und protestieren gegen die »unmäßigen und wissenschaftlich nicht haltbaren« Einschränkungen. Sie finden dabei Unterstützung von einem hohen Vertreter des Bundesministeriums für Gesundheit, der sich in einem Schreiben vom 17. März 1997 die Argumente der Pharmaindustrie zu eigen macht:

»Die vorgesehene Änderung der Richtlinie – gemeint ist die Einschränkung des Handels mit belasteten Produkten – ist allerdings wissenschaftlich unbegründet. Sie stellt eine Belastung des Vertrauensschutzes dar und steht in keinem angemessenen Verhältnis zu den für andere Bereiche (Tierarzneimittel, Kosmetika, Lebensmittel) bestehenden oder vorgesehenen Regelungen zum Schutz des Menschen vor (möglicherweise) übertragbaren spongiformen Enzephalopathien. Sie stellt eine einseitige Maßnahme zu Lasten von Arzneimitteln dar, die nicht geeignet ist, die Sicherheit von Arzneimitteln über das zur Zeit bestehende Schutzniveau zu fördern. Ein Verbot von Ausgangs- oder Hilfsmaterialien für die Herstellung wichtiger Arzneimittel, bevor therapeutische Alternativen vorliegen, wäre nicht zu verantworten. Das gesundheitliche Risiko durch

den Verzicht auf solche Arzneimittel wäre ungleich höher als das äußerst geringe Risiko durch BSE.« Weiter heißt es mit Blick auf einige Impfstoffe: »Von der Änderung der Richtlinie wären unter anderem Nährlösungen wie Hirn-Herz-Bouillon betroffen, die für die Herstellung von Impfstoffen benötigt werden. Die Analyse der Auswirkungen des Richtlinienvorschlages auf den Markt der Arzneimittel zeigt, daß für zahlreiche Produkte Alternativprodukte oder Alternativtherapien zur Verfügung stehen. Ausnahmen ohne (derzeitige) Alternativen sind Tuberkulose-Impfstoffe, Typhus-Impfstoffe, Mumps-Impfstoffe. Für diese etwa 40 Impfstoffe gelten Ausnahmeregelungen. Bei der Anhörung der Gelatine-Hersteller vor der europäischen Biotechnologie Arbeitsgruppe am 10.2.1997 wurde deutlich, daß Rinderknochen mit Wirbelsäule- und Schädelfragmenten vermischt sein können und daß keine Möglichkeit besteht, diese Teile vollständig auszusortieren. Gelatine wird sowohl als Stabilisator als auch als Kapselsubstanz (Medikamente mit Kapselumhüllungen) verwendet.«[11]

Vorsorge in Europa?

Seit dem Beginn der europäischen BSE-Diskussion herrscht bei vielen Herstellern von Zutaten zu Pillen und Dragees sowie Nährböden von Impfseren großes Unbehagen. Alle Verantwortlichen wissen seit 1989 um die Gefahren von BSE und der ihr verwandten Krankheiten. Ihre Reaktion auf eine Vielzahl ungelöster Probleme besteht in hektischen Aktivitäten. Seit 1990 gibt es Ausschüsse für BSE in den Pharmaverbänden, die sich aus Mitarbeitern von Produktion, Forschung und den verschiedenen Sicherheitsbereichen zusammensetzen. Gemeinsam mit amerikanischen Toxikologen wurden Tests zum indirekten Nachweis der BSE-Dekontamination (Abreicherung) im Endprodukt geschaffen. Man arbeitet experimentell mit infizierten Mäusen, wobei als Infektionsquelle Hirnsubstanz kranker und verstorbener Tiere dient, die mit dem unbekannten Erreger von Schafswahnsinn, Scrapie, infiziert wurden. Bei solchen Versuchen erliegen die kranken Mäuse innerhalb von wenigen Wochen ihren schweren Hirnveränderungen.

Eine Ausnahme in der Reaktion auf die Herausforderung durch BSE ist *Bayer*, deren Forscher nicht nur den erwähnten Mäusetest entwickelten, sondern ein mehrstufiges Reinigungsverfahren mit physikalischen Methoden zur Absorption und Filtration entwickelten, um damit eine Abreicherung von infektiösem Material in Organgeweben – z.B. einem Lungenextrakt – zu erreichen. Nach der Anwendung dieses Verfahrens kann davon ausgegangen werden, daß zumindest im Rahmen der Herstellung von Pharmaprodukten keine Übertragung stattfindet. Darüber hinaus setzt *Bayer,* wie andere große Unternehmen, auf Hilfsstoffe aus nicht tierischen Quellen – eine Frage der Kosten, die sich kleinere Unternehmen nicht leisten können. Viele Firmen, die nicht auf solche Sicherheitsvarianten zurückgreifen können, bewegen sich mit Blick auf die unbekannte Krankheitsursache im Freiraum von Hoffnung und Risiko.

Nach den Erfahrungen der organischen Chemie sind oft kleinste Unterschiede im räumlichen Aufbau eines Moleküls ausschlaggebend für die Pathogenität – den krankmachenden Effekt einer chemischen Verbindung. Geringste molekulare Veränderungen tragen zur Auslösung einer Erkrankung bei. In mühevoller Arbeit gelang der Nachweis, daß für die acht bekannten Prionen-Krankheiten nur unterschiedliche Molekülanordnungen auf dem 20. Gen einen entscheidenden Einfluß für die Entstehung der Krankheit besitzen.

In den USA kamen sofort nach dem Bekanntwerden der europäischen BSE-Fälle alle Gruppen von Beteiligten – einschließlich der Vertreter von Verbraucherverbänden – in Washington zu einer Anhörung zusammen. Am 15. und 16. Dezember 1994 fand eine Beratung der Kommission (Section) für Blutprodukte bei der Food and Drug Administration in Rockville statt, bei der sehr genaue Richtlinien zur Handhabung von möglicherweise infizierten Blut- und Plasmaprodukten diskutiert und erlassen wurden. Trotz kontroverser Meinungen empfahl die Behörde, alle Produkte im Arzneimittelsektor, die mit Blutspenden von Creutzfeld-Jakob-Kranken kontaminiert wurden, sofort vom Markt zu nehmen. Von dieser Empfehlung betroffen waren u.a. die Firmen *Baxter, Miles* und *Sandoz*. Die Unternehmen taten dies ohne Einschränkungen, weil in den USA wenigstens formal ein ethischer Kodex für die Pharmabranche existiert. Ein Vertreter der Food and Drug Administration begründete die vorsichtige Haltung mit der Möglichkeit, daß ein einziger Creutzfeld-Jakob-kranker Blutspender erheblich zur Verbreitung der Krankheit beitragen kann, da er entsprechend dem natürlichen epidemiologischen Vorkommen jährlich 10% aller Blutprodukte kontaminieren könnte.

Im August 1995 erweiterte der FDA-Ausschuß die Rückrufaktionen auf Blut und Blutprodukte und beschloß, die Situation engmaschig zu überprüfen. Vor allem sollte das Zentrum für Krankheits- und Präventionskontrolle (CDC) jeden verdächtigen CJK-Patienten genau erfassen und beobachten. Durch diese konsequenten Rückrufaktionen von kontaminierten Blut-und Plasmaprodukten kam es allerdings zu Engpässen bei der Versorgung mit Impfstoffen und besonderen Plasmaprodukten. Trotz der möglichen Gefährdung kranker Menschen entschied sich die US-Behörde zur Prophylaxe für die Gesunden, zumal sich herausstellte, daß die betroffenen Firmen schnell in der Lage waren, neue CJK-freie Produkte herzustellen und zu liefern.

Trotz der Erkenntnisse im Umgang mit der CJD-Seuche in den USA und Kanada wird in Deutschland bisher nur in Geheimzirkeln über solche Infektionsquellen diskutiert. Daß 1997 in Deutschland ein CJD-kontaminiertes Produkt vom Markt geholt wurde, lag einzig daran, daß es sich bei dem Produzenten um eine englische Firma handelte. Beim BSE-Problem streiten sich vor allem wieder Experten, die Marktanteile zu verteidigen haben, darum, ob ein kleines Teilchen aus dem Erbgut eines Zellkerns krankmachende Wirkungen besitzen kann oder ob unbekannte Viren die Krankheit auslösen.

Obwohl die Konstanz und die Reproduktionsmechanismen der kleinen Vorstufen von Viren, *Provironen,* systematisch bewiesen wurden, geht es in der Auseinandersetzung ausschließlich um die Einfuhrquoten von Rindern aus Großbritannien.

Wie beim HI-Virus werden große Reden über den Stand der Wissenschaft gehalten und das Nichtexistieren von Nachweismethoden als Beweis für das Nichtseinkönnen angeführt. Dabei sagt das deutsche Arzneimittelgesetz unmißverständlich, daß der begründete Verdacht ausreichend sei, um ein Medikament nicht zuzulassen oder vom Markt zu entfernen. Aber während in den USA gehandelt wird, starren die Deutschen gebannt auf den Bildschirm, wo Experten und Minister wortreich abwiegeln, um die Wirtschaft ja nicht zu beeinträchtigen.

Kapitel 9
Gentechnologie: Ethischer Auftrag wider Kommerz

Gott und Luzifer begegneten sich im Juni 1973. Der Teufel sprach: »Oh Herr, Schöpfer des Himmels und der Erden, was sagst Du dazu, daß zwei Amerikaner in Deine Schöpfung eingegriffen haben und nun stolz verkünden, daß die Manipulation an den Genen die Sternstunde der Menschheit sei.« »Ach«, sprach der Herr, »was heißt Sternstunde. Solange die Menschen nur an meinen Werken forschten, um zu erkennen, weshalb sie gelebt haben, ging es ja noch. Nun aber pfuschen sie mir in das Handwerk, und da erinnere ich mich daran, wie Du mich vor mehr als fünfzigtausend Jahren davor warntest, den Menschen die Gabe der wissenschaftlichen Dummheit zu verleihen. Sie ist die dümmste aller Dummheiten, denn trotz immerwährender Rückschläge gibt sie vor, Gescheites zu tun, während sie doch nur der Vernichtung der eigenen Art dient.«

Vom Widerspruch der Gentechnologie

Die Phantasie des menschlichen Gehirns reicht nicht aus, um sich vorzustellen, was aus der Erforschung der menschlichen Erbanlagen an Gutem und Bösem werden könnte. Man erinnere sich an Otto Hahn, Lise Meitner und Fritz Straßmann und ihre grundlegenden Vorarbeiten über die Spaltbarkeit von Atomen. Sie hatten am Berliner Kaiser-Wilhelm-Institut für Chemie das Fundament für eine erfolgreiche Kernspaltung erarbeitet und damit, ohne böse Absichten, der Bedrohung durch die Atombombe den Weg geebnet. Nur neun Jahre nach ihrer epochalen Entdeckung haben der geniale Physiker Julius Robert Oppenheimer und der Militärmanager Leslie Groves die erste amerikanische Atombombe gebaut und am 16. Juli 1945 in der Wüste *Jornada del Muerto* gezündet. Noch heute leidet die Erde unter den Folgen zu vieler atomarer Versuche.

Völlige Stille herrschte im Plenarsaal, als Dr. Ian Wilmut – einer der »Väter der klonierten Genschafe« Dolly und Polly – Ende 1997 auf einem Kongreß in Kopenhagen vom Kerntransfer, genetischer Modifikation und dem Ziel berichtete, Gerinnungsfaktoren und Humanalbumine (Proteine) aus der Milch von Schafen oder Kühen zu gewinnen. Das Schaf Dolly konnte entstehen, indem Zellkerne differenzierter Körperzellen in entkernte unbefruchtete Eizellen übertragen wurden. Nun werden gezielte Genmodifikationen und ihre Vermehrung vor dem Kerntransfer angestrebt, was derzeit noch nicht möglich ist. Der Forscher »lehnt natürlich eine Klonierung beim Menschen ab und befand, daß eine Klonierung beim Menschen nicht beängstigend, sondern nur traurig ist. Der Staat und die Öffentlichkeit sind in der Pflicht, die humane Klonierung zu verhindern. Die Technik sollte zur Therapie von Krankheiten eingesetzt werden, nicht zum Klonieren von Menschen«.[1] Wie sich die primären Motive doch gleichen.

Gen- und Biotechnologie gelten heute als Zukunftstechnologien schlechthin. Dabei gäbe es weit dringlichere Probleme zu lösen, um die Zukunft der Menschheit zu sichern: Energiegewinnung, Wasserversorgung, Welternährungsfragen, Klimaveränderungen und – an erster Stelle – die Bevölkerungsexpansion. Da sich das Bruttosozialprodukt in der Dritten Welt umgekehrt proportional zur Bevölkerungszahl verhält, müßten vorrangig drei Projekte verfolgt werden: ein kontrolliertes Bevölkerungswachstum, die Schaffung von Arbeitsplätzen und eines stabilen sozialen Umfelds sowie die Verbesserung der Gesundheitsvorsorge einschließlich der therapeutischen Standards in den Entwicklungsländern.

Die Welthungerhilfe (FAO), eine Tochter der Weltgesundheitsorganisation (WHO), verfügte 1995 über einen Jahresetat von 600 Millionen Dollar, was einem Drittel des Forschungsbudgets von nur einem einzigen der zehn größten multinationalen Pharmakonzerne entspricht. Statt zur Lösung der weltweiten Ursachen für Hunger und Krankheiten beizutragen, konzentriert sich die pharmazeutische Industrie auf High-Tech-Entwicklungsprojekte. Die gentechnologische Entwicklung, so wie sie sich derzeit darstellt, entzieht sich selbst alle ökonomischen Ressourcen für eine erfolgreiche Zukunft. Das Widersinnige liegt auf der Hand. Während man sich in den nördlichen

Ländern große Sorgen um die Übergewichtigkeit und deren Nachfolgekrankheiten macht, dort für einen Markt von sieben Milliarden Dollar Produkte aus klassisch-chemischen und gentechnischen Substanzen entwickelt werden, um der Fettsucht vorzubeugen oder deren Folgen zu mindern, sterben Tag für Tag 200.000 Kinder an den direkten und indirekten Folgen von Unterernährung und behandelbaren Krankheiten.

Gen-Biotechnologie ist ein ökonomischer Wahnsinn. Der WHO-Bericht von 1995 gab an, daß es weltweit 500 Millionen Obdachlose und zwei Millionen Malariatote gibt. Dem Etat der FAO-Welthungerhilfe in Höhe von 600 Millionen Dollar stehen Investitionen in Gen- und Biotechnologie von mehr als 10 Milliarden Dollar gegenüber.

Die Konzentration auf die technisch aufwendige Analyse menschlicher Gene, die Entdeckung neuer gentechnologisch entwickelter Arzneien, die Einführung der Gentherapie in die Humanmedizin, binden gewaltige Investitionen und konzentrieren sich ausschließlich auf die Zahlungskraft von höchstens zehn Prozent der Weltbevölkerung, die überhaupt in der Lage sind, die Preise für die High-Tech-Therapien zu bezahlen.

Einhellig wird von vielen kritischen Publizisten angemerkt, daß bis zum Juli 1994 nahezu 20 Milliarden Dollar öffentlicher und privater Mittel in die Bio-Gentechnologie investiert wurden. Bis Ende 1994 konnte jedoch weder ein wirksames Krebsmedikament, noch ein durch Bioengineering im Wachstum beschleunigtes Nahrungsmittel aus Pflanzen oder Fischfleisch stammend, für die Hungernden der Dritten Welt entwickelt werden.[2]

Genforschung und Gentechnologie

Der Start in das Zeitalter moderner Genforschung begann 1944 mit den bahnbrechenden Arbeiten der Gruppe um den Amerikaner Oswald T. Avery, der mit seinen Mitarbeitern die Bedeutung der im Zellkern gelagerten Desoxyribose-Nukleinsäure (desoxyribosenucleic acid, DNA) als Überträgerstoff erblicher Eigenschaften erkannte. James D. Watson und Francis H. Compton Crick wiesen 1953 nach, daß diese DNA in einer Doppelspirale (Helix) angeordnet ist. Mit ihrer Vorstellung schufen sie das Verständnis für die räumliche Anordnung und den komplexen Aufbau der vier beteiligten Nukleinsäuren. Watson und Crick erhielten für ihre Arbeiten 1962 den Nobelpreis.

Während die Idee, Erbeigenschaften von Zellen zu manipulieren, zunächst von den meisten führenden Wissenschaftlern abgelehnt wurde, brach Anfang der 70er Jahre der Damm. 1973 überraschten zwei amerikanische Forscher, Stanley Cohen und Herbert Boyer, die Fachwelt mit ihrem Bericht über erfolgreiche Experimente mit in-vitro-Rekombinationen von DNA-Fragmenten, mit deren Hilfe sie Hybrid-Plasmide hergestellt hatten. Solche Kernsubstanzfragmente, sogenannte Plasmide, sind außerhalb des Kerns vorkommende Genbruchstücke aus DNA, die – vor allem bei Bakterien – auch die Vererbung von Eigenschaften ermöglichen. Cohen und Boyer brachten dieses Plasmid in das Darmbakterium Escherichia Coli ein, und nach dessen Vermehrung stellten sie fest, daß auch neue – zu den alten hinzukommende – Eigenschaften vererbt worden waren.[3] Diesen Vorgang bezeichnet man als Klonierung, eine Vermehrung von Individuen auf ungeschlechtlichem Wege, bei der stets nur erbgleiche Nachkommen entstehen.

1975 entwickelten Georg Köhler und Charles Milstein eine Methode, mit der man eine Zelle dazu bringen konnte, immer wieder den gleichen Eiweißkörper, zum Beispiel einen Antikörper gegen ein artfremdes Antigen, zu bilden. Dies entsprach der Burnetschen Selektionstheorie von 1959, die auf diesem differenzierten Konzept aufbaute. Das war die Geburtsstunde für monoklonale Antikörper (MAK). Solche Antikörper werden in Zellsystemen gebildet, die nach ihrer Genveränderung als »Einmannbetriebe« arbeiten und in der Lage sind, den gewünschten Stoff in größeren Mengen herzustellen. Die Arbeiten von Cohen und Boyer sowie Köhler und Milstein zwischen 1973 und 1975 gelten als Grundsteine der Gentechnologie.

Sehr früh regten sich erste Bedenken gegen diese neuartigen Verfahren. Im kalifornischen Monterey diskutierten im Februar 1976 auf einer der Gordon-Konferenzen etwa 140 Spitzenforscher für Molekularbiologie über ihre Befürchtungen und etwaige Nachteile der neuen Methoden.[4] Die breite Debatte von Experten über Sicherheitsaspekte der Gentechnik endete mit einer freiwilligen Übereinkunft, das amerikanische National Institute of Health (NIH) einzuschalten.

Die Wissenschaftler forderten möglichst rasch eine staatliche Reglementierung der DNA-Rekombinationsforschung sowie praktisch durchsetzbare Sicherheitskonzepte im Umgang mit genetisch veränderten Organismen. 1976 veröffentlichte das National Institute of Health die ersten Sicherheitsrichtlinien. Danach sollte vor dem Beginn eines gentechnischen Projektes eine Bewertung über das damit verbundene Risikopotential vorgenommen wurde. Basis dieser Risikobewertung waren ausschließlich die biologischen Eigenschaften des verwendeten, gentechnisch veränderten Organismus: die Eigenschaften von Spender- und Empfängerorganismus, die verwendeten Vektoren (Trägersubstanzen, die das gentechnische Material übertragen) sowie das neue, gentechnisch veränderte Produkt, zum Beispiel eine Zelle. Das Gefährdungspotential der geplanten Arbeiten wurde nach Sicherheitsstufen klassifiziert. Alle Aktivitäten durften entsprechend dem Gefährdungsgrad nur in dafür bestimmten, speziell ausgestatteten Laboratorien durchgeführt werden.

Die Bundesrepublik Deutschland übernahm die Richtlinien 1978 in ungekürzter Form. Nach den Vorarbeiten der im Juni 1984 eingesetzten Enquete-Kommission des Deutschen Bundestages, »Chancen und Risiken der Gentechnologie«, wurde am 1. Juli 1990 das »Gesetz zur Regelung von Fragen der Gentechnik« verabschiedet. Dieses strenge Gesetz, das den Anwendern wenig Freiräume zubilligte, wurde nach langwierigen Diskussionen – auch mit Blick auf die Interessen der Industrie – 1994 novelliert.

Was ist ein Gen?

»Am Anfang war das Gen, nicht mehr und nicht weniger; nicht mehr, weil es das Leben selbst nicht ist, sondern nur Informationsträger mit dem Potential, Leben entstehen zu lassen, nicht weniger, weil es dennoch unabdingbare Voraussetzung für die Existenz allen Lebens auf diesem Globus ist und schon immer war.«[5]

Die genetische Gesamtfunktion eines Lebewesens setzt sich aus vielen Erbanlagen, den Genen, zusammen. Gene bilden die Matrize für die Millionen verschiedener Eiweißkörper eines einzigen Menschen und unterliegen zahlreichen, teilweise noch weitgehend unbekannten Steuerungsmechanismen. Die Gesamtheit aller Gene im Zellkern eines Individuums trägt den Namen Genom. Um die Vielzahl der Gene auf möglichst kleinem Raum anzuordnen, bilden sie ein fädiges Knäuel, das man im Mikroskop in bestimmten Entwicklungsphasen der Zelle – ruhende, sich teilende oder wachsende Zelle – als farbgebendes Material, Chromatinfäden, identifizieren kann. Die Summe der farbgebenden Fäden ordnet sich zu Chromosomen zusammen. Menschliche Zellen verfügen über 46 dieser paarweise auftretenden Chromosomen. Diese Doppelung hat den Sinn, daß sich nach ihrer Verschmelzung und Trennung wieder ein Doppelsatz pro Zelle bildet. Gene sind Erbanlagen, die selbständig sind, nicht vermischt oder aufgeteilt werden können und als Ganzes weitergegeben werden. Die Geschlechtszellen erhalten von jedem Anlagenpaar einen einfachen Satz.

Chemisch bestehen die Gene aus der Kombination von nur vier verschiedenen Basen, den Nukleotiden. Die Kombinationen der wenigen Nukleotide können parallel verlaufende Doppelstränge, DNA, oder Einzelstränge, RNA, bilden. DNA bildet vorwiegend die ruhende und RNA die bewegliche Transportform des Erbmaterials. Ein Gen ist also, molekulargenetisch betrachtet, ein Stück DNA-Doppelstrang, das in seiner Nukleotidsequenz die Information für einen Eiweißkörper enthält und daher eine funktionelle Einheit ist. In der Regel bildet die RNA in der menschlichen Zelle eine Transport- und Informationseinheit zur Neuproduktion von Eiweißkörpern (Proteinen), während sie den einfacheren Lebenwesen – Bakterien und Viren – auch als Erbträger dient.

Jedes Enzym im Zellplasma, jedes Zelleiweiß zum Strukturaufbau einer Zelle (Plasma oder Zellwand), besteht aus unterschiedlichen Proteinen und besitzt daher sein eigenes Gen. Die derzeit gültige Theorie spricht somit von der »Ein-Gen-ein-Eiweißkörper-Hypothese«. Da kein Gen Anspruch auf besonderen Platz im Genom besitzt, sind alle Gene platzsparend, wie Perlen auf einer Perlenkette aufgefädelt. Die Initialimpulse zur Steuerung der Genarbeit können von »außen« durch Fremdreiz oder von »innen«, das heißt aus dem Zellkern selbst, kommen. Die Aktivierung wie Inaktivierung der Genarbeit – sowohl die Informationsübertragung wie die Information selbst – ist für alle Lebewesen gleich. Bakterien und Vielzeller (zum Beispiel der Mensch) haben für gleiche Informationen gleiche Gene, deren Aufbau zwischen 15 und 100% übereinstimmen kann.

Diese Kontinuität nach dem uniformen Bausteinprinzip gilt als Beweis für unsere Evolution über eine halbe Milliarde Jahre. Man kann nämlich, wie dies die Gentechnik vollzieht, gengebundene Informationen von Bakterien, Hefen oder Säugetieren (zum Beispiel Maus, Hamster) auf Gene des Menschen übertragen, um so beispielsweise Krankheiten infolge von Gendefekten zu lindern oder gar vorübergehend zu heilen. Fallen durch fehlerhafte Gene deren Produkte – Eiweißkörper oder Enzyme – aus, ist man bereits heute in der Lage, mit Hilfe der Gentechnik viele dieser Wirkstoffe zu ersetzen. Zu dieser Kategorie neuer Therapieformen gehören die unterschiedlichsten Wachstumsfaktoren, Blutgerinnungsmittel, Blutgerinnselauflöser sowie alle möglichen Förderer und Hemmer von Zellbotenstoffen, den Zytokinen, die auch als Interleukine bezeichnet werden. Der Katalog der sich im Stadium der klinischen Prüfung befindenden Neuprodukte ist nicht mehr zu überblicken, weil täglich neue Präparate dazukommen.

Genomforschung

1989 wurde die Human Genome Organization (HUGO) als internationales Gremium zur Koordinierung der im weltweiten Verbund laufenden Genomanalysen etabliert. 1992 begannen die ersten, vielleicht bahnbrechenden Arbeiten zur systematischen Analyse der Erbeigenschaften des Menschen.

Die Aufschlüsselung der im Zellkern einer jeden Zelle in Spiralformen aufgereihten Gene dient zur Erforschung der dort gespeicherten Erbanlagen. Fortschreitende Techniken auf den Gebieten von Biologie und Chemie lassen eine subtile Analyse der Reihenfolge (Sequenz) der Bausteine zu (Renato Dulbecco 1986). Aus vereinzelten, anfänglich zufälligen Entdeckungen von Genen und der auf ihnen lokalisierten Eigenschaften wurden systematische Arbeiten, die heute mit computergesteuerten, automatisch und schnell arbeitenden Robotern in den Genlaboratorien betrieben werden.

Die Idee zur Genomanalyse, also zur Erstellung einer menschlichen Genlandkarte, fand in Bereichen der Wissenschaft und Industrie hohe Akzeptanz. Man unterstützte vielseitig derartige Bemühungen im Glauben, bisher unbekannte diagnostische und therapeutische Möglichkeiten zu gewinnen. Viele Arbeitsgruppen konzentrierten sich in erster Linie auf die Entdeckungen von Krebs- und Erbleiden, weil sich die hohen Investitionen in eine ungewisse Zukunft möglichst bald bezahlt machen sollten. Man schätzt den Umfang des Erbmaterials eines Menschen auf 5,4 Milliarden Bausteine, von denen 3% dem eigentlichen Genmaterial zuzurechnen sind. Das ganze Großprojekt gleicht einer Sisyphusarbeit, die mit moderner Fließbandtechnologie ausgeführt wird.

Die Pharmafirmen unterstützen diese Arbeiten, denn sie wollen zu den Nutznießern erster Erkenntnisse und Patente zählen. Auch wirtschaftlich ist das ein zukunftsträchtiges Feld: Eine Studie der Brüsseler SABG (Senior Advisory Group Biotechnology) zufolge sollen die Umsätze weltweit von 10 Milliarden Mark 1991 auf 170 Milliarden Mark im Jahr 2000 anwachsen.

Verständlich also, daß alle Ergebnisse der Gentechfirma *Human Genome Sciences Inc. (HGS)* aus Rockville/Washington unter Verschluß genommen und sicher aufbewahrt werden. 130 Wissenschaftler und Laboranten analysierten 1995 mit 80 computergesteuerten Gen-Robotern bereits 150.000 derartiger Basenpaare für HGS.[6] Deren Chairman William A. Hasletine, ein Harvardprofessor, äußerte gegenüber Journalisten, daß er seine Arbeit nicht weniger epochal als die Entdeckung Amerikas einstuft.

In Deutschland haben 1995 die Vorarbeiten an verschiedenen Zentren begonnen. Endlich hatten es die Fürsprecher der Genforschung geschafft, daß sich die Bundesregierung offiziell zur Forschungsidee bekannte. Mit einer Verspätung von 20 Jahren beteiligten sich die Eliten deutscher nichtuniversitärer Institute mit einem offiziellen Etat von 200 Millionen Mark an der Genomanalyse. Am Berliner Max-Planck-Institut für Molekulare Genetik geht man mit einem Roboter zu Werke, um eine Zuordnung von unbekannten Genbruchstücken zu bereits bekannten, analysierten Strukturen vorzunehmen. Jörg Hoheisel vom Deutschen Krebsforschungszentrum entwickelte einen DNA-Chip, mit dem sich durch Bindung eines Genfragments an Zehntausende synthetisch hergestellter Erbmaterialstücke mit bekannter Bausteinreihenfolge dessen Sequenz besser bestimmen läßt. Ziel ist eine verbesserte Früherkennung und Therapie des Krebsleidens.

Deutschlands Nachholbedarf auf dem Gebiet der medizinischen Gentechnologie ist allerdings nur vordergründig von Nachteil, denn so manche Idee hat sich schneller als Traumgebilde erwiesen, als man sie in die Praxis umsetzten wollte. Die operative Hektik vieler Pharmamanager wird durch den derzeitigen Wissensstand der Genforschung nicht gerechtfertigt. Da auch deutsche Forscher von Rang im zurückliegenden Jahrzehnt ohnehin in den Laboratorien jener Länder gearbeitet haben, die keine gesetzlichen und ethischen Barrieren gegen die Gentechnologie errichtet hatten, verfügen viele von ihnen über große fachliche Kenntnisse. Und den später startenden Wissenschaftlern kommt zugute, daß sie bereits bekannte Fehler vermeiden und außerdem mit der modernsten Hard- wie Software zu arbeiten beginnen können.

Gentherapie

Man unterscheidet zwischen der »somatischen Gentherapie« und der »Keimbahn-Gentherapie«. Bei der somatischen Gentherapie geht es um die Möglichkeit, Erbkrankheiten, die auf dem Fehlen eines funktionsfähigen Gens beruhen, dadurch zu behandeln, daß dieses Gen nachträglich in die entsprechenden Körperzellen eingebaut wird. Juristisch wird dieser Transfer von korrigierten Genen wie eine Organtransplantation betrachtet. Bisher lehnen alle Mitglieder von Ethikkommissionen gentherapeutische Eingriffe bei gesunden Menschen ab; dies betrifft z.B. kleinwüchsige Menschen, die man aus kosmetischen Gründen mit Wachstumshormonen behandeln könnte.

Im Unterschied zur somatischen Gentherapie werden bei Eingriffen in die Keimbahn die Genmanipulationen an nachfolgende Generationen weitergegeben. Dadurch können neue, unkalkulierbare genetische Informationen entstehen. Bis Juni 1994 hat in den USA die zuständige Kommission, das Recombinant DNA Advisory Committee, 81 klinische Studien zum somatischen Gentransfer positiv befürwortet und genehmigt. Seitdem multiplizieren sich die Anträge, ohne daß bisher auch nur ein einziger positiver therapeutischer Ansatz zu erkennen wäre.

Manche Länder schufen hemmende Bestimmungen. So ist die Keimbahn-Gentherapie, also das Einschleusen von vererbbaren Eigenschaften, in Deutschland und Österreich gesetzlich untersagt. Auch in den übrigen europäischen Ländern sind solche Eingriffe bisher noch nicht genehmigt worden. Dennoch ist es eine Frage der Zeit, wann die ersten Überschreitungen stattfinden werden.[7] Es ist zu befürchten, daß künftig ethische Argumente dafür werden herhalten müssen, um Manipulationen an der Keimbahn zu rechtfertigen.

Seit 1995 wird aber auch zunehmend vor einer übereilten Anwendung dieser neuen Technologien, besonders unter dem Druck kommerzieller Interessen, gewarnt. So wandte sich Dr. James Wilson, Leiter des Humangenetischen Institutes der Universität Pennsylvania, am 26. Juni 1995 auf einem Symposium der Rhone-Polulence-Rorer Inc., Philadelphia, gegen industrielle Vorgaben für diese Forschungsrichtung. Wilson zufolge ist jetzt vor allem eine offene Diskussion über Fehler und Mißinterpretationen aller Ergebnisse notwendig. Ein solcher Erfahrungsaustausch liegt aber nicht im Interesse der Industrie, denn wenn dabei auch und vor allem Rückschläge zur Sprache kommen würden, können Börsen- und Aktienkurse stark darunter leiden. Der Dekan der Universität Pennsylvania, Dr. William Kelley, kritisierte, daß die Industrie den Patentschutz für Teile (den Vektor) eines Gens beansprucht. Das ist ein Haupthindernis bei der Forschung, weil solche Praktiken zu einer »Scheuklappenmedizin« führten. Wenn selbst kleinste Schritte bei der Arbeit patentgeschützt abgesichert werden, ist der Sache nicht gedient.

Der Ärger ist vorprogrammiert[8]

- Campylobacter pylori, das Bakterium, durch das Magengeschwüre verursacht werden, wurde unabhängig voneinander von den Firmen *Genome Therapeutics Inc.* und *Glaxo-Wellcome* analysiert. Beide Unternehmen verweigern die Offenlegung der Ergebnisse. Wissenschaftler protestierten dagegen.
- *Genome Therapeutics* verkaufte sein Genompatent an die schwedische Firma *Astra*, die Konkurrent von *Glaxo* bei Arzneien für Geschwürbildungen im Magen und Zwölffingerdarm ist.
- *Genome Therapeutics* verweigert außerdem, die Befunde zur Genomanalyse des Erregers von Lepra/Tuberkulose zu veröffentlichen.
- Amerikanische Fachleute fordern die Aufhebung des Patentschutzes für medizinisch wichtige Ergebnisse.

Viele Forscher sind sich weitgehend einig, daß die Gentherapie überhaupt noch nicht reif für eine Vermarktung ist. Stephen Schondelmeyer von der Universität Minnesota verdächtigte die Industrie sogar, Patente nur deshalb zu kaufen, um eigene, konventionelle Arzneien vor Innovationen zu schützen.

Konkurrenz fürchten müssen die Hersteller konventioneller Pharmazeutika auf verschiedenen Gebieten. So bieten sich mit der Gentherapie neue methodische Ansätze, um fehlende Genfunktionen – zum Beispiel beim angeborenen Faktor VIII-Mangel, der Bluterkrankheit (Hämophilie A) – durch Einschleusen eines intakten Gens in die menschliche Zellen zu ersetzen. Greifbar nahe gerückt sind Verfahren, erworbene Schäden im genetischen Code, die eine Krebsentartung auslösen, zu reparieren. Außerdem verspricht die Gentherapie neue Möglichkeiten zur preiswerteren Herstellung universeller Vehikel für therapeutische Zwecke, wie gentechnologisch hergestellte Eiweiße (Proteine), die als Wachstumsfaktoren für die Zellen des Knochenmarkes und des Blutes dienen. Von solchen Faktoren können in erster Linie viele Krebs- und Patienten mit Organtransplantationen profitieren.

Die vier Schritte im gentherapeutischen Verfahren sind:

- Identifikation und Analyse des krankheitsrelevanten Gens
- Aufspüren des regulatorischen Genabschnittes, der für die Produktion des fehlenden Stoffes verantwortlich ist.
- Nutzen von Transfer-Technologien, um den kranken Abschnitt gegen die gewünschten gesunden Eigenschaften auszutauschen.
- Identifikation einer geeigneten Zelle, an der man diesen Austausch vornehmen kann.

Die zur Übertragung von Genen notwendigen Transfertechnologien können sich physikalischer, chemischer oder biologischer Mittel bedienen. Bei den physikalischen Methoden handelt es sich um Verfahren wie Injektionen (Einspritzen), Elektroporationen (energetische Porenbildung in der Zellmembran) und Mikroprojektile (Löcher in der Zelloberfläche durch Laser). Sie werden in der Regel außerhalb des Körpers angewendet und haben nur einen niedrigen bis geringen Wirkungsgrad. Diese Methoden werden im Laboratorium an vom Kranken entnommenen Zellen durchgeführt. Man entnimmt Zellen, ändert sie im Genom und gibt anschließend die neuen Zellen – meist weiße Blutkörperchen – dem Patienten wieder zurück. Das gesunde wird dabei rein mechanisch an die Stelle des fehlenden oder kranken Gens aufgebracht.

Die chemischen Verfahren arbeiten mit Fetten (Liposomen) oder fettähnlichen Körpern, den Lipiden, weil diese leichter durch die Zelloberfläche in das Zellplasma und den Kern eindringen. Inzwischen haben sich biologische Verfahren als die besseren, weil konstant erfolgreicheren erwiesen. Mit ihrer Hilfe können diese Korrekturen sowohl in der Retorte als auch im lebenden Organismus selbst vorgenommen werden. Entweder benutzt man biologische Bindungselemente, Liganden und Rezeptoren oder Viren (Retro- und Adenoviren), die aktiv in die Zelle eindringen und sich mit der Erbsubstanz vermischen.[9] Seit neuestem arbeitet man mit Hybridsystemen. Das sind Zellkulturen aus zwei verschiedenen, miteinander gekreuzten Körperzellen, die so die Fähigkeit erlangen, aktiv ein gewünschtes Produkt (Zellbotenstoff, Wachstumsfaktor, Entzündungshemmer) herzustellen. Man kreuzt eine gesunde mit einer kranken Blutzelle (Lymphozyt) und selektioniert anschließend das Resultat der Synthese. Auf diese Weise erhält man reine Stammzellkulturen mit den neuen Eigenschaften und injiziert die veränderten Zellen dem Patienten. Es ist aber auch möglich, gesundes mit krankem Erbmaterial im Gen zu kreuzen und so eine Heilung, das heißt Reparatur im bisher kranken Gen, zu erzielen.

Besorgt fragen viele Wissenschaftler nach den Gefahren, die bei einer Übertragung von Geweben oder Zellen von Tieren auf den Menschen entstehen können. Bittere Erfahrungen von übertragenen Tierkrankheiten, den Zoonosen, Infektionen durch Bakterien und Viren, gibt es genug. Ungeachtet dessen bedienen sich die Forscher bei der Gentherapie solcher Gewebeübertragungen zwischen zwei fremden Arten, der sogenannten Xenotransplantation.[10]

Forderungen nach einer schärferen Kontrolle und der Einrichtung von Prüfungskommissionen wurde im Juli 1995 nachgegeben. Man schuf in den USA eine Kommission aus Fachwissenschaftlern des Nationalen Institutes für Gesundheit (NIH) und der Washingtoner Aufsichtsbehörde für Infektionen (CDC) zur Prüfung aller entsprechenden Vorhaben. Künftig sollen diese Fachgruppen an der Freigabe von Forschungsprojekten mitwirken, die einzelnen Forschungsschritte fortgesetzt überprüfen sowie Empfehlungen und Verbote aussprechen dürfen.

Die ökonomischen Chancen sind riesengroß – sagen die Befürworter. Der Weltmarkt für gentherapeutische Eingriffe wird im Jahr 2000 auf 2,6 Milliarden Dollar geschätzt. Voraussichtlich werden sich die Anstrengungen der Gentherapie auf die Reparatur genetischer Defekte von lebensbedrohlichen Erkrankungen mit niedrigem Therapiestandard, wie bestimmte Krebsformen oder AIDS, beschränken. Bei ausreichender Sicherheit und perfektionierter Technik könnte sich anschließend die Ausweitung dieser Methoden auf schwere chronische Erkrankungen beschleunigen.

Für Forscher wie Investoren ist die Gentherapie ein hochriskantes Feld. Da gibt es rechtliche Aspekte hinsichtlich der Verfügbarkeit des therapeutischen Gens zu beachten. Ein kritischer Punkt ist, ob diese Verfahren in der Retorte oder am Menschen selbst vollzogen werden. Man darf solche Genänderungen nur an schwerkranken Menschen durchführen. Methodische Anforderungen müssen sicherstellen, daß die eingeführten Veränderungen von Dauer (permanent)

Hauptzielgebiete der Medizin und Wirtschaft bei der Gentherapie

Indikationen	Marktanteile
Krebs	48%
Genetische Erkrankungen	30%
Virale Erkrankungen	11%
Anämien	7%
Verschiedene Indikationen	4%

und nicht nur vorübergehend (transitorisch) sind. Dabei muß gewährleistet sein, daß die Technologie zuverlässig und reproduzierbar ist und daß eine Erprobung am Tiermodell stattgefunden hat. Es müssen alle Möglichkeiten zur klinischen Prüfung bei Menschen gegeben sein.

Neben diesen allgemeinen Grundsätzen, die selbstverständlich sein sollten, gibt es noch besondere Risiken zu beachten. Im Gegensatz zu den konventionellen Medikamenten, bei denen nach dem Absetzen alle Nebenwirkungen rasch abklingen, ist dies bei der Gentherapie nicht der Fall, da das behandelte Gen seine angeborenen Eigenschaften verloren hat. Außerdem können eine Reihe biologischer Risiken durch die eingebrachten Vektoren – wie Immunreaktionen – entstehen und unerwünschte Rekombinationen mit Wildtypen geben; sogar Veränderungen der Erbanlagen sind letztendlich nicht auszuschließen.

Warum sich die Industrie in der Gentechnologie engagiert

Vor 20 Jahren steckte die chemisch-pharmazeutische Industrie in einer Sackgasse. Die Regierungen der USA, Japans und Europas erarbeiteten unter dem Druck ihrer Wähler und vor dem Hintergrund gehäufter Arzneimittelschäden, wie dem Contergan-Skandal, strengere gesetzliche Richtlinien für die Herstellung und Prüfung von Arzneien. Der Pharmabranche wurde der Zugang zum leichten und schnellen Geld unterschiedlich erschwert. Besonders bei Zulassung und Vertrieb von Präparaten gab es zahlreiche neue Hürden. Hinzu kam, daß sich die Entwicklung neuer Wirkstoffe mehr und mehr zum Kampf um Patentrechte gestaltete, weil die Industrieforschung einen Endpunkt ihrer Möglichkeiten erreicht hatte.

Auf internationalen Märkten gab es bereits Hunderte Varianten von nicht-steroidaler* Schmerzmitteln, mehr als 30 Steroide für alle möglichen Indikationen, allein in Deutschland existierten Unmengen von Antibiotika, ganz zu schweigen von dem Überangebot blutdrucksenkender Mittel. Die staatlichen Stellen sahen keine andere Möglichkeit, sich vor der Produktflut zu schützen, als durch regulatorische Preisgestaltungen und indem Medikamenten die Zulassung entzogen wurde, deren Wirkungen schlecht belegt waren. Die führenden forschenden Pharmafirmen erkannten, daß sie nicht weiterhin chemische Substanzen in Größenordnungen der zurückliegenden Jahre synthetisieren konnten. Konzerne wie *Ciba-Geigy*, *Hoechst* oder *Bayer* kreierten ohnehin schon jährlich zwischen 5.000 und 7.000 neue chemische Verbindungen, und in manchen dieser Firmen waren die Patent- und Rechtsabteilungen mitunter größer als die zentralen Forschungseinheiten.

Wie ein Lichtstreif am Horizont erschienen da erste Meldungen über Erfolge von Wissenschaftlern auf den Gebieten von Zellforschung und Biochemie. Beide Forschungszweige standen der Organischen Chemie nahe und hatten bis vor wenigen Jahren nur ein Schattendasein geführt. Besonders aus der Biochemie und Biologie wandten sich mehr Wissenschaftler, vor allem in den USA, mit der Bitte um finanzielle Unterstützung für ihre neuen Projekte an die großen Konzerne. Im Gegenzug boten sie den Firmen die Patentnutzung der neuentdeckten Substanzen an.

Aus anfänglich kleinen Zuwendungen entwickelten sich mit der Zeit gezielte, industriell unterstützte Forschungsvorhaben. Aus Einmannbetrieben entstanden kommerziell engagierte Forschergruppen, die sich seit 1988 zu Hunderten neuer Unternehmen entwickelten. Die Industrievertreter waren klug genug, sich rechtzeitig das Knowhow von Fachleuten zu sichern, indem sie in ihren Firmen kleine Consultinggruppen bildeten. Nur wenige forschende Konzerne bauten eigene konkurrenzfähige Forschungsinstitute für Gentechnologie auf. Man setzte mehr auf die Erfolge kleiner universitärer Teams, deren Ergebnisse im Verhältnis zu eigenen Einrichtungen billiger und schneller zu haben waren. Dies war die Geburtsstunde strategischer Allianzen.

---

* steroidal = dreidimensional aufgebaut

Gentechnologische Patente und Entwicklungen (Stand: 1994)[11]

	USA	Japan	Deutschland
Patente der Bio- und Gentechnik (Pharmaindustrie)	850	650	100
Patente Bioverfahrenstechnik	500	2200	600
Gentechnische Produktionsanlagen	300	130	6

Dem rasanten Aufschwung der Gentechnik kam die Situation der Medizin zu Hilfe. Den ersten Auftrieb erhielt die biologische Forschung nach 1982 durch die rasche Zunahme von HIV-Infektionen. Die Gruppe der infizierten Bluterkranken in den USA verstand es, sich Gehör zu verschaffen, und übte einen starken politisch-öffentlichen Druck auf die Blut- und Plasmabranche aus, die endlich risikobehaftete natürliche Grundstoffe für Heilmittel durch andere gefahrlosere Quellen ersetzen sollte. Zufällig gelang es zwei amerikanischen Genlaboratorien fast gleichzeitig, Hamsterzellen für die Produktion von Gerinnungsfaktoren zu klonen.

Zwei Pharmamultis, die maßgeblich am AIDS-Debakel als Plasmaproduzenten beteiligt waren, ergriffen die Chance und investierten in die Forschungsergebnisse. Die US-Firma *Baxter* erwarb das Recombinate® von der kleinen Firma *Genet Institute,* und der deutsche Chemiegigant *Bayer* kaufte das Kogenate® von *Genentech.* Das Rennen der beiden Konkurrenten endete mit einem Remis, denn die Konzerne erhielten für ihr Präparat fast zeitgleich sowohl in den USA als auch in Europa die Marktzulassung.

Im gleichen Jahrzehnt entdeckte man die Schlüsselrolle von Zellbotenstoffen bei der Immunabwehr, und andere wichtige Substanzen dieser Art kamen in rascher Folge hinzu. Das alles verhalf der Gentechnologie und Immunologie zu ungeahnten Fortschritten. Dennoch machten sich, besonders in Europa, Widerstände breit, mit denen die Industrie in dieser Heftigkeit nicht gerechnet hatte. Viel zu spät investierte man nun auch in die Öffentlichkeitsarbeit. Mit Hilfe von Meinungsumfragen, Zeitungsartikeln und Fernsehdiskussionen sollte die öffentliche Stimmung so lange beeinflußt werden, bis selbst der Letzte davon überzeugt war, daß Gen- und Biotechnologie für die Zukunft unverzichtbar sind.

Ohne Zweifel hinkt Deutschland im internationalen Vergleich in der Entwicklung von Gen- und Biotechnologie teilweise hinterher. Inzwischen hat sich die Situation jedoch verändert, denn seit einiger

Zeit geizen die Behörden nicht mehr mit Genehmigungen, sondern beeilen sich, die Standortfrage im Sinne der Unternehmen zu lösen.

Auf 18 Milliarden Mark hat sich der Umsatz gentechnisch hergestellter Medikamente in der Europäischen Union 1995 – bei einem Gesamt-Pharmamarkt von 300 Milliarden Mark – belaufen. Dies entspricht einer Verdreifachung des Umsatzes seit 1990. Europa verfügt insgesamt über 600 biotechnologische Unternehmen, von denen 1997 nur 70 in Deutschland arbeiten. Die USA verfügen über 1.300 solcher Anlagen. Bei den Gentherapie-Firmen ist das Verhältnis günstiger, denn 35 US-Unternehmen stehen fünf europäische – davon drei deutsche – gegenüber.

Mangelhafte Grundlagenforschung

Noch nie wurde der Einstieg in neue Projekte so unvorbereitet und naiv versucht wie bei den gentechnologischen Produkten. Wenn Vertreter der Pharmaindustrie öffentlich bekunden, die Mißerfolge beruhten auf den Risiken der Gentechnologie, oder die Ausführungen mißlängen infolge staatlicher Fehlsteuerungen, so ist dies frei erfunden. Jedes andere chemisch synthetisierte Medikament der Vergangenheit wäre ebenso gescheitert, hätte man es derart schlampig und mangelhaft klinisch geprüft wie die neuen biologischen Wirkstoffe.

Profitgier und Erfolgsdruck haben jede wissenschaftliche Regel vergessen lassen und Projekte aus dem Boden gestampft, die zwangsläufig aus vielen Gründen scheitern mußten. In manchen Fällen waren selbst die ersten Tierversuche falsch geplant oder dilettantisch ausgewertet und interpretiert worden. Bei den meisten Projekten waren vor dem humanen Experiment Funktion, Wirkmechanismus sowie Angriffspunkt der neuen Verbindungen im Bereich der Zellen nur unzureichend aufgeklärt. Langzeitversuche mit den neuen, teilweise durch Verunreinigungen (Fremdeiweiße, Kernbruchstücke, DNA-Bruchstücke von Viren, Vektoren) natürlich belasteten Bioverbindungen gab es nicht.

Nicht die Gentechnologie versagte, sondern die Menschen, die damit umgehen wollten. Viele dieser Bioprodukte scheitern daran, daß sie nicht in ausreichender Menge zur Verfügung stehen: Die Überführung vom Retortenmaßstab zur vermarktungsfähigen Produktion mißlingt. Man hatte wohl auch vergessen, daß es gerade bei neuen biologischen Wirkstoffen Unterschiede zwischen der Wirkung im Reagenzglas und der Anwendung beim Kranken gibt. Nicht zuletzt wurden Fehler bei der Auswahl des Managements gemacht, bei dem häufig genug Kaufleute und Chemiker den Ton angaben und alle möglichen opportunistischen Ratschläge erteilt wurden.

So klagt die Lobby noch heute über die »unnötigen Debatten«, die alle das Ziel besaßen, die Gentechnologie kaputt zu reden. »Aktivistengruppen« schürten Ängste und irrationale Vorbehalte in der Bevölkerung und nutzten sie sehr effizient für ihre Zwecke. Wissenschaftler mit ihrer rationalen Argumentation – so die einschlägige Presse – konnten mit den emotionalen Argumenten der Anti-Biotechnologie-Gruppen nicht konkurrieren. »Die Debatte über die Neukombination von Nukleinsäuren hat sicherlich die Entwicklung und die Nutzung der modernen Biotechnologie in Deutschland und in einigen europäischen Ländern lange Zeit behindert. Die öffentliche Diskussion über die Sozialverträglichkeit und über ethische Fragen dieser Technologie wird nunmehr vorwiegend von Industrie, Universitäten und Forschungseinrichtungen getragen« – so ein Kommentator im Jahre 1997 zur Situation der Gen- und Biotechnologie im Sprachrohr der Branche, *Pharmazeutische Industrie*.

Auf der Suche nach dem Wundermittel

Ein Paradebeispiel für die Folgen rein kaufmännischen Denkens in Forschung und Entwicklung bietet das Großprojekt des sogenannten Tumornekrosefaktors (TNF). Genaugenommen waren es mehr als vier in die gleiche Richtung zielende TNF-Therapieprinzipien, die zwischen 1990 und 1994 den Medizingipfel zu erstürmen versuchten. Alle scheiterten an dem hochgesteckten Ziel, in kürzester Zeit zum Marktrenner zu werden. Allen Projekten gemeinsam waren die immensen Forschungskosten, die vermeidbar gewesen wären, hätte man die fachliche positive Kritik von Ärzten befolgt.

An sich war die Idee, das TNF als Hauptfaktor bei Tumoren und Infektionskrankheiten komplett zu hemmen, bestechend und dringend notwendig. Die angestrebte Indikation, die Behandlung von lebensbedrohlichen, septischen (infektiösen) Schockkrankheiten, versprach Umsätze mit hohen Renditen. Jährlich erkranken fast eine halbe Million Menschen allein in den Industrieländern an einer Sepsis. Und weltweit sterben jedes Jahr ungezählte Menschen an den Folgen von Infektionskrankheiten; besonders betroffen sind unterernährte Klein-

Häufigkeit (in Tausend) des septischen Schocks in den Hauptmärkten der Pharmaindustrie (Prognose 1993-2008)

	1993	1998	2003	2008
Frankreich	37	41,5	46,7	52,5
Deutschland	48,3	53,8	59,9	65,7
Italien	37	40,9	45,4	49,9
Japan	80,5	90,2	100,8	112,1
Großbritannien	37	41,5	46,4	51,8
USA	161	185,2	212,2	241,8
Gesamt	400,8	453,1	511,4	573,8

kinder der Dritten Welt. Zwar mindern die vielen Antibiotika die Zahl der Todesfälle erheblich, doch allen Menschen kann nicht geholfen werden, weil die meisten Heilmittel zu teuer sind. An der Sepsis, der Blutvergiftung, einer besonders schweren Verlaufsform von Infektionen, sterben 20-40% der Erkrankten; kommt ein Schock hinzu, erliegen 70% den tödlichen Komplikationen.

Ob eine Krankheit tödlich verläuft, ist eng mit dem medizinischen Standard und der sozialen Struktur eines Landes verbunden. Die Pestepidemie in Indien 1994 hat gezeigt, daß eine Krankheit, die zu 90% durch Antibiotika heilbar ist, immer noch dort einen fatalen Verlauf nehmen kann, wo Hygiene und Therapie weit unter dem internationalen Standard der wohlhabenden Staaten liegen.

So bleiben Sepsiskrankheiten selbst in unserer Zeit eine Herausforderung für die moderne Medizin. In den reichen Industrieländern fordert die Sepsis besonders unter alten Menschen, Tumorkranken, AIDS-Patienten und in der immunologischen Abwehr geschwächten Empfängern von Organtransplantaten ihre Opfer.

Der Tumornekrosefaktor ist ein natürlicher Zellbotenstoff, der Informationen vermittelt, wie etwa den Befehl zum Wachstum und Zelltod. Trotz eines großen Wissensstandes forschen noch immer zahlreiche Teams nach den Details dieses biologischen Prinzips, welches offenbar eine Schlüsselstellung bei der Entstehung und Ausprägung verschiedener Krankheiten einnimmt. Lange vor der Entdeckung der Botenstoffe zwischen den einzelnen Zellen (Zytokine) wußten Ärzte um die überzufällige* Heilung von Tumorleiden nach Injektionen

* Begriff aus der Erfahrungsmedizin, bedeutet: auffällig häufig, aber statistisch nicht signifikant

von Fremdeiweißen, Tuberkuloseerregern oder anderer Bakterienarten (Colikeime).

Unabhängig voneinander beschrieben zwei Chirurgen, der deutsche Arzt Felix Fehleisen und sein amerikanischer Kollege William B. Coley, zwischen 1890 und 1910 auffallende Tumorrückbildungen bei Krebspatienten, die zusätzlich an einer bakteriellen Infektion erkrankt waren. William Coley war Systematiker und wandte diese Therapie an, wann immer sich eine geringe Heilungschance für seine Patienten bot, indem er gezielt bestimmte Bakterienmischungen verabreichte. Dr. Coley benutzte eine exakt bemessene Bakterienmenge und führte genau Buch über seine Patienten. William Coleys Erfahrungen wären fast in Vergessenheit geraten, wäre nicht die Tochter des aufmerksamen Forschers und Pragmatikers auf den Nachlaß ihres Vaters gestoßen. Helen Coley-Naut veröffentlichte die väterlichen Erkenntnisse, die ein namhafter Forscher am National Cancer Institute, Professor Murray Shear, aufgriff. Er identifizierte 1943 das aktive Wirkprinzip als großes Zuckermolekül, als ein Polysaccharid. Dieser Zucker war Bestandteil des primären Schadstoffes der meisten Bakterien – eigentlich eine Verbindung von Fett und Zucker. Solche Verbindungen nennt man Lipopolysaccharide.

Im Zweiten Weltkrieg rückte dieses sehr spezifische Forschungsfeld in den Hintergrund, zumal man glaubte, mit den kurz zuvor entdeckten Sulfonamiden von Gerhard Domagk und Alexander Flemings Penicillin ohnehin alle bakteriellen Krankheiten erfolgreich behandeln zu können. Aber die Träume von der immer wirksamen Chemotherapie platzten wie Seifenblasen, denn trotz Unmengen an Antibiotika haben die Bakterien durch Resistenzbildung die Oberhand gewonnen. 1959 entdeckte der englische Forscher Lloyd J. Old das Coleysche Prinzip wieder. 1975 gaben Carswell und Mitarbeiter dem wiederentdeckten Immunmodulator den Namen Tumornekrose-Faktor (TNF).[12] Seither wurden eine ganze Reihe ähnlich wirksamer Botenstoffe entdeckt und klassifiziert – die sogenannten Interleukine (wörtlich: »Botenstoffe zwischen den weißen Blutzellen«).

Zunächst wurde versucht, mit dem Tumornekrosefaktor Krebsneubildungen auf breiter Basis zu dezimieren. Die *Knoll AG* in Ludwigshafen, eine *BASF*-Tochter, hatte sich sehr früh und intensiv auf die Entwicklung des TNF konzentriert und errichtete 1992 die erste Produktionsanlage für den in wenigen Mikrogramm-Mengen (1 Mikrogramm = 1 Tausendstel Milligramm) wirkenden Stoff. Doch die millionenschweren Forschungs- und Entwicklungskosten waren ein Flop. Das Ernüchternde war, daß die meisten Tumorarten auf die TNF-Therapie kaum oder gar nicht ansprachen, die Kranken aber mit schweren Nebenwirkungen reagierten, die Ärzte und Patienten erschreckten.

Zwei geschäftstüchtige amerikanische Ärzte und Forscher, Antony Cerami und Bruce Beutler, konnten in Tierversuchen zeigen, daß dieser Tumornekrosefaktor eine wichtige Schlüsselfunktion bei der Entstehung und Ausbreitung der Blutvergiftung besitzt. Das war als Nebenwirkung von Krebskranken beobachtet worden, die mit dem TNF behandelt wurden. Mutige amerikanische Studenten der *Harvard-Universität* in Boston ließen sich auf freiwilliger Basis den TNF injizieren, und dieses Schlüsselzytokin rief bei den gesunden Probanden ein sepsisähnliches Krankheitsbild mit Kreislaufschock, Fieber, Gewichtsabnahme und Blutgerinnungsstörungen hervor. Was lag also näher, als anzunehmen, daß, wenn es gelänge, einen Antikörper zu finden, der den TNF neutralisierte, dieser auch den katastrophalen Verlauf des septischen Schocks stoppen würde.

Die Technik für die Herstellung von entsprechenden Antikörpern zur Neutralisation von biologischen Wirkstoffen gehörte seit Jahren zur Laboratoriumsroutine. Bereits 1990 hatte man einen stabilen monoklonalen* Antikörper in Mäusezellen und etwas später auch in menschlichen Zellen gezüchtet. Diese Entwicklung gelang mit Hilfe von gentechnisch veränderten Zellen, die den TNF-Antikörper quasi von Geburt an produzierten.

Die Stunde der Industrie schien gekommen zu sein. Die Einkäufer der großen Konzerne gaben sich bei zwei kleineren Gentechnikfirmen, die das Patent besaßen, gegenseitig die Klinke in die Hand. Jeder von ihnen wollte der erste bei der Vermarktung dieser Bio-High-Tech-Produkte sein. Bereits 1991 war einigen Forschern der Industrie der Sprung vom Reagenzglas zur Großbehälterproduktion bereits gelungen.

Fehlerhafte Versuchsanlagen

Sehr früh wurde in Tierversuchen[13] bei Primaten (Affen) belegt, daß ein rechtzeitig gegebenes Antiserum, wie der TNF-Antikörper, das

* Monoklonal = Herstellung eines bestimmten Eiweißkörpers (Protein) in einer veränderten Zelle. Wörtlich: Zellhaufen eines Zelltyps.

Krankheitsbild des tödlich verlaufenden septischen Schocks (Blutvergiftung) abschwächte. Viele Versuchstiere überlebten nach der Injektion des Serums. Seit 1988 bemühten sich die Tierexperten, die Effektivität des Anti-TNF an Ratten, Kaninchen und Affen nachzuweisen. Sie injizierten gesunden Primaten (Affen) Bakteriengifte (Toxine) und zählten nach einer Woche die überlebenden Tiere. Aber bereits bei den ersten Experimenten traten erhebliche Ungereimtiten auf, die von Anfang an Zweifel an den drei grundlegenden Versuchsanordnungen säten:

1. Versuch: Injizierten die Forscher den Tieren ihren TNF-Antikörper zehn Minuten vor der Injektion des Bakteriengiftes, überlebten fast alle.

2. Versuch: Wurden Gift und Antikörper gemeinsam injiziert, überlebten nur noch 50% der Tiere die erste Woche.

3. Versuch: Gab man den TNF-Antikörper nur 30 Minuten nach dem Bakterientoxin, starben fast alle Tiere innerhalb von wenigen Tagen oder mußten nach einer Woche von ihren Leiden erlöst werden.

Versuch 3 gleicht der klinischen Praxis am ehesten. In der Regel werden Kranke zunächst vom Hausarzt behandelt und kommen später mit erheblicher Verzögerung in ein Krankenhaus. Die Symptome einer Sepsis sind zu diesem Zeitpunkt voll ausgeprägt. Die Patienten befinden sich in einem lebensbedrohlichen Krankheitszustand. Die erste wie die zweite Versuchsanordnung lassen daher jeden Bezug zur Klinik vermissen. Alle Versuche wurden zudem an sonst gesunden Tieren durchgeführt, die im Gegensatz zu vielen Menschen in den reichen Ländern nicht fett waren und kein Krebsleiden, keine Arteriosklerose, keine Zuckerkrankheit, keine Nikotinlunge, keine alkoholbedingten Schäden aufwiesen. Aus derartigen Tierversuchen lassen sich keine Schlüsse auf humanmedizinische Bedingungen ziehen.

Zu Beginn einer Infektion durch Bakterien oder Viren zeigt der TNF zunächst Eigenschaften eines Wachstumsfaktors, weil er zur Aktivierung der Abwehrzellen beiträgt. Da fast alle Körperzellen zum Zeitpunkt der bakteriellen Invasion »ruhen«, ist der TNF ein universeller Botenstoff, der die Neubildung von Abwehreiweißen, sogenannten Immunglobulinen, aktiviert. Gelangen zu viele Gifte oder bakterielle Toxine in ein Individuum, wird das TNF im Überfluß gebildet und verursacht, obwohl sonst von hohem Nutzen, Nebenwirkungen wie hohes Fieber, Schüttelfrost, Blutdrucksenkung, Atemschwere, Organschäden an Nieren, Leber, Lunge und Blutzellen. Wenn der TNF seine Aktivierungen beendet hat, wandelt er sich zum eigentlichen Nekrosefaktor und zerstört die Zelle, die vom Virus, einem Bakterium oder anderem Fremdkörper befallen wurde.

Im Glauben, ein Universalheilmittel gegen die tödliche Blutvergiftung gefunden zu haben, rechneten Wissenschaftler und Marketingexperten in den Konzernen aus, daß jeder Behandlungszyklus zwischen 3.000 und 5.000 Dollar einbringen würde. Im Goldrausch paßte man sich nicht den medizinischen Fakten an, sondern startete die ersten klinischen Versuche an Patienten. Bei den klinischen Prüfungen stellte sich jedoch sehr rasch Frustration ein. Alle einschlägigen Wirkprinzipien versagten. Die Resultate waren, von einzelnen Erfolgen abgesehen, statistisch nicht zu sichern.

Man hatte alle Ratschläge von firmeninternen, klinischen Experten, rechtzeitig neutrale Ärzte an der Planung der Patientenstudien zu beteiligen, einfach ignoriert. Um so rätselhafter, daß vier Unternehmen unmittelbar nacheinander stets die gleichen Fehler machten, was den Unbedarften vermuten läßt, daß alle vier Firmen den gleichen »unabhängigen Experten« aufgesessen waren. Kleine, biotechnologisch äußerst engagierte Firmen gingen mit ihren Investitionen bis zum äußersten, weil ihre Geschäftsleitungen sich verleiten ließen, ihr Antisepsisprodukt innerhalb eines Jahres an großen Patientenkollektiven und Klinikzentren prüfen zu lassen, um den raschen Erfolg zu sichern.[14]

Zusammenfassend erlauben diese Studien bisher nicht den generellen Einsatz gegen die Bakteriengifte, da

1. positive Ergebnisse nur in kleinen Untergruppen gezeigt werden und nicht sicher bestätigt werden konnten,
2. möglicherweise, nach den bisherigen Ergebnissen, ein Subkollektiv existiert, das nicht nur nicht durch die Antikörper profitiert, sondern sogar durch die Bakteriengiftneutralisation einem erhöhten Risiko ausgesetzt wird.[15] Das heißt, es gibt Patienten, bei denen eine TNF-Antikörperbehandlung zu einer Verschlechterung der körperlichen Abwehr gegenüber Bakterien führt.

Im Juni 1993 präsentierte die international renommierte Ärztin Elizabeth Ziegler, Professorin für klinische Infektiologie aus New York, auf einer Tagung in Stockholm die Resultate der Studien. Es zeigte sich, daß nur bei Kranken mit einer bakteriellen Blutvergiftung die Sterblichkeit sank. Waren keine Bakterien im Blut, schrumpften die Unterschiede der einzelnen Kollektive auf Null. Da nur 10, höchstens 20% der Sepsispatienten nachweisbare Bakterien im Blut haben, brachen alle Erwartungen der Investoren wie ein Kartenhaus in sich zusammen.

Elizabeth Ziegler zog damals die Bilanz aus ihren Erfahrungen: »Ich denke, daß die Sepsis eine zu komplexe Krankheit ist, und vor allem dann unüberschaubar wird, wenn man große Patientenzahlen und nur unter der numerischen Skalierung in Placebo und Verum einteilt. Alle Studien haben gezeigt, daß dies nicht geht. Ich denke, daß der Druck (auf die Ärzte), Patienten auf ›Biegen und Brechen‹ allein wegen des Geldes in die Studie aufzunehmen, besonders ernst und gefährlich ist. Lassen Sie uns über diese schlimmen Studien nachdenken und einen neuen Weg zum Neubeginn suchen.«

Professor Zieglers Kritik bezog sich darauf, daß man um des schnellen Erfolgs willen jeden verfügbaren Patienten, unabhängig vom Krankheitszustand, in die Studie aufgenommen und ihm den Antikörper injiziert hatte.[16]

Was die Firmenbosse allerdings verdrängt hatten, war, daß die Mitarbeiter der US-Gesundheitsbehörde gewiefte Fachleute sind. Die großangelegten amerikanischen und europäischen Studien mußten seit ihrem Start im März 1991 unter der strengen Aufsicht der amerikanischen Behörde in Rockville durchgeführt werden. Die Mitarbeiter der FDA befürchteten wohl zu Recht, daß eine einzige erfolgreich durchgeführte, mit allen rechnerischen Tricks belegte Studie dazu geführt hätte, daß möglichst viele in Frage kommenden Patienten in den USA mit diesen teuren Heilmitteln behandelt worden wären. Die Folgen wären, selbst für ein Land wie den USA, angesichts der rasch wachsenden Kosten im Gesundheitswesen wirtschaftlich fatal gewesen. Die FDA tat das einzig Richtige, indem sie riesige Hürden in Form offener Fragen aufbaute, an denen die Firmen ohne Ausnahme scheiterten. Die Fachleute der Behörde verlangten, daß alle Patienten, die man in die Studien aufgenommen hatte, auch ausgewertet werden mußten. Diese Form der klinischen Prüfung heißt »intent-to-treat«-Studie (»intent to treat« = »mit der Absicht zur Behandlung«). Kein Patient, gleichgültig ob fehldiagnostiziert oder unheilbar, durfte wieder daraus eliminiert werden. Zu diesem Studientyp gehört auch, daß die Behörde von den Firmen über jede Ampulle mit dem Wirkstoff eine genaue Auskunft verlangte. Der fehlende Nachweis von Arzneifläschchen kann eine vorzeitige Beendigung der

Studie zur Folge haben. Ein Studienausschluß dieser Art ist mit immensen wirtschaftlichen Verlusten verbunden.

Sicherheitsprobleme bei Blutermedikamenten

Die Bluterkrankheit ist ein erblicher Blutgerinnungsdefekt, der durch einen Mangel an dem sogenannten Faktor VIII, einer bestimmten Eiweißgruppe, entsteht. Zur Behandlung wird Blutplasma verwendet, das jedoch die Gefahr birgt, Krankheitserreger zu enthalten (z.B. HIV oder Hepatitis B und C – siehe hierzu auch das Kapitel 3). Durch die Gentechnologie eröffnet sich nun prinzipiell die Möglichkeit, Faktor VIII sozusagen in Reinform zu synthetisieren.

Es gibt zwei rekombinante Faktor-VIII-Produkte auf dem Weltmarkt. 1984 wurde das vollständige Faktor-VIII-Gen mit 186.000 Basenpaaren in den Laboratorien der Firmen *Genentech,* San Francisco, und *Genetics Institute*, Boston, kloniert – und umgehend von *Bayer* bzw. der US-Firma *Baxter* erworben. Das fertige Produkt besteht aus 2.332 Aminosäuren, den Elementarbausteinen. Damit man einen wirksamen Gerinnungsfaktor erhält, muß der Proteinkörper an Zucker gebunden sein. Diese Zuckerbildung (Glykolisierung) können aber nur Säugetierzellen vollziehen. Daher verwendete man einmal Baby-Hamster-Nierenzellen (BHK, kidney = Niere) und einmal Zellen von Ovarien (Eierstockzellen) von chinesischen Hamstern (CHO). Beide Produkte – das BHK von *Bayer* und das CHO von *Baxter* – sind pharmakologisch in Wirkung und Nebenwirkungen praktisch identisch.[17]

Die Hemmkörperbildung durch spezifische Antikörper – sogenannte Inhibitoren –, die den Gerinnungsfaktor wieder unwirksam machen können, variiert bei beiden Produkten zwischen 7 und 17%. Solche Inhibitoren zwingen den behandelnden Arzt, die Dosierung von Faktor VIII zu erhöhen oder – in harten therapieresistenten Fällen – auf ein anderes Produkt zu wechseln. In den letzten Jahren verwendet man artfremden Faktor VIII aus Schweineblut, mit dem man Kranke mit hohen Antikörpertitern* desensibilisiert.

Ein großes Problem im gesamten Produktionsvorgang ist die Virussicherheit. Beide Herstellungsverfahren benötigen Hamsterzellen.

---

* Serumspiegel von Antikörpern.

Unter den Hamstern kannte man bis vor kurzem nur ein krankmachendes Virus, das die sogenannte lymphozytäre Choriomeningitis, eine auf den Menschen übertragbare Gehirnhautentzündung, hervorruft.

In den letzten Jahren diagnostizierte man außerdem Infektionen durch Virusarten wie Parvo- und Herpesviren, Erreger von Darminfekten sowie Haut- und Nervenerkrankungen. Außerdem sollen Partikel endogener Retroviren von Hamstern übertragen worden sein – ohne daß bislang Folgen für den Menschen bekannt geworden wären. Die Virusfreiheit der zur Produktion verwendeten Hamsterzellen wird durch Antikörpertests und direkt zellschädigende Virusnachweise überprüft.

Die meisten Kulturen von Hamsterzellen wachsen auf Nährböden, die bis 1992 aus reinem Kalbsserum bestanden. Aus Sicherheitsüberlegungen hat man inzwischen auf künstliche Nährböden mit Zusätzen von Rinderseren umgestellt. Dafür werden nur Rinder von kontrollierten Herden aus Kanada, Neuseeland und den USA verwendet, um das Risiko einer Übertragung von Krankheiten wie dem Rinderwahnsinn (BSE) möglichst gering zu halten. Die Befürworter dieser Methode erklären das Verfahren für sicher und argumentieren, daß bisher keine entsprechenden Infektionen beobachtet wurden und daß derartige BSE-Erreger (JC-Viren, Prionen-Proteine) nur bei Zellinien aus Gehirn- und Nervenzellgeweben auftreten können, was falsch ist, denn seit Ende 1997 wird nicht abgestritten, daß fast alle Organe von den Erregern befallen sein können. In der Tat gibt es kaum ein Organ ohne Nerven, Blut- und Lymphgefäße, Bindegewebe und Muskeln.

Der wirksame Teil des gentechnisch hergestellten Faktors VIII, der sogenannte Vektor, stammt aus Darmbakterien, den Escherichia Coli. Zur Bildung oder »Expression« des Vektors werden die eukaryoten Gene – das sind Zellen, deren Gene im Zellkern lokalisiert sind – durch virale Steuersignale aus einem SV40-Virus (sv= slow virus, Viren mit einer langen Inkubationszeit) des Rhesusaffen oder anderen Viren verwendet. Um die veränderten Hamsterzellen stabil zu machen, wurden sie mit zwei genetischen Markern versehen. Solche Gene heißen Selektionsmarker. Die Reinigung der Produkte wird durch monoklonale Mausantikörper mittels einer Affinitäts-Chromatographie durchgeführt. Man leitet dazu den flüssigen Zellbrei, der bereits den Faktor VIII enthält, über eine Röhre und mehrere Filtersysteme und bindet während dieses Prozesses die Mausantikörper mit dem Faktor VIII. Das Endprodukt enthält pro 1.000 Einheiten des rekombinanten Faktor VIII (r-FVIII), rund 6 ng (10^{-9} = ein milliardstel Gramm) Maus-Antikörper, 51mg Hamstereiweiße und 13 pg (10^{-12}g = ein billionstel Gramm) DNA-Kernsubstanz vom Hamster. Sind diese Grenzwerte im Endprodukt überschritten, folgen Verdünnungen, sogenannte Abreicherungsverfahren. Insgesamt betrachtet, handelt es sich um ein Produktionsverfahren mit 130 verschiedenen Schritten, wovon die meisten zur Kontrolle der Sicherheit und Reinheit dienen.

Kritische Punkte dieser Verfahren sind

- Zu hoher Gehalt an DNA und Genombruchstücken mit fraglicher Begünstigung von Krebsentstehung, denn Plasmide (DNA-Stücke im Zellplasma) besitzen eine onkogene, das heißt, krebserregende Wirkung. Beispielsweise sind Milchkühe, die regelmäßig mit Wachstumshormonen behandelt werden, infektionsanfälliger und tumorgefährdeter als natürlich ernährte, auf Weiden gehaltene Rinder.
- Unkontrollierte Übertragung noch unbekannter viraler Krankheitserreger aus der Tierwelt, den Zoonosen. Auch das HIV – so besagt eine Hypothese – war ursprünglich eine Zoonose, die vom Affen auf den Menschen übertragen wurde und dort erst die krankmachenden Eigenschaften entwickelte.
- Übertragung von unbekannten Krankheiten durch Nährböden-Prionen oder infektiöse Aminosäuren. Solche Übertragungen können experimentell nicht beurteilt werden, weil ihre Inkubationszeiten bis zu 20 Jahren betragen. Da mit dem r-FVIII vorwiegend Kleinkinder therapiert werden, sind die Risiken noch weitgehend unabsehbar.
- Infektionskrankheiten durch Polyomaviren, den SV-Viren. Diese Art von Viren wird beim Gentransfer benutzt. Infektionen sind beim Rhesusaffen, nicht aber beim Menschen unbekannt. Unglücklicherweise wurden aber inzwischen Infektionen der SV-Viren bei anderen Tieren nachgewiesen, was bedeutet, daß diese Viren nicht rhesusaffen-spezifisch sind, sondern sich über natürliche Barrieren der Arten hinwegsetzen können.
- Ein ernstes Problem des r-FVIII ist die Langzeittherapie, die zeitlebens durchgeführt werden müßte. Es liegen keine vergleichbaren Untersuchungen mit Blick auf Krebswachstum, Tierinfektionen und ähnlichen Krankheiten vor. Langzeitstudien mit genetischem Material gibt es nicht und wird es nicht geben. Im Grunde genommen

werden wir erst in 20 Jahren wissen, ob Spätschäden auftreten oder nicht. Die Kranken gehen das Risiko ein, weil sie keine andere Wahl haben. Im Grunde genommen sind die ersten Generationen mit langzeit-gentechnologischen Produkten Versuchskaninchen.

■ Der gentechnologisch hergestellte r-FVIII enthält zu 90% humanes Eiweiß. Es sind kleine Eiweißkörper (Albumine), die neue Krankheitserreger, wie die Prionen, aber auch bisher nicht bekannte Viren enthalten können. Aus Gründen verbesserter Sicherheit geht man seit 1994 davon aus, daß jene neue Generation von Krankheitserregern, die durch die Prionen-Proteine verursacht werden, auch im Albuminanteil des Serums vorkommen kann. Da man bisher keine – allgemein zugänglichen – direkten Nachweismethoden kennt, müssen in vielen Ländern dieser Erde alle Blutbestandteile, die aus Spenden von Kranken mit einer Prionenkrankheit wie der Creutzfeld-Jakobschen Erkrankung stammen, vom Markt genommen werden. In Deutschland haben die Behörden und offiziellen Ärztegremien noch keine Absichten geäußert, von solchen Spendern stammende Blutprodukte vom Markt zu entfernen. Albumine sind auch in anderer Form nicht unbedenklich: Sie können bei chronischer Anwendung die Entstehung von Autoimmunerkrankungen an den Organen wie Nieren und Bindegeweben begünstigen und Nierenkrankheiten, sogenannte Nephrosen, verursachen.

Die Herstellung des rekombinanten Faktors VIII ist für die Bluter ein großer Fortschritt. Bedauerlich nur, daß er bisher nicht preiswert in den Ländern der Dritten Welt verkauft wird. Daß er dennoch zu vergleichweise niedrigen Preisen auf dem Markt angeboten wird, liegt an dem Überangebot an Faktor-VIII-Präparaten. Weltweit gibt es etwa 6.000 Hämophilie-A-Kranke. Lohnend für die Pharmaindustrie sind besonders diejenigen, die in Europa, USA und Japan leben und als sozial gesichert gelten. Die Kosten für den r-FVIII belaufen sich in Deutschland auf DM 1,30 bis zu 1,60 pro Einheit. Im Mutterland USA kostet die Einheit mehr als einen Dollar.

Das ist für die Pharmaindustrie ein Bombengeschäft, denn um eine prophylaktische Behandlung durchzuführen, benötigt ein Kind bis zum 18. Lebensjahr dreimal wöchentlich 10 bis 50 Einheiten pro Kilogramm Körpergewicht. Ein Erwachsener mit 70 kg Körpergewicht injiziert sich im Rahmen einer prophylaktischen Behandlung wöchentlich zwischen 1.000 und 7.000 Einheiten. Der Preis für Plasmaprodukte ist geringer und beträgt für den hochgereinigten Plasmafaktor VIII (monoklonale Trennung von Verunreinigungen und Produkt) etwa eine Mark pro Einheit.

Nebenwirkungen gentechnologischer Produkte

Für viele gentechnologische Medizinprodukte ist noch lange nicht erwiesen, daß sie einen positiven Therapiesprung bedeuten. Vor einer allzu raschen Ausweitung des Einsatzes dieser Präparate muß allein schon deshalb gewarnt werden, weil die Indikationen umstritten oder nur unzureichend geprüft worden sind. In vielen Ländern vermißt man klare ärztliche Richtlinien für die Anwendung dieser sehr teuren Medikamente. Es fehlt auch an Ausschlußkriterien für Kranke, deren Leiden zu weit fortgeschritten sind oder die bereits eine Altersgrenze erreicht haben, bei denen der Einsatz dieser Mittel als nicht mehr angemessen erscheint. Ohne solche Kriterien entsteht ein wild wuchernder Markt, und schon heute wird reger Mißbrauch mit diesen Arzneien betrieben.

So wurde beispielsweise Anfang 1996 bekannt, daß Wachstumshormone, die den Produkten der Firmen *Ely Lilly* und *Genentech* strukturell sehr ähnlich sind, als Reimporte aus Mexiko in den Vereinigten Staaten zweckentfremdet zur Behandlung gegen das Altern angewendet wurden. Die Jahresbehandlung mit geriatrischer Indikation soll 13.000 Dollar kosten, und diesen stolzen Preis scheinen eine Reihe von Menschen zu zahlen – ungeachtet schwerwiegender Nebenwirkungen wie Wachstum der männlichen Brustdrüsen (Gynäkomastie), allgemeines Längenwachstum von Händen, Füßen und Gesicht (Akromegalie) sowie Auftreten von zu engen Sehnenscheiden (Carpaltunnelsyndrom). Die ersten Meldungen über ungehemmtes Krebswachstum und Rückfälle von längst überstandenen Virusinfektionen werden nicht lange auf sich warten lassen.[18]

Einstweilen mehren sich die Meldungen über schwere Nebenwirkungen bei allen möglichen Präparaten. Dazu gehören irreversible Leber- und Nierenschäden sowie lebensbedrohliche Blutgerinnungsstörungen mit Schockfolge und Hemmung der Ausschüttung von Blutplättchen, die zum raschen Tode führen kann. Alle Ereignisse sind geeignet, gravierende Blutverluste hervorzurufen, an denen die Kranken rasch sterben können, wenn sie nicht schnell behandelt werden.

Ungeklärt ist bis heute, ob die langfristige Anwendung verschiedener Zellhormone nicht das Krebswachstum fördert. Solche Wachstumsfaktoren können einen ruhenden, bisher klinisch nicht erkennbar gewordenen Tumor zur Krebsentartung stimulieren. Bislang konnte auch nicht ausgeschlossen werden, daß bei Langzeitanwendung solcher Produkte freie DNA-Bruchstücke – Reste vom Gentransfer, die niemals zu 100% eliminiert werden können – nicht doch primär krebserregend wirken. Ärzte aller Kontinente diskutierten seit 1994, daß leukämiekranke Kinder, die mit starken Giften behandelt wurden, anschließend wegen der Nebenwirkungen der ersten Therapie die neuen gentechnischen Präparate erhielten – und nun müssen sie wegen der Folgen der neuen Therapeutika und ihrer unerwünschten Wirkungen einer dritten Behandlung unterzogen werden. Ein australischer Arzt klagte erschüttert über eine Kette ohne Ende.

Milch von glücklichen Kühen?

Als die US-Regierung und die Industrie gemeinsam den Boden für die ersten rekombinanten Gen-Tech-Produkte vorzubereiten begannen, starteten zur gleichen Zeit Meinungsforscher im Staate Missouri eine intensive Befragungsaktion zur neuen Technologie. Spontan befragt, begrüßten 89% der Amerikaner die Gentechnologie. Solche Befragungsaktionen wurden zwischen 1989 und 1991 fortgesetzt. Anfänglich wußten nur etwa 40% der Befragten, daß es gentechnologische Wachstumshormone für Kühe gab. Darüber informiert, waren immerhin fast 60% bereit, die Milch von hormonbehandelten Kühen zu kaufen, falls sie verfügbar wäre. Gut 44% hingegen wollten lieber mehr Geld ausgeben, um nicht hormonbehandelte Milch zu kaufen. Auf jeden Fall wollten die meisten Verbraucher mehr über die Sicherheit der Milch erfahren. Außerdem waren 95% der Befragten dann mit dem Vertrieb der neuen Naturprodukte einverstanden, wenn diese auf der Verpackung einen deutlichen Hinweis auf das Wachstumshormon *r-BST* (rekombinantes bovines somatotropes Hormon) trugen.[19]

1995 hatte sich die Begeisterung der amerikanischen Bevölkerung etwas gelegt, denn im Gegensatz zu den Ländern Europas müssen die Hersteller gentechnologischer Produkte diese bei Nahrungsmitteln nicht deklarieren. Das erboste die amerikanischen Verbraucher, und die Protestaktionen gegen gen- und biotechnologische Produkte fanden rege Unterstützung.

In Deutschland zeigten sich nach Aussage des Geschäftsführers des Verbandes der forschenden Arzneimittelindustrie (VFA), Eberhard Baumbauer, nur knapp 41% der Bevölkerung von den neuen Produkten der Gentechnologie begeistert. In den USA läge die Akzeptanz der Bevölkerung bei immerhin 89% (Frankfurter Allgemeine Zeitung vom 21.11.1996). Im Sommer 1994 geriet in Europa der Kampf um die Zulassung des bovinen Wachstumshormons *r-BST* in die heiße Phase. Verbraucherverbände forderten die Bundesregierung auf, sich dafür einzusetzen, daß das existierende Verbot für *r-BST* noch bis zum Jahre 2000 verlängert wird. Mehr als 70% der Bauernschaft lehnte zu jenem Zeitpunkt die Markteinführung und den Vertrieb des von einem US-Multi hergestellten gentechnologischen Produkts in Deutschland ab. Angesichts einer 10%igen Überproduktion von Milch und Milchprodukten im Jahr 1994 wäre eine weitere, künstlich herbeigeführte Steigerung der Erträge ja in der Tat wirtschaftlich kontraproduktiv. Die Bauern wissen nur zu gut, daß eine höhere Milchproduktion den Abgabepreis weiter senken würde.

Der Hersteller, der die Milchleistung fördernden Hormone auf dem europäischen Markt plazieren möchte, argumentiert dagegen mit dem Fortschritt und den neuen Möglichkeiten für die Dritte Welt. Ein Standardsatz, der sich in der Öffentlichkeit glaubwürdig verbreiten läßt, denn kaum jemand dürfte etwas gegen die Verbesserung der Lebensbedingungen in den Entwicklungsländern einzuwenden haben.

Das Wachstumsprotein muß den Rindern einmal wöchentlich intramuskulär gespritzt werden. Umfangreiche Tierversuche ergaben – damit endet die positive Nachricht –, daß die Milchproduktion durch das *r-BST* um 10 bis 20% gesteigert werden kann. Nachteilig wirkt sich die Hormonbehandlung auf die Geburtenrate von Kühen aus. Man führt dies auf den höheren Energiebedarf für die Milchbildung und einen erheblich gesteigerten Stoffwechsel zurück. Viele Kühe magern unter dieser Therapie ab. Häufige Entzündungen (Mastitis) der Euter zwingen zur Zusatztherapie. Bis zu 30% der *r-BST*-stimulierten Kühe erhalten ständig Antibiotika gegen Infektionen ihrer Brustdrüsen. Diese Antibiotika gelangen später in die Milch und so in die Nahrungskette der Menschen.

Seit geraumer Zeit warnen Humanmediziner und Bakteriologen vor den Folgen dieser unkontrollierten Verfütterung hochwirksamer

Arzneien durch Landwirte. Man registrierte verschiedentlich eine Änderung der normalen Darmflora der Rinder, die zunehmend resistente Keime gegen viele gebräuchliche Antibiotika enthält. Es gibt Mitteilungen aus Kliniken, die über schwerste Infektionskrankheiten bei Kindern, alten Menschen und immunreduzierten Kranken berichten. Solche Erkrankungen sollen mit an Sicherheit grenzender Wahrscheinlichkeit Folgen einer durch Milch hervorgerufenen Infektion sein. Diese Milch wiederum stammt von Rindern, die in unkontrollierter Form Antibiotika erhalten hatten.

Im Juli 1995 legte die deutsche Veterinär-Aufsichtsbehörde in Berlin eine Studie vor, die bestätigt, daß unsere Haustiere inzwischen gegen fast alle gebräuchlichen Antibiotika resistente Darmkeime besitzen. Unter den 300 getesteten Keimen waren dies vor allem Salmonellen, Colikeime, Enterokokken, Milchsäurebakterien und andere, auch unter Luftmangel (anaerob) wachsende, gefährliche Bakterien, die einen Gasbrand* auslösen können. Schon ohne Gen-Tech-Hormonbehandlung erhalten unsere Kühe zur Steigerung ihrer Leistungen unkontrollierte Arten und Mengen verschiedener Arzneien. Die Gefahr ist groß, daß die Kuhmilch zum pharmakologischen Auffangbecken wird. Veterinärmedizinisch-klinische Studien enthalten Meldungen über gehäufte Komplikationen bei Geburten von mit Gen-Tech-Hormonen therapierten Kühen. Die Rinder erleiden, wie man dies aus der Humanpathologie kennt, durch eine Behandlung mit Wachstumshormonen Mehrlingsgeburten, Plazentakomplikationen, Geburtsstillstände, die Operationen notwendig machen, und lebensbedrohliche Gebärmuttervereiterungen.

Wissenschaftler der Universität Minnesota berichteten 1994, daß Kühe nach Überdosierungen, die über ein Jahr lang gegeben worden waren, noch höhere Infektionsraten aufwiesen. Außerdem zeigten neugeborene Kälber deutlich mehr Mißbildungen an den Beinen. Besorgniserregend war auch die Neubildung riesiger cystischer Ovarien (blasige Eierstöcke), die als Vorstadium für Krebs gelten. Alle diese Erfahrungen sind eine Warnung vor einem Mißbrauch dieser Stimulanzien.

---

* Gasbrand ist eine Infektion von Geweben durch bestimmte Bakterienarten, die nur unter Sauerstoffmangel gedeihen. Der Begriff illustriert die Tatsache, daß die befallenen Arme und Beine z.B. im Gefolge des Bakterienstoffwechsels (Bildung von Stickstoffverbindungen – Gas) stark anschwellen und knistern. Theoretisch ist dieses Phänomen dadurch nachzuahmen, daß man unter die Haut eines Tieres oder Menschen große Mengen Luft einbläst.

Offenbar wirkt das *r-BST* wie die humanen Gonadotropine und das Clomifenzitrat, wie Medikamente also, die Frauen im gebärfähigem Alter mit unerfülltem Kinderwunsch zur Steigerung der Fruchtbarkeit erhalten. Für Frauen, die künstliche Hormone über längere Zeiträume einnehmen, gilt ein gehäuftes Auftreten bestimmter Eierstockkrebsarten als statistisch gesichert. Erste Hinweise, daß dies auch auf Frauen zutrifft, die Milch von hormonbehandelten Kühen genossen hatten, existieren ebenfalls. 1994 veröffentlichten die deutschen Verbraucherverbände Studienergebnisse, die zeigten, daß *r-BST* bei Frauen das Risiko eines Brustkrebses erhöhen soll.[20]

Im Gegensatz dazu weisen alle Hersteller die Verbraucher unaufhörlich darauf hin, daß abgekochte Milch kein wirksames Hormon mehr enthält und außerdem die Passage durch Magen und Darm alle biologischen Eigenschaften der Hormone zerstört. Verschwiegen wird jedoch, daß bei behandelten Kühen zwei wichtige Hormon- und Enzymsysteme aktiviert werden müssen, um die verstärkte Milchproduktion zu erzielen. Es handelt sich dabei um Schilddrüsenhormone und das zuckerregulierende Insulin. Beide Hormonsysteme besitzen eine zentrale Steuerungsaufgabe im Stoffwechsel und sind für das Wachstum verantwortlich.

Führende Herstellerfirma ist der US-Konzern *Monsanto*, der sein Produkt stark bewirbt und mit Wirtschaftlichkeitsrechungen argumentiert. Widerspruch kommt von den Gegnern der künstlichen Hormontherapie, die sich den Argumenten von Universitätsforschern anschließen, daß die Steigerung der Milchproduktion durch *r-BST* lediglich 3% der Jahresproduktion ausmachen würde. Diese 3% könnten aber spielend auch durch eine minimale Erhöhung des Tierbestands erreicht werden.

Die Injektion großer Stoffmengen gentechnologischer Herkunft ist überdies mit Begleitprodukten behaftet, die meist vernachlässigt werden, obwohl sie von nicht unerheblicher Bedeutung für den Empfänger sind. Solche Verunreinigungen aus genetisch aktivem Material fördern Tumorwachstum in den Empfängertieren, den Milchkühen, ohne daß dieser Effekt eine direkte Beziehung zum *r-BST* besitzen muß. Das Auftreten von Zusatzfaktoren – Kernbruchstücke aus tierischen Zellen, die neben dem eigentlichen Wirkstoff im Injektat vorkommen – berührt das zentrale Problem aller gentechnologischen Produkte. Zwar gilt es nach aktuellem Wissensstand als medizinisch unbedenklich, einem schwerkranken Menschen kleinere Mengen eines gentechnisch hergestellten Heilmittels zu geben, um akute Notzustände wie Schock, Herzinfarkt oder Blutzellbildungsstörung zu beseitigen. Auch wenn diese Medikamente aus genetisch verändertem Material von Mäuse- oder Hamsterzellen stammen, geht mit solchen Arzneien lediglich die Gefahr einer Unverträglichkeit gegen die Tierproteine einher, was eine relativ harmlose Serumkrankheit zur Folge haben kann.

Da aber bislang keine absoluten Abreicherungsmethoden für Spaltprodukte aus dem Zellmaterial der genetisch veränderten Zelle existieren, muß mit einer kumulativen Wirkung von DNA-Bruchstükken oder Plasmiden gerechnet werden. Diese Teilchen können onkogen (krebserregend) wirken. Die Hersteller derartiger Produkte verschweigen, daß neben dem bovinen Hormon auch eine große Menge von tierischen Spaltprodukten dieser nicht ungefährlichen Kernsubstanzen (DNA/RNA) in den Menschen gelangen und dort gleichfalls das Krebswachstum fördern könnten.

Inzwischen hat man drei Gruppen von Erbanlagen identifiziert, deren Veränderungen, man nennt sie Mutationen, die bösartige Entartung der Zellen begünstigen: Die *Onkogene* stimulieren die Zellen zu unkontrolliertem Wachstum, dem eigentlichen Charakteristikum von Krebs. Die *Suppressor-Gene* wirken als Teilungsbremse diesem ungehemmten Wachstum im Sinne einer Selbstregulierung entgegen. Und die *Reparaturenzyme* sind biologische Handwerker, die sehr früh nach der Entartung des eigenen Gens diesen Fehler rückgängig machen können. Das Tumor-Suppressor-Gen produziert ein Protein (p53), das als Schutzfaktor für die Gesundheit der Erbanlagen gilt. Seine Intaktheit entscheidet zum Beispiel darüber, ob eine Krebszelle, so sie bereits entstanden ist und wächst, wieder empfindlich für eine Chemotherapie wird. Forscher in den USA haben diesen Mechanismus entdeckt und durch Einpflanzen eines gesunden Tumor-Suppressor-Gens, des Schutzproteins p53, den Normalzustand wiederhergestellt, wodurch das Wachstum der Krebszelle gehemmt werden konnte.

Derartige Methoden spielen gleichfalls bei der Resensibilisierung von Krebszellen gegen onkologische Tumortherapeutika eine bedeutsame Rolle. Bei allem Für und Wider einer Hormonbehandlung sollte man nicht vergessen, daß gesunde Kühe, die sich in einem biologischen Gleichgewicht befinden, durch den wirksamen *r-BST* aus diesem Zustand herauskatapultiert werden können. Eine weitere ungeklärte Frage ist die Beeinflussung bisher ruhender Viren, Proviren oder Prionen-Proteine in Rindern (BSE-Erreger), wenn man Wachstumshormone langfristig gibt. Ruhende Infektionserreger können durch derartige Stimulanzien aktiviert und zum krankheitsauslösenden Faktor werden.

Die Frage sei daher gestattet: Könnte denn nicht die unkontrollierte Anwendung von Wachstumshormonen und Anabolika bei britischen Kühen zur Eskalation von BSE geführt haben? Eine einzige kranke Mutterkuh oder ein betroffener Rinderstamm reichte aus, um aus einer Punktmutation im kranken Gen von Kühen durch die Injektion von Wachstumsfaktoren den Flächenbrand zu entfachen. Das Mißtrauen der Menschen wächst, denn erste Schäden durch den Mißbrauch neuer gentechnologisch produzierter Arzneien und zweckentfremdete Anwendung lassen nichts Gutes ahnen.

Die Gentechnologie ist unbezahlbar

Alle wissen es: Gentechnologische Forschung ist teuer, gentechnologisch hergestellte Medikamente sind schon jetzt fast unbezahlbar. Ein Exitus der Gesundheitssysteme in den Hochpreisländern erscheint unausweichlich. Nur zögernd setzt sich die Erkenntnis durch, daß die Probleme der Gentechnologie nicht nur wissenschaftlich-ethisch, sondern auch praktisch-ökonomisch diskutiert werden müssen. Das Mögliche und Machbare wird unbezahlbar, und es könnte sein, daß die Pharmaindustrie in absehbarer Zeit das Gebiet »gentechnologisch produzierter Medikamente« recht distanziert betrachten wird. Alle Beteiligten haben offenbar die Ressourcen der Länder mit staatlichen Versicherungssystemen überschätzt. Wem nützen die anspruchsvollen Heilmethoden der Gentherapie, und welchen therapeutischen Fortschritt besitzen die wirksamen Arzneien aus den Retorten, wenn niemand mehr in der Lage sein wird, die horrenden Preise dafür zu zahlen? Die Gentechnologie könnte sich durch die offen zutage tretende unkoordinierte, unwirtschaftliche Produktentwicklung und den ungewöhnlich hohen Kostenanspruch selbst ausbremsen.

Monopole und Kartelle

Umsätze und Gewinne der Pharmabranche steigen trotz ausufernder Arbeitslosigkeit, weltweit betriebener Niedriglohnpolitik und wach-

Monopole und Kartelle nehmen beängstigende Formen an

Produkt	Unternehmen	Indikationen	Welt-Umsätze (Mill. US $) 1993	1994	2001
Neupogen	Amgen	Neutropenie, Knochenmark-Trspl.	720	829	1593
Epogen	Amgen	Blutarmut durch chronische Nierenleiden, AIDS	587	721	1200
Humulin	Genentech & Ely Lilly	Diabetes mellitus (Zuckerkrankheit)	560	665	1300
Novolin	Novo Nordisk	Diabetes mellitus (Zuckerkrankheit)	615	NA	1249
Procrit	Amgen/Ortho	renale Anämie, AIDS	500	600	1100
Activase	Genentech	Herzinfarkt, Lungenembolie	236	281	450
Intron A	Biogen/Schering Plough	Leukämie, Kaposi, AIDS, Genital-Warzen, Hepatitis B + C	572	426	1000
Humatrope	Ely Lilly	Wachstumshormon (Hypophyse)	197	226	400
Protropin	Genentech	Wachstumshormon (Hypophyse)	217	225	500
Roferon	Genentech/ La Roche	Leukämie, AIDS, Krebs	236	NA	800
Recombinate	Genetics/Baxter	Bluterkrankheit FVIII	49	NA	400
Leukine	Immunex	autologe Knochenmarktransplant.	42	NA	200
Proleukin	Chiron	Fortgeschrittener Nierenkrebs	36	NA	100
Actimmune	Genentech	Infektionen, chron. Entzündungen	4,3	NA	49
Pulmozyme	Genentech	Cystische Fibrose	NA	88,3	250
Betaseron	Chiron	Chron. aktive Multiple Sklerose	3,5	>200	650
Kogenate	Bayer/Genetic	Bluterkrankheit FVIII	80	240	600

NA = keine Angabe
Quelle: Forecasting the future for protein drugs, Scrip Magazin, November 1996, S. 54

sender Armut der Erdbevölkerung. Nur durch eine vordergründige Entlastung der Gesundheitssysteme und die permanenten Zuzahlungen der Versicherten lassen sich die extrem teuren Produkte der jüngsten Generation bezahlen.

Von all diesen Entwicklungen unbeeindruckt stiegen Umsatz und Gewinne der Pharmaunternehmen weltweit in astronomische Höhen. Das führte zu einer nie gekannten Kapitalanhäufung und Verlockung, sich durch Zukäufe mit Konkurrenzunternehmen einzudecken, um noch größer und noch mächtiger zu werden. Fachleute schätzen, daß für die wichtigsten Firmenzusammenschlüsse im Pharmasektor zwischen 1993 und 1996 zweistellige Milliarden Dollarsummen über den Tisch gegangen sind – Kaufpreise, die die Pharmamultis zum größten Teil aufgebracht haben, ohne daß sie sich dafür langfristig hätten verschulden müssen. Rechnet man die Zu- und Verkäufe nach den obligaten Aktientransfers hinzu, erhöhen sich die Wertschöpfungen auf dreistellige Milliardenbeträge.

Die Pharma-Multis

Rang	Unternehmen	Sitz der Zentrale	Umsatz	Produkte gegen
1.	Glaxo-Wellcome	GB	12,6	Migräne, AIDS, Magen-Darm
2.	Novartis	Schweiz	10,6	Gentech, AIDS, Transplant
4.	Hoechst, HMR	D/USA	9,1	Diabetes, Rheuma, Gentech
8.	Hoffmann LaRoche	Schweiz	6,8	Gentech, Psychopharm
9.	Smith Kline Beecham	GB	5,5	Magen-Darm, Infektiologie
12.	Pharmacia Upjohn	GB	5,3	Tumortherapie, Infektiologie
15.	Bayer	D/USA	4,5	Gentech, Infektiologie, Herz/Kreislauf

Gentechnologische Firmen mit und ohne Allianzen

- *Amgen Inc, Cal.Thousand Oaks,* mit den Produkten [Wachstumsfaktoren G-CSF, Erythropoietin (Neupogen), TGF Interferon A, BDNF (brain derived neurotrophic factor)] und hohem Eigenkapital.

- *Chiron Inc., Emerville,* mit Produkten [Proleukin (Krebsmed), Herpesimpfstoff, Interferon g-Krebstherapie] im Besitz von Ciba-Geigy (49,9%). Novartis

- *Genetic Therapy Inc. Gaithersburg, Maryland,* [50 zugel. Patente 200 neue Forschungsprojekte Krebs, AIDS, Bluterkrankheit/ 30 Gentherapieprojekte, Gaucher'sche Krankh., Faktor-VIII-Mangel, Faktor-IX-Mangel] zu 100% im Besitz der Sandoz, AG, seit 1996 mit Ciba Geigy = Novartis, Kaufsumme $ 295 Mio

- *Genentech Inc., Cal.,* [Protropin (Wachstum),Activase (Gerinnung), Actimmune (Krebs), Kogenate (Gerinnung), Gentherapie bei Blutkrebs:Thymidin-Kinase-Gen] zu 60% im Besitz von Hoffman-La-Roche, außerdem gehören Roche die Firmen Syntex und Clontech

- *Biogen* (100 neue Produkte, verschiedene Verträge mit anderen Unternehmen) Errechneter Umsatz im Jahr 2000 = US$ 20 Mrd.

Obwohl diese milliardenschweren Transaktionen ganzer Industrien zeigen, daß die Preise, die die Verbraucher für Arzneien zu zahlen haben, entschieden zu hoch sind, gibt es erstaunlich wenig Protest gegen die Ausbeutung der Gesundheitssysteme durch die Industrie. Seit 1993 steigen die Preisvorstellungen der internationalen Pharmakonzerne ins Unermeßliche.

Betrachtet man nur 17 von insgesamt 21 zugelassenen Präparaten aus gentechnologischer Produktion, ist leicht zu erkennen, in welche Dimensionen die künftige Preisentwicklung führen wird. »Geld oder Leben«, das könnte eine der Parolen des Jahres 2000 werden. Die Kosten für die Krankenkassen in den Nichtentwicklungsländern betrugen allein durch die 17 Produkte 1993 = 5.275, 1994 = 5.900 und sollen im Jahr 2000 Größenordnungen von 11.841 Millionen Dollar erreichen.[21]

Würden z.B. alle europäischen Ärzte die Indikationen mit dem *Schering*-Genprodukt Interferon 1b (Betaferon; europäische Zulassung 1995 erteilt) zur Behandlung der Multiplen Sklerose (MS) anwenden, kämen auf die Gesundheitskassen der EG-Länder jährliche Belastungen von etwa 10 Milliarden Mark zu. Im April 1996 haben verschiedene europäische und amerikanische Ärzteorganisationen gemeinsam mit Behörden Richtlinien zur Therapie der MS-Kranken erarbeitet. Grundlage dafür waren die Empfehlungen der American Academy of Neurology und die Zulassungsunterlagen der EU-Behörde. Diese Richtlinien empfehlen einen äußerst restriktiven Umgang mit dem Interferon.

Die Pharmabranche hat natürlich längst begriffen, daß die goldenen Zeiten nicht nachvollziehbarer Preisgestaltungen bei den Verhandlungen mit Behörden vorbei sind. Um dem zu erwartenden staatlichen Preisdiktat zu entgehen, baut die Industrie durch Firmenzusammenschlüsse neue Kartelle und Monopole auf. Die letzten vier Jahre waren durch Mammuthochzeiten und Fusionen geprägt.

Hinter dem Zauberwort strategische Allianzen verbergen sich gemeinsame Forschungs- und Vermarktungsstrategien, die juristisch zwar wie Lizenzen aussehen, in Wirklichkeit aber – da Preisabsprachen getätigt werden – einer Kartellbildung entsprechen. Aus dem unendlichen Paket bekannter und unbekannter Allianzen hier eine Auswahl als Kostprobe der zu erwartenden Preisgestaltungen. Allein in den USA waren 1995 etwa 1.300 Gentechnikunternehmen tätig. Die meisten von ihnen sind kaum lebensfähig und werden in den nächsten Jahren in Konkurs gehen. Selbst große Firmen wie *Synergen, Medimmune* oder *Cortech* befanden sich nach Jahren harter Arbeit 1995 noch immer tief in den roten Zahlen.

Es gibt aber auch viele Bluffer und Scharlatane unter den Newcomerfirmen, die über weniger gute Börsenanalysten und Anlageberater den gutgläubigen Bürgern weltweit über Investment-Fonds das Geld aus den Taschen ziehen. Nicht umsonst wird im Zusammenhang mit der Gentechnologie von Goldgräberstimmung und Aufbruchzeiten gesprochen.

Der Zusammenschluß von Sandoz und Ciba Geigy führte zur Bildung der zweitgrößten gentechnologischen Firma der Welt.

Mitte 1995 befanden sich allein in den USA rund 234 biotechnologische Medikamente in der präklinischen und klinischen Entwicklung. Dies bedeutet, daß seit Anfang 1994 ein Anstieg von 64% nur bei den Neuentwicklungen zu verzeichnen war. Den Hauptanteil der Produkte, die sich hinter diesen Zahlen verbergen, sind unter anderem 70 Krebsmedikamente, 5 Antiallergika, 3 Gerinnungs- und 4 neue Wachstumsfaktoren, 17 Gentherapeutika, 43 Impfstoffe, 69 Monoklonale Hemm- oder Aktivierungsfaktoren, 3 lösliche Rezeptorstoffe, 10 Interferone, 7 Wachstumshormone, 3 zusätzliche, die Gerinnung fördernde Stoffe und diverse Interleukine (Zellbotenstoffe). Mit wenigen Ausnahmen gibt es für jeden neuen biologisch hergestellten Stoff bereits gut wirksame, konventionell produzierte Heilmittel.

Zur Lage »verarmter« deutscher Konzerne

Auch deutsche Konzerne geben gute Beispiele für die Globalisierung. *Bayer* zahlte 1993 über eine Milliarde DM Schulden ab und machte 1,55 Milliarden Mark Rückstellungen, um – steuerlich begünstigt – weltweit als Einkäufer von Ideen und Firmen aufzutreten. Von diesem Geld erwarb der Konzern für 360 Millionen Dollar einen 28,5%igen Anteil des großen US-Generikaunternehmens *Schein* und für weitere 1,4 Milliarden Dollar die amerikanische Pharmafirma *Sterling-Winthrope*.

Bayer verfestigte mit den Zukäufen seine Spitzenposition bei den deutschen Chemieaktien. 1993 ging es der Großchemie »schlecht«. Damals stammten die Gewinne zu 80% aus dem Pharmageschäft. Nachdem sich die Chemiebranche nach 1995 erholt hatte, stiegen ihre Gewinne, und so rutschten die Gewinne aus dem Pharmageschäft relativ gesehen nach unten. Absolut waren sie sogar höher als in den Jahren zuvor. *Bayer* betrieb das internationale Geschäft ebenso wie die anderen Firmen und suchte Allianzen bei gentechnologischen Produkten.

Die amerikanische Tochter, die *Bayer Corporation*, vormals *Miles Inc.*, Pittsburgh, schloß Anfang 1994 ein vielbeachtetes Krebsforschungs- und Entwicklungsprogramm mit der Firma *Onyx Pharmaceuticals*, Richmond/Kalifornien. Man möchte gemeinsam neue niedermolekulare Substanzen gegen Tumoren entwickeln. Rund 40% der Krebsgeschwülste werden durch Produkte entarteter Gene zur ungehemmten Vergrößerung (Krebswachstum) angeregt. Die Entdekkung von Reparaturenzymen oder onkogenen Antikörpern wäre daher ein großer Fortschritt bei der Krebsbekämpfung. *Bayer* finanziert das Programm mit 25 Millionen Dollar und übernimmt die Forschungskosten für die nächsten fünf Jahre. Außerdem erwirbt *Bayer* von *Onyx* für 13,5 Millionen Dollar eine Minderheitsbeteiligung und die Rechte zum weltweiten Vertrieb der Forschungsergebnisse.

Im September 1995 schlossen *Bayer* und die amerikanische Firma *Myriad Genetics Inc.*, Salt Lake City, einen fünfjährigen Kooperationsvertrag auf dem Sektor Molekulargenetik. Dafür zahlt der deutsche Konzern zehn Millionen Dollar für ein Aktienpaket, 25 Millionen Dollar für Forschung über fünf Jahre und weitere 36 Millionen Dollar beim Erreichen neuer Entwicklungsstufen. Von der Firma *Celltech*, der drittgrößten britischen Biotechfirma, erwarb *Bayer* 1995 für 50 Millionen DM einen neuen humanen Tumornekrose-Antikörper CDP 571 zur Behandlung rheumatischer Erkrankungen. Für 500 Millionen Dollar baute der Leverkusener Weltkonzern in West Haven Connecticut ein Forschungszentrum für Krebs- und Genforschung und neue Gebiete wie Infektiologie, Neurologie und Psychiatrie, Atemwege und Stoffwechsel. Im Mai 1995 zog *Bayer-Japan* zwischen Kyoto und Osaka ein neues Forschungszentrum für Virologie und Allergien hoch. Kosten: 250 Millionen Dollar. Außerdem wurden mehrere neue Produktionsanlagen in den USA, Indien und China errichtet.

Den gleichen Weg beschritt die *Hoechst AG*. Der Vorstand kaufte für 7,4 Milliarden Dollar die Pharmasparte der *Dow Chemical Corp*, die *Marion Merrell Dow*, Kansas City und erwarb damit das Know How auf dem gentechnologischen Sektor. In Sommerville New Jersey errichtete der Multi für 27 Millionen Dollar ein Labor für Neurobiologie und erwarb für 50 Millionen Dollar 13% der Anteile der amerikanischen Biotechnologiefirma *Cell Genesys*. Die Reihe des Engagements von *Hoechst* ließe sich noch lange fortsetzen.

Auch die *BASF* darf in dem Konzert nicht fehlen. 1994 investierte der Vorstand für 150 Millionen Dollar in ein Forschungszentrum für Bio- und Gentechnologie in Worchester Massachusetts. Dieser vergleichweise bescheidenen Investition stehen jedoch in anderen Sektoren des Ludwigshafener Konzerns sechs Milliarden Dollar in Asien, insbesondere in China, gegenüber.

Zukunftsaussichten

Die Gentechnologie und die Gentherapie sind ohne Zweifel moderne Verfahren, die die bisherigen Vorgänge der Genetik und Vererbungslehre aus dem Reich des Zufalls in berechenbare Dimensionen verschieben.

Leider sind die meisten gentechnologischen Neuerungen auf dem medizinischen Sektor ökonomisch kontraproduktiv. Es werden zwar mit großem Aufwand an menschlichem Geist und an Spitzentechnologie Hunderte biologischer Substanzen entwickelt, von denen jedoch nur ein Bruchteil die Chance erhalten wird, sich als Medikament auf dem Markt zu behaupten. Auch abseits aller ethisch-moralischen Fragen ist es einfach absurd, daß Heilmittel mit ungeheurem Aufwand entwickelt und anschließend restriktiv verkauft werden, weil sie für mehr als 90% der Weltbevölkerung unerschwinglich sind. Es gibt keine Gesellschaft in der westlichen Welt, die in der Lage wäre, die neuen Entwicklungen auf Dauer zu bezahlen. Den regelmäßig getanen Schwur der Pharmabranche, daß die Gentechnologie demnächst billige Arzneien für alle bereitstellt, sollte man als taktisches Gerede zur Seite legen.

Die Gentechnik steckt voller Risiken und juristischer Probleme: Wie will ein Konzern wie *Monsanto* reagieren, wenn auch nur 0,1% der Verbraucher nach jahrelangem Milchgenuß von r-BST-behandelten Kühen an Krebs erkrankt? Wie will die Herstellerfirma das Risiko minimieren, daß Menschen chronisch verlaufende Typhusinfektion (Salmonellose) durch die zusätzliche Antibiotikagabe erwerben könnten oder daß sie aufgrund bakterieller Resistenzen vermehrt Virusinfektionen erleiden?

Vorstellbar ist auch, daß Kinder infolge von Milchgenuß nach zehn oder zwanzig Jahren an einem Prionenleiden erkranken, das – ähnlich der BSE-Veränderung im Gehirn oder der Alzheimerschen Degeneration – im Alter von 30 oder 40 Jahren zu Siechtum und frühem Tode führt.

Viele dieser Fragen sind bislang unbeantwortet. Die bisher vorliegenden klinischen Prüfungen sind in der Regel unzureichend und toxikologische Untersuchungen an Tieren können sie nicht schlüssig beantworten. Auch transgene Tiere bringen die Wissenschaft nicht weiter. Diesen Wesen, meist Hamstern und Mäusen, pflanzt man ein krankes Gen in ihr Erbgut ein, um einen der Humanpathologie entsprechenden Zustand zu erzeugen. Solche Tiere sind zwar geeignet, punktuell ein neues Medikament zu testen, können aber die vielen offenen Fragen, die ein mehrfach kranker Mensch (z.B. Bluthochdruck, Fettsucht, Herz- und Kreislaufkrankheit, Gedächtnisschwund etc.) aufwirft, nicht beantworten.

Selbst »Auslaßversuche« bei sogenannten Knock-out-Tieren, Lebewesen, denen man gezielt ein oder mehrere Genome entfernt hat, bestätigen, daß die Änderung eines Gens oder dessen Ausschaltung noch lange nicht mit dem klinischen Bild einer Krankheit vergleichbar ist. Die Natur hat in ihrer Evolution dafür gesorgt, daß nicht nur zahllose Genkopien vorhanden sind, sondern auch sogenannte »allele« Gene, das sind Sicherungskopien der Haupterbanlagen, die im Notfall dafür sorgen, daß der Ausfall des Hauptgens nicht zum Zusammenbruch des ganzen Systems führt.

Natürlich gibt es auch positive Effekte. Mit zunehmendem Wissen auf dem Gebiet der Immunologie und Krebsentstehung könnten durchaus wirkungsvolle Eiweißkörper gefunden werden, die einen Nutzen für Kranke einbringen würden. Die Wissenschaft lernt durch die neuen Techniken mehr über den Aufbau von Meßfühlern* und Anheftungsstellen von kranken Zellen (Rezeptoren). Mit Hilfe solcher Erkenntnisse ließen sich mit den Methoden des »molecular modeling« chemische Substanzen nachbauen, die man schneller und billiger entwickeln könnte und die für jedermann zugänglich und bezahlbar wären. Insofern erscheinen die riesigen Investitionen in die Genomanalyse noch einigermaßen gerechtfertigt zu sein – vorausgesetzt, daß man für eine strenge öffentliche Kontrolle sorgt.

Der kranke Mensch jedoch wird von der Industrie rigoros zum Testobjekt gemacht, und sogenannte Ethikkommissionen geben ihr Einverständnis dazu. Bisher hängen der Gentechnologie daher vor allem die drei »U« an: Sie ist unkontrollierbar, unkalkulierbar, unbezahlbar.

---

* Biologische Meßfühler sind sog. Rezeptoren, die z.B. auf der Zelloberfläche einer jeden Zelle eines hochspezialisierten Organismus sitzen. Sie entscheiden, ob es zu warm, zu trocken, zu schwer ist oder ob es sich um ein artfremdes Gewebe handelt.

Kapitel 10
Pessimistische Aussichten?

Im Februar 1998 äußerte ein hochrangiger Teilnehmer einer Diskussion im Nachrichtensender *ntv*, daß er überzeugt sei, die Berliner Gesundheitsbehörde würde ein Medikament sofort vom Markt entfernen, wenn der Verdacht bestünde, daß es krebserregend ist. Daß diese Vorstellung falsch ist, weiß jeder Insider, und ich habe es in diesem Buch mit zahllosen Beispielen belegen können, der gutgläubige Bürger jedoch ist weiterhin davon überzeugt, daß eine »Gesundheitsbehörde« die Menschen vor krankmachenden Arzneimitteln sicherlich schützen wird.

Die Bundesrepublik Deutschland ist seit ihrer Gründung 1949 permanent in Gefahr, ihr Ruf als demokratisches Land zu verlieren. Reformunfähigkeit und das jahrzehntelange Festhalten an überkommenen Strukturen und Rechten für kleine privilegierte Gruppen führen auch im Gesundheits- und Sozialwesen zu immer mehr Ungerechtigkeiten, die vor allem die Bezieher niedriger Einkommen treffen und fast die Grenze der Verfassungswidrigkeit erreichen. Nutznießer des Streites der politischen Parteien sind bestimmte Branchen der Großindustrie und hier ganz besonders die Pharmaunternehmen.

Unterstützt von vielfach sachunkundigen Politikern verschiedenster Richtung wurde aus den Arzneimitteln ein kostspieliges und überteuertes Wirtschaftsprodukt, das weniger Kontrollen unterliegt als das Auto, welches wenigstens vom Technischen-Überwachungs-Verein (TÜV) gründlich getestet, geprüft und mit einem Gütesiegel versehen wird. 80% unserer Medikamente sind nach dem »Stand des Wissens« unwirksam oder gar schädlich, sie alle würden keinen TÜV-Stempel erhalten. Nichts geschieht, um diese seit 20 Jahren bekannten haltlosen Zustände zu ändern. Trotz ausreichend vorhandener Gesetze fehlt es an politischem Willen und nicht selten auch an fachlicher Kompetenz, sie regulär anzuwenden und durchzusetzen.

So gibt es viele Pharmaunternehmen – nach grober Schätzung etwa 30% von mehr als 500 Herstellern –, die, ohne ein einziges, regulär nach dem Arzneimittelgesetz zugelassenes Produkt in ihrer Verkaufspalette zu besitzen, hohe Millionenbeträge an Umsatz und Gewinn mit »fiktiv zugelassenen Arzneimitteln« machen. Sie dürfen dies aufgrund eines Gesetzes, das mit Blick auf die Europäische Union bis zum Jahre 2004 »umstrittene Arzneimittel« und andere Produkte, die sich Heilmittel nennen dürfen, auf dem deutschen Markt beläßt, ohne daß ihre Hersteller deren Wirksamkeit und Sicherheit nachweisen müssen. Volkswirtschaftlich handelt es sich um ein beachtliches Potential. Mit sieben Milliarden Mark verursachen sie mehr als ein Drittel der Kosten im verschreibungs- und erstattungspflichtigen Sektor der gesetzlichen Krankenkassen. Dazu kommen noch jene Produkte – alles Heilmittel im gesetzlichen Sprachgebrauch –, die in den Apotheken zu Höchstpreisen frei käuflich sind, und deren Wirkung teilweise ebenfalls mehr als fragwürdig ist.

Angesichts solcher Zustände wiegt es besonders schwer, daß niemand von denen, die Verantwortung und Wissen besitzen, dagegen protestiert: Weder Ärzte noch Apotheker, schon gar nicht Politiker und verantwortliche Bundes- und Landesminister erheben ihre Stimme gegen diese gesundheitsschädigenden Potentiale oder tun gar etwas dagegen. Ansätze für ein Ende dieser Ungereimtheiten sind nicht erkennbar.

Unsere Behörden, bewußt oder unbewußt kontraproduktiv gegeneinander agierend, bestehen auf Landes- und Kreisebene aus kleinen schwachen Institutionen, denen oft Kompetenz und Realitätsbewußtsein für ihre Aufgaben fehlen. Was kann schon eine Behörde mit einer Handvoll Mitarbeitern in einem Land wie Nordrhein-Westfalen gegen mehr als einhundert Pharmaunternehmen ausrichten? Mit welchen Mitteln werden diese wenigen Behördenmitarbeiter ausgestattet, die jährlich Tausende »klinische Prüfungen« und die Nachmarktkontrolle von 30.000 oder 40.000 Spezialitäten überwachen und dann noch Anordnungen durchsetzen sollen? Solche Ämter haben eher eine Alibifunktion und werden von der Industrie und einschlägigen Politikern zudem noch zynisch hofiert und in ihrer Ohnmacht »getragen«. Gesundheit wird zur Handelsware, Menschenleben entartet zum zufälligen Glückszustand.

Während in einigen anderen Ländern den öffentlichen Gesundheitsdiensten eine wichtige Kontrollfunktion für den Arzneimittelsektor zugebilligt wurde, haben in Deutschland die Kassenärztliche Vereinigung und ihre Protagonisten aus der pseudoliberalen Politikerecke aller Parteien dazu beigetragen, den früher auch hier beispielgebenden öffentlichen Gesundheitsdienst zu zerschlagen. Den Kassenärzten wurden seit 1954 mehr und mehr Rechte auf eine medizinische »Totalversorgung« der Menschen zugebilligt. Dabei vergaß die Gesetzgebung, daß damit praktisch auf die Arbeit der übrigen 60% der Ärzteschaft verzichtet, respektive diese beinahe mundtot und rechtlos gemacht wurde.

35% der abrechnungsberechtigten, kassenärztlich vereinigten Ärzte und Chefärzte in den Krankenhäusern beherrschen mit überkommenen und teilweise unlauteren, die Berufsstandsregeln verletzenden Methoden – wie die Beispiele im Saarland zeigen – nicht nur ihre eigenen Mitglieder, sondern koalieren mit Behörden und Unternehmen der Gesundheitsanbieter gegen die Patienten. Die Selbstverwaltung der Ärzteschaft, so wie sie in ihrer Mehrheit agiert, ist denn auch eher ein Selbstbedienungsladen in Sachen Einkommenssicherung als eine Institution, bei der es um verantwortliche Selbstkontrolle geht.

Die Konsequenz ist, daß bei Arzneimitteln die notwendige ärztliche Kontrolle ausfällt. Ärzte, die in der Pharmaindustrie arbeiten, müssen aus existentiellen Gründen schweigen. Sie finden in ihren Standesorganisationen keine Unterstützung. Im Gegenteil. Die den Staat tragenden Parteien planen zwar den großen Lauschangriff, tun aber nichts für Menschen, die den Mut aufbringen, öffentlich gegen Korruption aufzutreten und Straftaten in ihren Arbeitsbereichen bekanntzumachen.

Wenn in Deutschland die Demokratie gestärkt werden soll, muß man Rechtsschutzprogramme für Menschen stärken, die den Mut haben, auch unangenehme Nachrichten zu verbreiten und sich damit im Gegensatz zum Interesse »ihrer« Firma befinden. Solange in Deutschland mutige Bekenner und Aufdecker als »Nestbeschmutzer« bezeichnet werden, wie es bei allen großen Arzneimittelskandalen der Fall war, ist es mit der Demokratie jedenfalls nicht weit her.

Wen wundert es vor diesem Hintergrund, daß Ärzte in der Pharmabranche ihre eigenen ethischen Prinzipien mit der Unterschrift unter den Anstellungsvertrag vorrübergehend oder dauerhaft an den Nagel hängen und Loyalität mit den Geschäftsleitungen zeigen. Daß sie damit gegen Berufsethos und ärztliche Verantwortung gegenüber dem Verbraucher und Patienten verstoßen, kann ihnen niemand verübeln. Unser Staat läßt dies zu.

Die Apothekerschaft – auch hier dominieren die Vertreter der 20.000 organisierten Besitzer privater Apotheken – ist an einer Änderung der Zustände ebenfalls nicht interessiert. Die Abschaffung der »Vielfalt an Therapie«, das Verbot des Verkaufs »umstrittener Arzneimittel« und die Eingrenzung ausufernder Selbstmedikation richten sich gegen ihre Interessen und bedeuten, unterstellt, sie würden umgesetzt, Umsatzeinbußen.

Damit wird Deutschland zum Aktionsfeld für internationale Pharmakonzerne. Neben den Ärzten wären die gesetzlichen Krankenkassen die einzige Institution, die für die Rechte der Versicherten eintreten könnten. Sie tun es jedoch nicht, denn sie sind zerissen, gespalten und von zu vielen Interessenverbänden und politischen Parteien beeinflußt. Erst die Schaffung einer einheitlichen gesetzlichen Krankenkasse, die – effektiv und rationell strukturiert wie ein Großunternehmen – nach Bundesländern organisiert werden müßte, könnte Abhilfe schaffen. Aktuell etwa 500 verschiedene Pflichtkrankenkassen lassen dagegen kaum Möglichkeiten, den Markt für die überteuerten Waren aller Anbieter im Gesundheitswesen zu bereinigen. Solange Arzneimittelpreise von der offiziellen Ärzte- und Apothekerschaft, den Pharma- und Krankenkassenverbänden nach dem Motto »man kennt sich, man schätzt sich, man tut sich nichts« geheim ausgehandelt werden, wird es keine wesentlichen Änderungen geben.

In Großbritannien mischen sich Gerichte nicht in Entscheidungen der Medical Control Agency (MCA) bei der Beurteilung von Wirksamkeit, Risiken und Sicherheit von Medikamenten ein. Bei uns dagegen stellen sich die Verwaltungsgerichte auf die Seite der Hersteller und engen selbst die Spielräume sachkompetenter Behörden erheblich ein. Eine derartige Verletzung behördlicher Aufgaben durch Juristen hat mit Rechtsstaatlichkeit wenig zu tun. Nahezu systematisch wird an einer Minimierung der Produkthaftung im Gesundheitssystem gearbeitet. Ärzte, Behörden und Pharmaindustrie haften nicht oder nur unzulänglich für ihre Fehler, auch wenn sie grob fahrlässig geschehen sind. Die dargestellten Beispiele des Contergan-Skandals und der HIV-infizierten Blutplasmaprodukte haben gezeigt, daß die Schadensfolgen hierzulande dem Steuerzahler aufgebürdet werden. Während im Ausland die Pharmaindustrie für ihre Fehlentwicklungen bei Blutprodukten mehrere Milliarden Dollar Schadensersatz zahlen mußte, waren es in Deutschland keine 250 Millionen Mark, die die verantwortlichen Unternehmen sozusagen aus ihren Portokassen nahmen.

Die Pharmabranche verfügt in Deutschland über exzellente Bedingungen. Dennoch vermitteln ihre Verbände und Sprecher in der Öffentlichkeit unentwegt den Eindruck, eingeengt, beschnitten und gemaßregelt zu werden. Richtig an ihrer Kritik von Gesetzgebung und Behörden ist allenfalls, daß die Zulassungsbedingungen von Medikamenten verbessert werden könnten, wobei sie jedoch weniger die Interessen der Verbraucher im Sinn haben dürften. Steuern, Produkthaftung, Patentlaufzeiten und staatliche Preisgestaltung sind dagegen hervorragend in ihrem Sinne geregelt. Die exorbitanten Gewinne sprechen eine beredte Sprache. Viele Pharmaunternehmen drängen an die Börse und/oder horten soviel Geld auf ihren Konten, daß sie sich weltweit in andere Unternehmen einkaufen können – auf Kosten der staatlich eingetriebenen Gelder für gesetzliche Krankenkassen, Pflege- und Unfallversicherungen.

Wer will da noch bestreiten, daß es der deutschen Pillenindustrie hervorragend geht. Aufgrund ihres »Know-hows« im Export findet man die Pharmaindustrie der Bundesrepublik noch immer unter den ersten drei Plätzen der Welt. Daß die Pillenkonzerne dafür mehr als 30% der hiesigen Arbeitsplätze abgebaut haben – und dies trotz höchster Zuwächse der Rendite –, zeigt, daß auch bei ihnen der »Shareholder Value« höher im Kurs steht als die Verantwortung gegenüber Mitarbeitern und Verbrauchern.

Henry Ford – der bekannte Automobilindustrielle aus den USA – sagte einst: »Autos kaufen keine Autos«. Auf die Pharmabranche bezogen heißt dies: »Medikamente kaufen keine Arzneien«, auch wenn sie noch so gut und gentechnisch noch so einwandfrei hergestellt wurden. Die Branche bewegt sich weltweit am Rande rücksichtsloser Ausbeutung und Erpressung der Sozialsysteme. Daß dabei auch die von der allfälligen Rationalisierung betroffenen Mitarbeiter mit »vorzeitiger Pensionierung« oder langdauernder Arbeitslosigkeit Würde und Selbstachtung einbüßen, soziale Folgeprobleme zu bewältigen haben und nicht selten auch gesundheitlich anfälliger werden, interessiert die Konzernlenker bei ihren »Lean Management«- und »Shareholder Value«-Marotten nicht, denn auch für diese Probleme haften sie nicht selbst, sondern können die Folgekosten der ganzen Gesellschaft aufhalsen.

Daß dies so ist, dafür tragen nicht vorrangig die Pharmafirmen die Verantwortung. Wer will schon jemanden dafür verurteilen, daß er gemäß dem Grundprinzip unseres Wirtschaftssystems handelt: Wenn jeder seine eigenen Interessen verfolgt, nutzt das dem Gemeinwesen. Nein, daß das Pharmakartell in diesem Land fast schalten und walten kann, wie es will, ist politisch gewollt! Es sind die Politiker der Regierungsparteien von CDU/CSU und FDP, aber auch Vertreter der Oppositionspartei SPD, die so eng mit Ärzten, Apothekern und der Pharmabranche liiert sind, daß ihnen eine höhere Belastung der Steuerzahler mit dem Rechtsstaat besser vereinbar erscheint, als den Club der Milliardäre zur Kasse zu bitten. CDU/CSU, FDP und auch die SPD sehen offenbar wenig Grund, die bestehenden Ungereimtheiten zu ändern, jedenfalls läßt sich ein solches Bestreben in ihren programmatischen Äußerungen nicht entdecken.

Wenn man die Mißstände im Gesundheitswesen ändern will, muß man die folgenden Vorschläge politisch angehen. Sie ergeben sich aus den Analysen und Fällen, die in diesem Buch dargestellt wurden – sie liegen sozusagen auf der Hand:

- Stärkung der gesundheitspolitisch-ökonomischen Aspekte von Nutzen und Risiko bei Arzneimitteln durch wirtschaftlich geführte staatliche Institutionen.
- Konsequente Durchsetzung des Arzneimittelgesetzes. Im Vordergrund müssen Sicherheit und Nutzen für die Patienten stehen.
- Ungeprüfte Medikamente, die weder ihre Wirksamkeit noch Sicherheit nachgewiesen haben, müssen vom Markt entfernt werden. Solche Arzneien verlieren ihre Erstattungspflicht durch die Krankenkassen.
- Reduktion des Überangebots an pharmakologisch gleichartigen Präparaten. Stärkung der Möglichkeiten von Krankenkassen, die Erstattung unwirksamer Arzneimittel zu verweigern.
- Einführung von Positivlisten und, falls notwendig, auch Negativlisten. Beschränkung der erstattungsfähigen Arzneimittel auf maximal 5.000 Präparate.
- Verbesserung der Arbeits- und Leistungsfähigkeit der Zulassungsbehörden – nicht durch mehr juristische Aufsicht, sondern durch Einsetzung eines erfahrenen Managements und neuer Organisationsstrukturen.
- Zulassung von Medikamenten nur noch nach einem umfangreichen Nachweis der »Sicherheit« neuer Produkte. Abschaffung der

Nachmarktprüfungen von zugelassenen Arzneien auf Kosten der Krankenkassen und der Gesundheit der Patienten.

■ Offenlegungspflicht der Pharma-Anbieter für Forschungskosten und indirekter Werbungs- wie Marketingkosten bei der Preisfestsetzung.

■ Festsetzung von Arzneimittelfestpreisen im Zwei-Jahres-Zyklus. Hohe Einführungspreise müssen unabhängig von laufenden Patentfristen regelmäßig reduziert werden (Japanisches Modell).

■ Preisfestsetzungen durch Vertreter von Gesundheitsbehörde, Wirtschaftsministerium und Krankenkassen. Ärzte, Pharmaindustrie, Apotheker, Patienten haben ein Recht auf Anhörung, aber kein Zustimmungsrecht.

■ Das neu organisierte Bundesinstitut für Arzneimittel und Medizinalprodukte (BfArM) muß Ärzten, Apothekern und Patienten in kürzester Zeit Daten über Risiken und Nebenwirkungen und bisher nicht veröffentlichte Vorfälle während der klinischen Prüfung, der Toxikologie und der Sicherheitspharmakologie mitteilen.

■ Umgestaltung des BfArM zu einem Stab sachkundiger Experten mit umfassenden Kompetenzen als unabhängige Instanz – zu Lasten des juristischen Wasserkopfes. Ausweitung der Befugnisse des BfArM im Gefahrenfall.

■ Einführung und Verfolgung der Produkthaftung für Hersteller. Nachweispflicht für die Industrie, wobei für den Anspruchsteller der Anscheinsbeweis genügt.

■ Keine Ausweitung der Selbstmedikation mit hochwirksamen Medikamenten.

■ Konsequente Rückrufaktionen schädigender Produkte. Keine Verbote von Arzneien ohne sofortige Rückholung aus den Verteilern.

Kaum jemand wird wissen, daß diese Forderungen in dieser Konsequenz und Ausführlichkeit – eingebunden in ein gesundheitspolitisches Gesamtkonzept – bereits artikuliert wurden: in einem Papier der PDS-Fraktion im brandenburgischen Landtag. Dort hat man sich Gedanken über die Eckpunkte eines an den Interessen von Patienten orientierten Gesundheits- und Sozialprogramms gemacht, das man bei den anderen Parteien – mit Ausnahme von Bündnis 90/Die Grünen – vergeblich sucht.

Auf dem Wirtschaftsgipfel 1998 in Davos wurden die ersten kompetenten Stimmen laut, die dem Irrglauben an die »Globalisierung« absagten oder der These von der »Größe um jeden Preis« widersprachen. In Deutschland hört man davon noch wenig. Hier bewegen wir uns eher in Richtung der Verhältnisse zwischen 1928 und 1930, mit dem dazugehörigen politischen Klima zugunsten der rechtsradikalen Parteien und Wählergruppierungen. Es ist zu befürchten, daß auch hier bald wieder der Ruf nach »Recht und Ordnung« alles übertönt, den dann später – wenn die Katastrophe da ist – keiner getan haben will. Und während die »Asienkrise« – Ausdruck eines »freien, ungezügelten, unkontrollierbaren« Kapitalismus – die Nachteile des gegenwärtigen Wirtschaftssystems offen zu Tage fördert, begnügt man sich in diesem Land damit, noch immer (acht Jahre nach der Vereinigung) den Sieg über einen Sozialismus zu feiern, der ineffektiv war und bei dem vieles im argen lag, der aber immerhin keine Massenarbeitslosigkeit kannte und dem selbst grimmige Feinde zugestehen müssen, daß die Sozialsysteme auch ohne Zehntausende von Arzneiprodukten funktionierten.

Die schwerste Krankheit unserer Gesellschaft ist die Arbeitslosigkeit. Entweder sie kann sie besiegen oder sie wird ihr erliegen. Eine Heilung ist nur möglich durch solidarische Anstrengungen. Ein solidarischer Weg zur Beseitigung der Arbeitslosigkeit – der ohne eine erhebliche Beteiligung der Vermögenden und Besserverdienenden dieses Landes nicht gangbar ist –, wird allemal billiger und sicherer sein als ein gewaltsamer oder sogar kriegerischer Exitus. Diesen zu vermeiden, unterstellt allerdings, daß der Teil der deutschen Gesellschaft, der in der Allmacht des Egoismus und des Geldes die Zukunft des Landes sieht, eines Besseren belehrt oder aber in die Minderheit gedrängt wird. Bei sonst eher pessimistischen Aussichten bin ich in dieser Hinsicht Optimist.

Anmerkungen

Anmerkungen zu Kapitel 1: Das Palaver von Ethik und Sicherheit

[1] Umwelt: Wechsel bei Hoechst, *Der Spiegel*, 37, 1996, 192
[2] Johnson, J.A. and J.L.Bootman, Drug-Related Morbidity and Mortality, *Arch. Intern. Med./Vol.* 155, 1995, 1949
[3] Schönhöfer, Peter, Schwere arzneimittelbedingte Erkrankungen, *Klinik der Gegenwart,* Juni 1995, XVI, 10, 1

Anmerkungen zu Kapitel 2: Contergan, das unsterbliche Wundermittel

[1] Schwarzhaupt. Durch Contergan geschädigt, *Der Spiegel*, Nr. 39, 26, 1962
[2] Ein rechtlich vertretbarer Weg, *Der Spiegel*, Nr. 5, 1970, 47 und dpa 1994
[3] Forth, W., D.Gericke, Von Menschen und Pilzen, *Deutsches Ärzteblatt* 92, Heft 16, 1995, C-752
[4] ebenda, C-755
[5] Contergan. Rechnung ohne den Wirtz, *Der Spiegel*, Nr. 8, 1963, 37
[6] Lenz, W., A Short History of Thalidomide Embryopathy, *Teratology* 38, 1988, 203
[7] Brent, R.L./L. B. Holmes, Clinical and Basic Science Lessons From the Thalidomide Tragedy, *Teratology* 38, Nr. 3, 1988, 241
[8] Industrie, Contergan, *Der Spiegel*, Nr. 8, 1963, 37
[9] Ancel, P., La Chimioteratogénèse. Réalisation des Monstruosités par des Substances Chimiques chez les Vertébrés, Part. Encyclopédie scientifique publiquée, *Doin*, Paris, 1950, 397
[10] Willis, R.A., The Borderland of Embryology and Pathology, Butterworth, London, 1958, 627
[11] Lenz, W., A Short History of Thalidomide Embryopathy, *Teratology* 38, 1988, 203
[12] ebenda, 204
[13] ebenda, 204/5
[14] Gefahr im Verzuge, *Der Spiegel* 49, 1962, 80
[15] ebenda, 81
[16] ebenda, 83
[17] ebenda
[18] Lenz, W., A Short History of Thalidomide Embryopathy, *Teratology* 38, 1988, 204
[19] ebenda, 205
[20] Gefahr im Verzuge, *Der Spiegel* 49, 1962, 75
[21] Arzneimittelgesetz (Erste Fassung), *Bundesgesetzblatt* I.S., 1961, 533
[22] Rückspiegel: Zitat »Süddeutsche Zeitung«, *Der Spiegel* 3, 1962, 66
[23] Gefahr im Verzuge, *Der Spiegel* 49, 1962, 86
[24] ebenda, 79
[25] ebenda, 86
[26] Memorandum: Zur Verbesserung der Erfassung unerwünschter Arzneimittelwirkungen in der Bundesrepublik Deutschland, *Klinische Pharmakologie aktuell* 5, 1, 1994, 16
[27] Schuler, U., G. Ehninger, Thalidomide: Rationale for Renewed Use in Immunological Disorders, *Drug Safety* 12, 6, 1995, 364
[28] FDA expands orphan drug status of Celgen's thalidomide, *SCRIP*, N 2037, 1995, 27
[29] FDA warns AIDS clubs on thalidomide, *SCRIP*, N 2061, 1995, 15

Anmerkungen zu Kapitel 3: Der AIDS-Skandal

[1] Zweite Beschlußempfehlung und Schlußbericht des 3. Untersuchungsausschusses nach Artikel 44 des Grundgesetzes, *Drucksache* 12/ 8591 vom 25.10.1994

[2] Zweite Beschlußempfehlung und Schlußbericht des 3.Untersuchungsausschusses nach Artikel 44 des Grundgesetzes, *Drucksache* 12/ 8591 vom 25.10.1994, Brief von Ed Cutter an Cutters leitende Mitarbeiter. Betr. AIDS vom 29.12.1982, 78

[3] Klaus Schimpf, Langzeitwirkungen der chronischen Hepatitis, *Gelbe Hefte* (Behring-Werke, Marburg) 22, 1980

[4] Ärzteaufruf 24.12.1984, *Der Spiegel* 51, 1984

[5] HIV-Infektionsgefährdung durch Blutprodukte: Plasmapräparate (eine Faktensammlung), Bundesverband der Pharmazeutischen Industrie e.V., Frankfurt/Main 22.11.1993

[6] Klein, Rita, AIDS-Tragödie im Bonner-Zentrum, *General Anzeiger,* Bonn, 24.11. 1993, 3

[7] Zweite Beschlußempfehlung und Schlußbericht des 3. Untersuchungsausschusses nach Artikel 44 des Grundgesetzes, *Drucksache* 12/ 8591 vom 25.10.1994, Landbeck Absage, 206

[8] Ebenda, 7

[9] Dokumentation zur Infektionsgefährdung durch Blutprodukte, *arznei-telegramm* 12, 1993, 128, und Zweite Beschlußempfehlung und Schlußbericht des 3. Untersuchungsausschusses nach Artikel 44 des Grundgesetzes, *Drucksache* 12/8591 vom 25.10.1994, Der »Bonner Patient«, 125

[10] Fiedler, Harald, AIDS-Untersuchungsausschuß und die Folgen. Gefährliche Weichenstellung für die ärztliche Tätigkeit, *Dtsch. Ärztebl.* 92, 17, 1995, C-796

[11] Zweite Beschlußempfehlung und Schlußbericht des 3. Untersuchungsausschusses nach Artikel 44 des Grundgesetzes, *Drucksache* 12/ 8591 vom 25.10.1994, Zivilprozeß gegen Prof. Dr. Egli, Dr. Brackmann und das Land Nordrhein-Westfalen, 206ff.

[12] Niederschrift-Direktprotokoll nach VHS Aufzeichnungen, *CNN Morning News,* CNN-TV, November 11, 1993

[13] Schmiergeld, Schweigegeld, Schmerzensgeld, *Frankfurter Allgemeine Zeitung* 66, 18.3.1996, 11; Plot thickens in Japan blood affair, *SCRIP*, N° 2108, March 2, 1996, 17; Pharmaindustrie: Teurer als Gold, *Publik-Forum, Zeitung kritischer Christen, Report* , Nr. 9, 1994; Deutsche Arroganz: Bayer Konzern gefährdet den Standort Japan, *taz*, 9.3.1996; Blume, Georg, Konzern bestreitet Mitschuld am HIV-Skandal, *Die Zeit,* 15.3.1996

[14] Kern, J.M., B.B. Croy, A review of transfusion-associated AIDS-litigation: 1984 trough 1993, *Transfusion* 34, 1994, 484

[15] Zweite Beschlußempfehlung und Schlußbericht des 3.Untersuchungsausschusses nach Artikel 44 des Grundgesetzes, *Drucksache* 12/ 8591 vom 25.10.1994, Angebot für ein vorläufiges, flächendeckendes Blutspender-Screening, 144

[16] HIV-Infizierungen durch Blutprodukte – Allein 712 Nennungen für IMMUNO, *arznei-telegramm* 2, 1994, 17

[17] Nebenwirkungen durch Blutpräparate, Unterredung im BMG 5.10.1993, Im Auftrag Prof. Dr. A.G. Hildebrandt, *Bundesgesundheitsamt* Gesch.Z. G-7251-00-75892/93 vom 7.10.1993

[18] Blutprodukte: Schwere Schuld, *Dtsch. Ärztebl.* 91, 46, 1994, C-1989

[19] Zweite Beschlußempfehlung und Schlußbericht des 3.Untersuchungsausschusses nach Artikel 44 des Grundgesetzes, *Drucksache* 12/ 8591 vom 25.10.1994, Rechtsgutachten von Prof. Dr. Dieter Hart, 510 ff.

[20] Meichsner, Irene, Erschreckende Bilanz des Blut-Skandals, *Kölner Stadt Anzeiger*, 260, 1994, 4

[21] HIV-kontaminierte Blutprodukte, Opfer sollen pro Monat 1000 bis 3000 Mark erhal-

ten, *Ärzte-Zeitung,* Neu Isenburg, 8.5.1995

[22] Caspari, G., H.J. Eggers, W.H. Gerlich, Virussicherheit von Blut- und Blutprodukten. Was kann verbessert werden? *Dtsch. Ärztebl.* 90, Heft 50, 17.12.1993

[23] Tolle, T., M. Roggendorf, Die Bedeutung der Polymerase-Kettenreaktion in der Diagnostik von Virusinfektionen, *Immun. Infekt.* 21, 6, 1993, 165

Anmerkungen zu Kapitel 5: Die Glaubwürdigkeitskrise der Pharmabranche

[1] Arzneimittelausgaben 1995, *Deutsches Ärzteblatt* 93, 14, 1996, C-618

[2] Torbat, Joan, Upturn in world pharma market growth, *SCRIP Magazin,* January 1966, 36

[3] Pharma-Unternehmen rechnen mit Umsatzplus, *Frankfurter Allgemeine Zeitung,* 26.1.1996

[4] Arzneimittelhersteller kritisieren die Festbetragsregelung, *Frankfurter Allgemeine Zeitung* 224, 26.9.1995, 22

[5] Griffin, J., The madness of industry's mega-mergers, *SCRIP Magazin* May 1996, 10

[6] Carl Duisbergs Vision, Belegschaftsinfo, *Information der Belegschaftsliste,* 62, 1995, 1

[7] Diktat der Krise, *Wirtschaftswoche,* 12, 1995, 75

[8] »BASF erwartet 1996 eine weiterhin günstige Konjunktur«, *Frankfurter Allgemeine Zeitung,* 266, 10.11.1995, 22

[9] »Momentane Krise«, *Wirtschaftswoche* 44, 27.10.1995, 22

[10] Top Pharma R&D Spenders (Millionen Pounds), *SCRIP,* N 2048, Aug. 4th, 1995, 10

[11] Drews, J., Innovationsmangel in der Pharmaindustrie, *Frankfurter Allgemeine Zeitung,* Nr. 201, 30.8.1995

[12] National Cancer Institue and Food and Drug Administration, Profile of high risk research, *Drug Information Journal,* Vol 30, 1995, 1087

[13] Pharmaindustrie will kürzere Pillen-Tests, *General Anzeiger Bonn,* 6./7.12.1997

[14] Biotech sales to top $20 billion in 2000? *SCRIP,* N 2096, 1996, 11

[15] Berlex sues FDA to block Biogen rival, *SCRIP,* N 2125, 1996, 9

[16] Couper, M. R., Prescribing – a global perspective, *Drug Information Journal* 23, 1995, 599

[17] Pharmaindustrie: Kleine Stiche, *Wirtschaftswoche* 15, 1994, 70

[18] Wyse, R., Outsourcing – a growing force in health economics, *SCRIP Magazine,* May 1996, 40

[19] Clinical trials update: SuperGen's anti-obesity drug, RF-1051, *SCRIP,* N 2125, 1996, 22

[20] Schwartz, H., Drug development discouraged – the Schwartz view, *SCRIP Magazine,* May 1996, 23

Anmerkungen zu Kapitel 6: Konrolle wäre besser

[1] In defence of the FDA, Editorial, *The Lancet* 346, 1995, 981

[2] Hopf, Günter, Zur Arzneimittelsicherheit in Deutschland, *Rheinisches Ärzteblatt* 11, 1995, 9

[3] Zur Therapie mit Beta-Interferon 1b bei Multipler Sklerose, *Deutsches Ärzteblatt* 93,15, 1996, C-706

[4] Zweite Beschlußempfehlung und Schlußbericht des 3. Untersuchungsausschusses nach Artikel 44 des Grundgesetzes, *Drucksache* 12/ 8591 vom 25.10.1994

[5] 37. Routinesitzung der Stufenplanbeteiligten, 28.11.1995, Berlin, *VFA Infobrief,* F&E

Nr. 7, 1995,1

[6] *Arznei-telegramm* 7, 1987, 63

[7] Schönhöfer, Peter S., Schwere arzneimittelbedingte Erkrankungen, Klinik der Gegenwart, Juni 1995, Bd. XVI, 10, 1

[8] Jahresmitteilungen des BfArM und der Verbände. Stand der UAWs 1993-1996

[9] Eckert, Peter, Studie des Bundesverbandes der Pharmazeutischen Industrie, Verzögerungen bei der Zulassung von Alt- und Neuprodukten 1988 (unveröffentl. Daten des BPI 1989)

[10] Der Forschungsstandort Deutschland muß attraktiver werden, *Frankfurter Allgemeine Zeitung*, 6.3.1996

[11] bpi service gmbh – infodienst vom 18.9.1997

[12] FDA in the spotlight, *SCRIP Magazine*, January 1996, 19

[13] Kennedy and Pryor fight FDA reform, *SCRIP*, 2137, 1996, 17

[14] Jill Wechsler, Change Ahead for Clinical Research, *Applied Clinical Trials*, January 1996, 17

[15] FDA in the spotlight, *SCRIP Magazine*, January 1996, 19

[16] Dow Chemicals muß Schadensersatz für Silicon-Implantate zahlen, *Frankfurter Allgemeine Zeitung*, 31.10.1995

[17] Rainer Flöhl, Es gibt lediglich sichere Ärzte: Diätpillenskandal, *Frankfurter Allgemeine Zeitung,* 3.9.1995

[18] Hirntumoren durch Süßstoff Aspartam: *arznei-telegramm,* 22.1.1997

[19] Ambroxol, Amino-dibrombenzy- cyclohexanol, *Rote Liste* 1996, 24

[20] Über die Verläßlichkeit der Angaben von Pharmareferenten, *Der Arzneimittelbrief* 29, 1995, 48

[21] Joel M. Gore et al.: Stroke after Thrombolysis, *Circulation*, 92, 10, 1995, 2811

[22] Universität, Fall BGA Nr 93206156, 1993

[23] Universitäts-Fälle s. Tabelle

[24] *Ibuprofen,* BGA 93206468 (1993)

[25] Günter Hopf, Anmerkungen zur Arbeit einer Ethikkommission. *Rheinisches Ärzteblatt*, 2, 1996

[26] Byrony S. Dean et al., Comparison of medication errors in an American and a British hospital. Am J Health Syst Pharm. 52: 2543-9, 1995

[27] Johnson, J.A. and J.L. Bootman, Drug-Related Morbidity and Mortality, *Arch Intern Med*/Vol 155, 1995, 1949

[28] Eckert, Peter, Medizin, Mammon und Moral. Wie uns die Ärzte abkassieren. München 1995

[29] Ethikprodukte: Die Max-Planck-Gesellschaft tagt in Potsdam, *Frankfurter Allgemeine Zeitung,* Nr. 143, 23.6.1995

[30] Protokoll der Gruppe Internationale Pharmacovigilanz vom 21.2.1995 Frankfurt/Main, Veranstalter Byk Gulden, Lomerg.

Anmerkungen zu Kapitel 7: Isoliert und ignoriert: Der Stufenplanbeauftragte

[1] Schönhöfer, Peter, S. et al., Schwere arzneimittelbedingte Erkrankungen, Klinik der Gegenwart, Juni 1995, Bd. XVI, 10, 1

[2] Schulz-Hardt, Stefan, In:*Wirtschaftswoche*, Nr. 12, 16.3.1995

[3] Potts, Malcolm et al., Safety Implications of Treansferring the Oral Contraceptive from Prescription-Only to Over-the Counter Status, *Drug Safety*, 13 16, 1995, 333

[4] Schering AG, Schlußkurse Frankfurt, *Frankfurter Allgemeine Zeitung* 13.10.1994

[5] Copley zahlt bis zu 150 Millionen Dollar. Hoechst Tochtergesellschaft zu Schadensersatz bereit. Mitteilung *Copley Pharmaceutical Inc., Canton, Massachusetts, Frankfurter Allgemeine Zeitung* 22.9.1994

[6] Warnhinweis: Ovulationsauslöser CLOMIFEN (Dyneric) Eierstocktumore? *arznei-telegramm*, 11, 1994, 110

Anmerkungen zu Kapitel 8: Ungezählte Produkte mit BSE-Risiken

[1] Makabres Theaterstück mit Publikumsbeteiligung, *Frankfurter Allgemeine Zeitung*, Politik, 27.3.1996
[2] Prusiner, Stanley, B., Prionen-Erkrankungen, *Spektrum der Wissenschaften*, März 1995, 44
[3] Chipps, E. & G. Paulson, Creutzfeldt-Jakob Disease: A Review, *An Assic of Neuroscience Nurses* 26,4, 1994, 219
[4] Rasch, G. & Heino Diringer, Creutzfeld-Jakob-Krankheit, *Dtsch. Ärzteblatt* 90, 49, 1993, C-2228
[5] Prusiner, Stanley, B., Transgenic investigations of prion diseases of humans and animals, *Phil. Trans. R.Soc. Lond.* B., 339, 1993, 239
[6] Prusiner, Stanley, B., Biology and genetics of prions diseases, *Ann. Rev. Microbiol* 48, 1994, 655
[7] Manuelidis, L., *Nat. Acad. Science* 92, 1996, 5124
[8] Milben als Überträger der Traberkrankheit? *Frankfurter Allgemeine Zeitung*, 22.2.1996, und *Lancet* 347, 1996, 1114
[9] Empfehlungen zur Verringerung eines Infektionsrisikos durch Zoonosenerreger und sonstige Erreger von Tierinfektionen bei der Herstellung von Arzneimitteln, *Bundesanzeiger* 9, 1, 1991, 6120
[10] Amtsblatt der Europäischen Kommission, Über das Verbot der Verwendung von Material angesichts der Möglichkeit der Übertragung transmissibler spongiformer Enzephalopathien, 30.7.1997 (97/534/EG)
[11] Bundesministerium für Gesundheit 114-5191-33 vom 19.3.1997, Betr. : Änderungsrichtlinie zur Richtlinie 75/318/EWG

Anmerkungen zu Kapitel 9: Gentechnologie: Ethnischer Auftrag wider Kommerz

[1] Renate Leinmüller, Humanalbumin per Milchproduktion, *Dtsch. Ärzteblatt* 94, Heft 50, A 3403 (1997)
[2] Biotech: An industry crowded with players faces an ugly reckoning, *Bus.Week* #3391, 92, 1994, 84
[3] Stadler, Peter et al., Arbeitssicherheit und Umweltschutz in Bio- und Gentechnik, *Weinheim U.A. VCH Verlagsgesellschaft* 1992, 3
[4] Berg, Paul et al., Asilomar Conference on Recombinant DNA Molecules, *Science* 188, 1492, 1975, 991
[5] Winnacker, Ernst-Ludwig, Die biologische Aufrüstung des Menschen findet nicht statt, *Frankfurter Allgemeine Zeitung* 158, 1995, 31
[6] Hobom, Barbara, Genkarte des Menschen immer genauer, *Frankfurter Allgemeine Zeitung*, 18.1.1996
[7] Stadler, Peter, Gentechnik und ethische Verantwortung, *Pharm. Ind.* 57,9,1995, 701
[8] Der Ärger ist vorprogrammiert, *Frankfurter Allgemeine Zeitung*, Oktober 1995
[9] Greg Tobias, Gene therapy – who should take the lead in research, *Scrip Magazin*, September 1995, 12
[10] Sarah Ramsay, UK bioethics council wants stricter controls on xenotransplantation, *The Lancet*, 347, 1996, 683
[11] Gen Pioniere, Chancen auf eine große Zukunft, *Wirtschaftswoche*, 30, 1994, 49

[12] Old, Lloyd J., Tumor Necrose Factor (TNF), *Science*, 230, 11, 1985, 630

[13] Hinshaw, Lerner B. et al., Survival of primates in septic shock..., *Circ. Shock* 30, 1990, 279

[14] Boyle, John, Synergen stops clinical trial of Antril for severe sepsis, *Copyright 1994 Reuters America Inc.*, 7.18.1994

[15] Grimminger, F., K. Mayer, W. Seeger, Gibt es eine gesicherte Immuntherapie bei der Sepsis? Internist 38: 1997: 541-552

[16] Ziegler, Elizabeth, HA1A (Centoxin) presentation International Congress of Chemotherapy, *Transcript,* Stockholm, 11. 4. 1993

[17] Graw, J. und V. Erfle, Virussicherheit von Faktor VIII Präparaten, *Dtsch. med. Wschr.* 120, 1995, 221

[18] Mölling, Karin, Nackte DNA aus der Impfpistole, *Dtsch. Ärztbl.* 92, 1995, C-1902

[19] Slusher, B.J. et al., Consumer Acceptance of Biotechnological Innovations, University of Missouri, Columbia Mis. 65211, *Knight-Rider Info* USA, 1995, Project N° M0-HSHB0 320

[20] Verbraucher fordern Verbot für BSR bis zum Jahr 2000, *Ärzte-Zeitung*, 13, 28.7.1994, 139

[21] Davison, Robin, More deals than ever, *SCRIP Magazin*, January 1996, 44

VSA: Arbeit und Gesundheit

Gine Elsner
Arzt & Arbeit
Ein Lehrbuch
zur Arbeitsmedizin
160 Seiten, zahlr. Abb. und Tab.; DM 29,80
3-87975-703-8

Gine Elsner/Ina Hedden
»Daß man eben mal planen kann«
Die Einführung eines neuen Schichtplansystems mit kurzen Blöcken
84 Seiten; DM 19,80
ISBN 3-87975-687-2

VSA-Verlag
St. Georgs Kirchhof 6
20099 Hamburg
Tel. 040/280 505 67
Fax 040/250 505 68

Gine Elsner (Hrsg.)
Handbuch Arbeitsmedizin
Ein Leitfaden für Betriebsräte, Personalräte und Gewerkschafter
240 Seiten; DM 39,80
ISBN 3-87975-716-X
Belastungen, die ihre Ursachen im Arbeitsleben haben, nehmen zu. Viele Betriebs- und Personalräte fühlen sich jedoch bei diesem Thema überfordert. Anhand praktischer Beispiele geben die Autorinnen und Autoren (Betriebs- und Gewerbeärzte, Wissenschaftler und Gewerkschafter mit langjährigen betrieblichen Erfahrungen) eine Hilfestellung für den Gesundheitsschutz am Arbeitsplatz:
– Rechtliche Rahmenbedingungen
– Krankheitsursachen
– Krankheiten
– Mitwirkungs- und Mitspracherechte der Beschäftigten

Beetz, M./Elsner, G./Hedden, I.
Arbeitsbedingungen im Postdienst
Eine Untersuchung vor der Postreform II
176 Seiten, DM 29,80
ISBN 3-87975-691-0

VSA: Aktuelle Politik

Pierre Bourdieu/Claude Debons/Detlef Hensche/Burkart Lutz u.a.
Perspektiven des Protests
Initiativen für einen europäischen Wohlfahrtsstaat
140 Seiten; DM 19,80
ISBN 3-87975-697-X

Elmar Altvater/Michael Krätke/Oskar Negt u.a.
Turbo-Kapitalismus
Gesellschaft im Übergang ins 21. Jahrhundert
220 Seiten; DM 32,80
ISBN 3-87975-701-1

Karl Georg Zinn
Jenseits der Markt-Mythen
Wirtschaftskrisen: Ursachen und Auswege
160 Seiten, DM 28,-
ISBN 3-87975-698-8

Gerd Pohl/Claus Schäfer (Hrsg.)
Niedriglöhne
Armut trotz Arbeit
256 Seiten; DM 29,80
ISBN 3-87975-684-8

Werner Kindsmüller
Globalisierungs-Chance
Alternativen zur Deutschland AG
216 Seiten; DM 29,80
ISBN 3-87975-706-2

VSA

VSA-Verlag
St. Georgs Kirchhof 6
20099 Hamburg
Tel. 040/280 505 67
Fax 040/280 505 68